前言
PREFACE

股票市场的最大魅力就在于，它让每一位投资者都怀揣着美好的梦想，希望自己能够从中获取丰厚的投资报酬。然而，经过市场风雨的洗礼，大多数投资者发现股票市场并没有想象中那么简单。自己投入的大量本金，往往因不当的分析和错误的决策变得越来越少，这不得不引起我们的反思。

事实上，投资绝不仅仅只是金钱的投入。要想从股市中获取利润，首先要投入大量的时间和精力进行技术分析的学习，只有掌握了一套正确的技术分析方法，培养了一定的操盘能力，才能够从容面对股市中的跌宕起伏。

K线技术在股票市场技术分析中不仅是基础，更是核心。投资者只有通过认真地学习、领会了K线的实质和精髓，才能够对价格波动做出正确的分析，从而成为股市中的赢家。

本书力求让读者在较短时间里掌握K线技术的实战精髓，阅读本书后可立即应用于实际操作。全书内容围绕精通K线技术、掌握K线技术实战精髓的思路所作。

本书包括K线基础知识、根据K线形态判断买入信号与卖出信号、K线组合形态实战解析、K线形态透析庄家操盘全程、大盘指数K线形态分析、K线实战技法、K线盈利交易系统等方面，由K线基础知识逐渐深入至K线技术的高层次实战，循序渐进地介绍了K线技术在实战中的应用。

本书内容全面系统，语言简洁，案例资料丰富，使读者可以将理论融入实际当中，在实际操盘过程中相互对照使用。为使读者对K线知识有更加全面的了解，上一版在附录中整理了一些实战价值较高的相关内容，本版为了便于读者随时查阅，则把此部分内容转换成了电子版，做成二维码（放在了封面上）供读者朋友学习参考。

　　为了适应股市发展的新特征，本版对上一版各部分的内容进行了提升和完善。现将新修订的版本推荐给广大的读者朋友，希望大家能够喜欢。

天池心海
于北京

THE STOCK MARKET

从零开始
开始

天池心海——主编

K线知识入门与典型形态分析
透过技术指标快速抓住买卖点

从零
学K线
股市K线获利实战技法

口碑
热销

第3版

扫一扫
赠送K线相关实战知识

中国纺织出版社有限公司

内 容 提 要

K线图是证券市场最重要的分析工具之一，K线分析方法也是最实用、应用最广泛的分析方法。本书从实战应用的角度，讲解了股市各种K线形态与K线组合的特征、市场含义和操作策略等基础知识；分析了K线形态中买进、卖出信号的判别方法；阐述了庄家在建仓、洗盘、拉升、出货过程中的K线表现形式和细节；着重论述了大盘指数的K线形态分析；还提供了K线实战技法和K线盈利交易系统。

本书配以沪深股市大量新的经典实战图，以帮助读者更好地理解相关知识，内容简单、易学，迅速引领读者进入K线之门，把握升跌盈亏，力求稳定获利。

图书在版编目（CIP）数据

从零开始学K线：股市K线获利实战技法 / 天池心海主编 . — 3版 . — 北京：中国纺织出版社有限公司，2021. 4 （2025. 1重印）

ISBN 978-7-5180-8058-8

Ⅰ . ①从… Ⅱ . ①天… Ⅲ . ①股票投资－基本知识Ⅳ . ① F830. 91

中国版本图书馆 CIP 数据核字（2020）第 209644 号

策划编辑：向连英　　责任校对：高　涵　　责任印制：储志伟

中国纺织出版社有限公司出版发行

地址：北京市朝阳区百子湾东里A407号楼　邮政编码：100124

销售电话：010—67004422　传真：010—87155801

http://www.c-textilep.com

中国纺织出版社天猫旗舰店

官方微博 http://weibo.com/2119887771

河北延风印务有限公司印刷　各地新华书店经销

2021年4月第3版　2025年1月第4次印刷

开本：710×1000　1/16　印张：18

字数：243千字　定价：58.00元

目 录

CONTENTS

第一章　K线基础知识

　　股市是一个变幻莫测的投资市场，股价的涨跌起伏牵动着每一位投资者的神经。任何技术分析指标在分析过程中都存在盲点，K线是对股价最原始的记录，因此，投资者应重视K线技术的学习。本章将讲述K线的起源及其在技术分析中的地位，K线图的画法、分类及分析，学习K线技术的有效方法，K线图分析的相关技巧等内容，让初学者对K线技术有一个全面的认识。

第二章　K线形态中的买入信号

当股价经过一段长时间的下跌之后，通常会出现下跌动能衰竭，多头开始出现反攻。表现在股价的相对低位出现一些买入信号：超越覆盖线、锤子线、上升三法、早晨之星、红三兵、低档急跌后上拉线、低档急跌后切入线、低档急跌后阴孕十字星、低档二次狙击性阳线、低档上涨待入线、低档上涨插入线、多方炮、出水芙蓉、仙人指路、长阴倒拔杨柳、长阳快速买入等。每一种K线形态都有其不同的含义，熟练掌握则可以帮助投资者抓住每一轮上涨行情，实现可观的收益。

第三章 ∧∧∧ K线形态中的卖出信号

当股价经过一段长时间的上涨之后，通常会上涨乏力，动能不足，表现在K线图上就是在股价的相对高位出现一些卖出信号：吊颈线、下降三法、单阳头部、单阴头部、十字星头部、T字线和倒T字线、阴阳墓碑、T阴墓碑、多连阴、锤阴墓碑、星阴墓碑、横阴墓碑、品字头、阴阳墓碑夹、空方炮、宝塔头等。这些K线及其组合形态都有其不同的含义，熟练掌握了这些含义则可以帮助投资者避开疯狂的下跌行情，实现成功逃顶。

第四章 K 线组合形态实战解析

趋势一旦形成就会持续一段时间，而趋势的改变也不是一蹴而就的。在发生趋势改变之前，往往需要一段酝酿的过程，酝酿之后，趋势可能会发生反转，也可能在经过充分整理后继续原来的趋势。当趋势反转的时候，在 K 线图中就会出现反转形态；趋势经过一段时间的整理继续前行，就会形成整理形态。为了让投资者对各种形态有一个清晰的认识，接下来我们将从底部 K 线组合形态、顶部 K 线组合形态和整理 K 线组合形态三个角度展开论述。

第五章 ⋀⋁ K 线形态透析庄家操盘全程

条条大道通罗马，炒股的方法也多种多样。炒股既要讲求战略性，又要讲求战术性。对普通投资者而言，笔者认为"永远跟庄走"不失为炒股的好方法。只要你在股市，跟庄可以说是炒股永恒的主题。跟庄的路线对了，散户投资者就可以享受主升浪带来的喜悦；跟庄跟错了，散户投资者就会亏损累累。跟庄的技术必须在实践中摸索提高，因为事物都是在不断发展和变化的，股市中的庄家操盘手法也是如此。那么，如何通过 K 线形态透析庄家的操盘全过程呢？

第六章　大盘指数 K 线形态分析

上证指数凭借股票价格的波动，反映出股票市场的起落，以体现一国经济的盛衰。它是一种加权市值指数，以基期市值为 100 来衡量当期市值的相对指标，衡量当前市值相对基期市值的变动水平。由此可见，在操作个股的时候，一定要结合指数环境进行分析。只有正确分析了个股的指数环境，才能更加准确地把握好个股的进场和出场的有利时机。

第七章　K 线实战技法

K 线作为股票投资市场中最基本、最重要的实战武器，投资者不但要熟练掌握，而且要做到运用灵活，只有这样，才能够在茫茫股海之中游刃有余。投资者要想提高实战技能，就必须明白有关实战过程中 K 线本身所蕴含的相关信息。同时，还要做到在正确选股的基础上，精准地把握 K 线的买卖点。

第八章　K 线盈利交易系统

在股票市场上，交易系统的称谓比较复杂。每一位投资者对交易系统的理解也不一样。什么是交易系统？从简单的概念上讲，交易系统可以认为是系统交易思维的物化。系统交易思维是一种理念，在行情判断分析中体现在对价格运动总体上的观察和在时间上连续性的观察，其在决策特征中表现在对交易对象、交易资本和交易投资者三要素的全面体现。可以说，如果没有交易系统，那么盈利只是偶然，亏钱则是必然。所以，构建属于自己的盈利交易系统，是每一位投资者的必修课。

第一章

K线基础知识

　　股市是一个变幻莫测的投资市场，股价的涨跌起伏牵动着每一位投资者的神经。任何技术分析指标在分析过程中都存在盲点，K线是对股价最原始的记录，因此，投资者应重视K线技术的学习。本章将讲述K线的起源及其在技术分析中的地位，K线图的画法、分类及分析，学习K线技术的有效方法，K线图分析的相关技巧等内容，让初学者对K线技术有一个全面的认识。

第一节

什么是K线

一、K线的起源

K线起源于日本，起初被当时日本米市的商人用来记录米市的行情与价格波动，后因其细腻、独到的标画方式和独特的功能而被引入到股票、期货及外汇等金融交易市场。

目前，K线图表分析方法在我国以至整个东南亚地区的金融分析领域都非常盛行，在欧洲及美洲等西方国家也逐渐得到普及。它得以在几百年时间里历久弥新、充满活力的原因主要在于：K线是投资群体的心理行为的体现。从表面上看，由于用这种方法绘制出来的图表形状颇似一根根蜡烛，因此K线又被人们称作蜡烛图，加上这些蜡烛有黑白之分，因而也称为阴阳线图表，还有的投资者把K线称作阴阳烛。

K线是股票市场参与者心理行为轨迹的详细记录，股市投资者不仅可以分为买入者与卖出者的对立两方，还可以分为主力与主力以外投资者的博弈双方。通过不同周期的K线图，能够把市场情况详细过程完整地记录下来。

二、K线技术是技术分析的核心

K线技术是股票投资技术分析中的基础技术，也是核心技术。它的双重身份既展示了它在股市中的重要地位，也反映出它在技术分析中无可替代的作用。武术功夫的修炼会因为人的悟性与修炼时间的不同而呈现不同的境界，K线技术也是如此，只有较高的悟性加上勤学苦练才能真正领会K线所代表的各种含义。

K线技术是基础技术，股市技术分析中绝大部分的技术指标都是源于K线，都是以 K 线为基础进行设计的，没有 K 线做基础，其他技术分析指标就成了无源之水，无本之木。K 线技术还是核心技术，如果投资者真正掌握了 K 线技术的实战精髓，就意味着投资者已经进入技术分析的高层次境界，可以运用 K 线技术于实战交易中获利，经过这样的日积月累就会取得投资事业上的巨大成功。

三、K 线图的画法

K 线图是根据股价某一时间周期的走势中形成的四个关键价位，即开盘价、收盘价、最高价、最低价绘制而成的。

当收盘价高于开盘价时，则开盘价在下、收盘价在上，二者之间形成的长方柱用红色或空心绘出，称为阳线；其上影线的最高点为最高价，下影线的最低点为最低价。阳线代表股价上涨。

当收盘价低于开盘价时，则开盘价在上、收盘价在下，二者之间形成的长方柱用绿色或实心绘出，称为阴线；其上影线的最高点为最高价，下影线的最低点为最低价。阴线代表股价下跌，如图 1-1 所示。

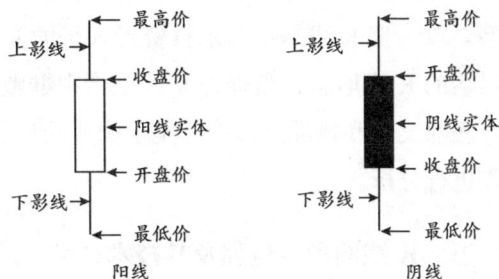

图1-1

四、K 线图的分类

按照不同的标准，K 线图有多种分类。

根据 K 线的计算周期可将其分为年 K 线、月 K 线、周 K 线、日 K 线、分时 K 线。年 K 线是指以每年的第一个交易日的开盘价、最后一个交易日的收盘价、全年最高价和全年最低价来画的 K 线图；月 K 线则是以一个月的第一个交易日的开盘价、最后一个交易日的收盘价和全月最高价与全月最低价来画的 K 线图；周 K 线是指以周一的开盘价、周五的收盘价、全周最高价和全周最低价来画的 K 线图；日 K 线是指以当天的开盘价、收盘价、最高价和最低价来绘制的 K 线图。年 K 线用于研判长期行情，在短线实战技术分析中很少用到；月 K 线、周 K 线常用于研判中期行情。平时我们所说的 K 线图通常指的是日 K 线图。对于短线操作者来说，众多分析软件提供的5分钟 K 线、15分钟 K 线、30分钟 K 线和60分钟 K 线等分时 K 线具有重要的参考价值。

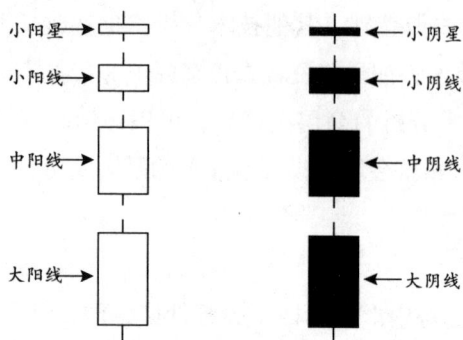

图1-2

根据开盘价与收盘价的波动范围，可将 K 线分为极阴线、极阳线、小阴线、小阳线、中阴线、中阳线、大阴线、大阳线等类型。它们各自的波动范围如下：极阴线和极阳线的波动范围一般在 0.5% 左右；小阴线和小阳线的波动范围一般在 0.6% ～ 1.5%；中阴线和中阳线的波动范围一般在 1.6% ～ 3.5%；大阴线和大阳线的波动范围在 3.6% 以上，如图 1-2 所示。

根据 K 线功能的不同，K 线可以分为攻击型、防御型、整理型和反转型四种类型。攻击型 K 线是指提示投资者入场的 K 线形态；防御型 K 线是指提示投资者出场的 K 线形态；整理型 K 线是指中继整理的 K 线形态；反转型 K 线一般出现在底部反转和顶部反转中，至于构成的是底还是顶，则要根据具体行情所处的阶段进行分析。

五、K 线的形成过程及其技术含义

在进行技术分析时，投资者首先应该做到不论在哪只个股或指数上遇见任何 K 线形态都能正确识别该形态为什么名称、代表何种含义。单根 K 线和各种 K 线组合的技术含义一定要烂熟于心。投资者如果不能在形态各异的 K 线图中辨别出哪些 K 线是"财神"，哪些 K 线是"瘟神"，在技术分析的时候便不能做出正确的决策，即使赚钱也只是偶然，最终亏钱是必然。

K 线是一种外观现象，外观现象在股市 K 线图表中称为形态。不同形态背后的本质就是各种技术意义，K 线形态背后的技术含义就是做多力量与做空力量的较量。

通过带有成交量的分时走势图，能够说明数种典型的单个日 K 线图的形成过程和不同含义。分时走势图记录了股价当日详细的走势，不同的走势形成了不同种类的 K 线形态，同一种 K 线形态却因股价走势不同而各具不同的技术含义，所以，在分析单根 K 线技术意义的时候，一定要结合当日分时走势图了解 K 线的形成过程。

1. 小阳星

小阳星是指当日开盘价与收盘价非常接近，全天股价波动很小，收盘价稍微高于开盘价的一种K线形态。股价走势中出现小阳星，表明行情正处于多空争持、混乱不明的阶段，后市的涨跌暂时无法确定，此时要根据其前期K线组合的形态以及当前股价所处的位置高低来综合判断，如图1-3所示。

2. 小阴星

小阴星与小阳星在分时走势图中的走势极其相似，当日开盘价与收盘价非常接近，全天股价波动相当小，只是收盘价格略低于开盘价格。股价走势中出现小阴星，表明行情疲软，后市行情发展方向不明，如图1-4所示。

图1-3

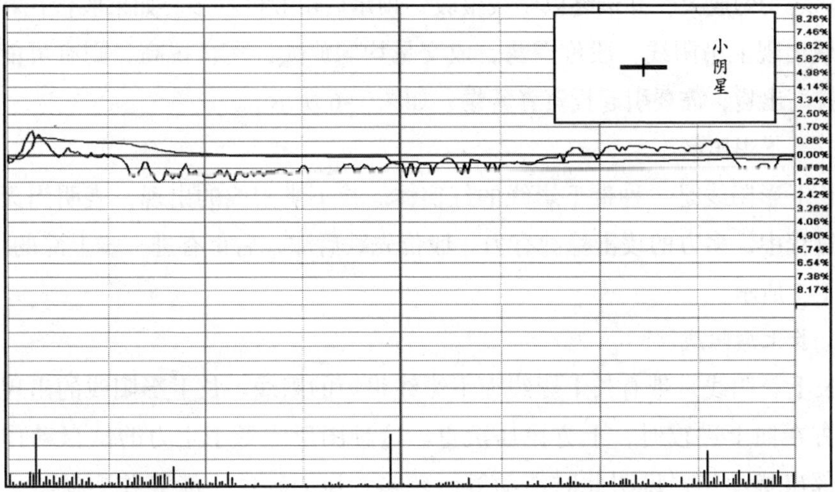

图1-4

3. 小阳线

小阳线比小阳星的波动范围略有增大，多头稍占上风，但上攻无力。表明行情发展扑朔迷离，后市行情发展有待进一步验证，如图 1-5 所示。

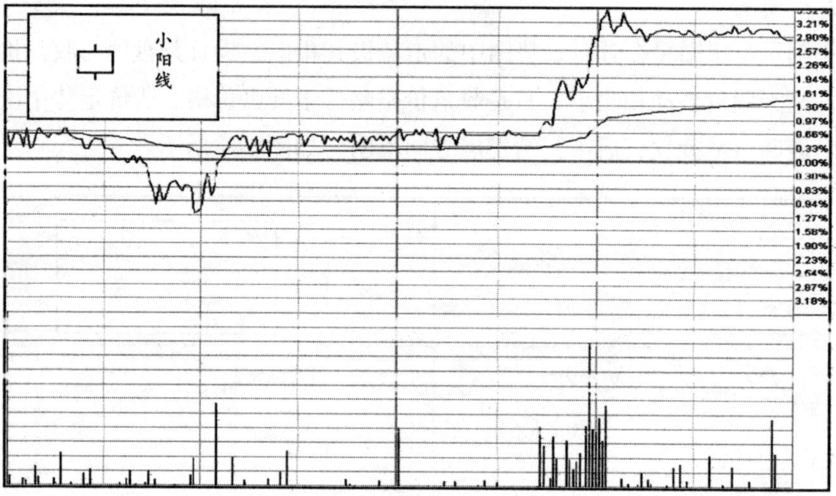

图1-5

4. 上吊阳线

上吊阳线也叫吊颈线。一般出现在高价区，K 线实体很小，无上影线或有很短的上影线，但下影线很长，通常是 K 线实体的两倍以上。如果股价在相对低位区域出现上吊阳线，股价在探底过程中成交量萎缩，随着股价的逐步攀升，成交量随之均匀放大，并最终以阳线报收，预示后市股价看多。如果股价在相对高位区域出现上吊阳线，股价震荡，成交量均匀放大，尾盘拉高，则有可能是主力在拉高出货，需要引起投资者警惕，如图 1-6 所示。

5. 长下影阳线

长下影阳线是一种带下影线的红实体。长下影阳线的出现，表明当天多空交战过程中，多方的攻击稳健有力，股价先跌后涨，后市有进一步上涨的可能，如图 1-7 所示。

6. 长上影阳线

长上影阳线是带有长上影线而下影线很短的阳线。长上影阳线的出现，显示多方在向上进攻时，上方抛压沉重。这种图形常见于主力的试盘动作和庄家顶部出货动作，说明此时浮动筹码较多，压力较大，涨势并不强烈，如图 1-8 所示。

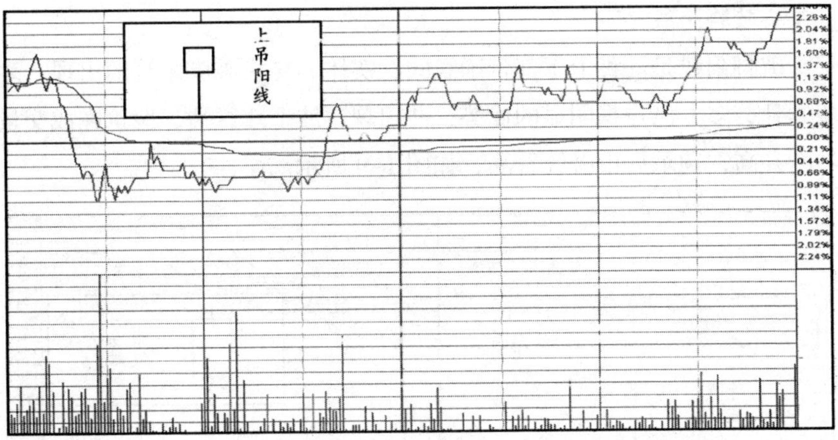

图1-6

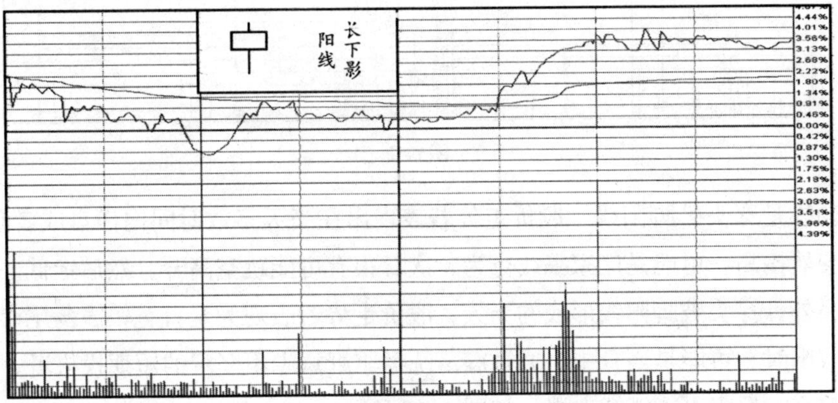

图1-7

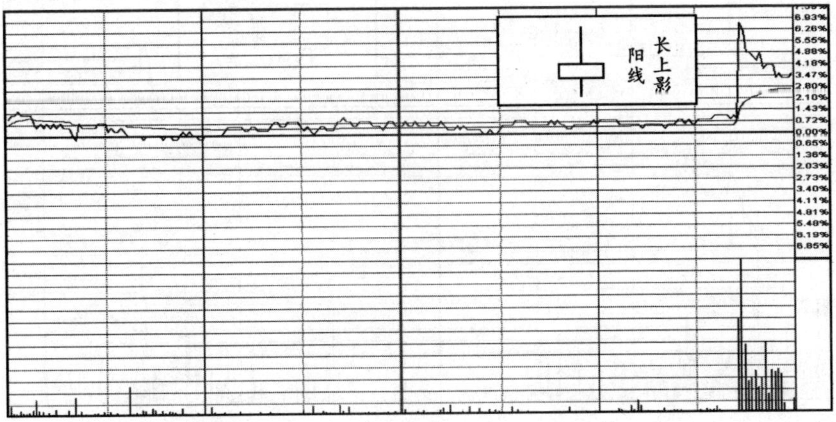

图1-8

7. 穿头破脚阳线

穿头破脚阳线是一种上下都带影线的红实体。穿头破脚阳线的出现，表明股价稳步攀升，多方已占据明显的优势，并出现逐波上攻行情，股价在成交量的配合下不断升高，预示后市继续看涨，如图1-9所示。

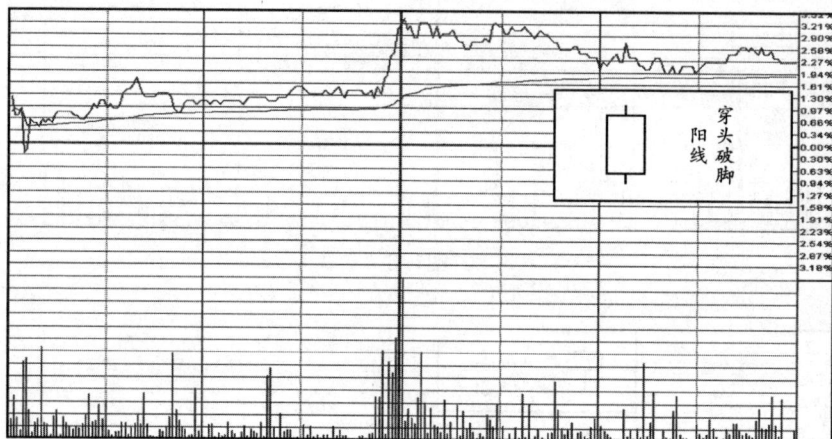

图1-9

同样是穿头破脚阳线，股价走势若表现出在当天多数时间内横盘或者盘跌，尾市突然拉高，可能是庄家骗线行为，次日很有可能跳空高开，然后走低。

另外，穿头破脚阳线形成的当天，股价走势若表现为全日宽幅震荡尾市放量拉升收阳时，可能是当日主力通过震荡洗盘驱赶意志不坚定的短期投机者，然后放量拉高，后市可能继续上涨，如图1-10所示。

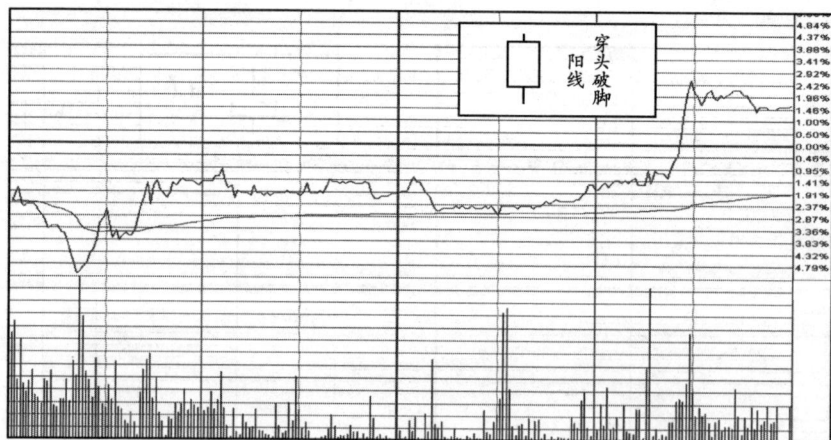

图1-10

8. 光头阳线

光头阳线是一种不带上影线的红实体。出现在低价位区域的光头阳线，在分时走势图上表现为股价探底后逐波走高且成交量同时放大，量价配合好，预示着一轮上升行情的开始。如果出现在上升行情途中，表明后市继续看涨，如图1-11所示。

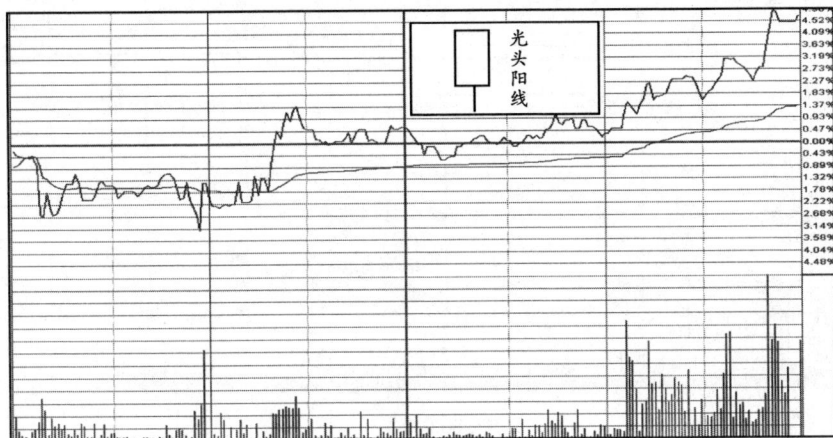

图1-11

9. 光脚阳线

光脚阳线是一种不带下影线的红实体，开盘价即为铁的最低价。光脚阳线的出现，表示上升势头非常猛，但在高价位处多空双方存在分歧，入场时应谨慎操作，切勿追高被套，如图1-12所示。

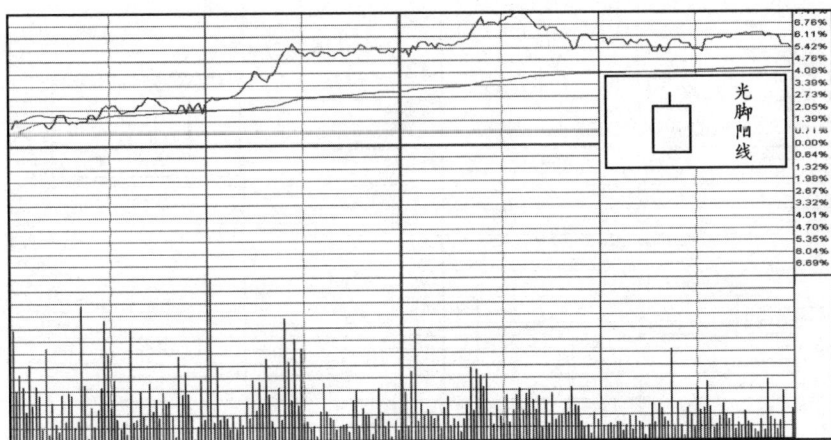

图1-12

10. 上影阳线

上影阳线是带有上影线而没有下影线的红实体。上影阳线的出现，表示当日多方在上攻过程中受阻回落，说明上档抛盘较重。能否继续上攻，后市尚不明朗，如图1-13所示。

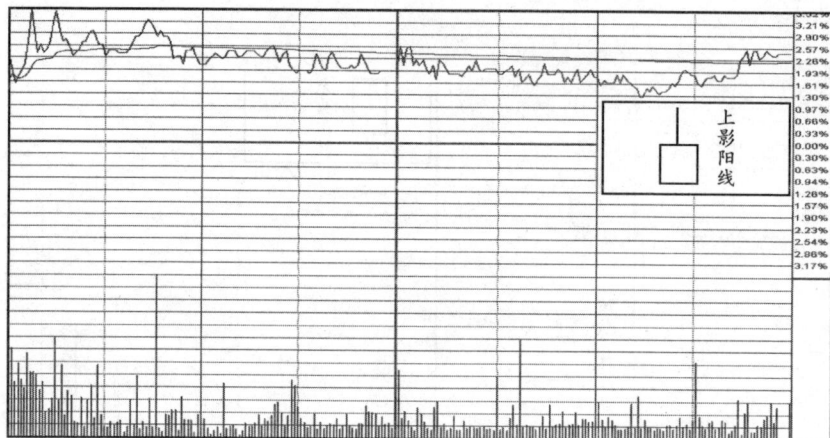

图1-13

11. 光头光脚阳线

光头光脚阳线是指K线的上下两头都没有影线的长阳线实体。光头光脚阳线的出现，表明当天多方已经完全控制盘面，放量逐浪上攻，步步逼空，涨势强烈，后市非常看好。需要注意的是，如果此时股价涨幅已大，在相对高位区域，就要谨防庄家拉高诱多，如图1-14所示。

图1-14

12. 小阴线

小阴线是带有上下影线，阴线实体较短的一种K线。小阴线的出现，表示当天空方略占优势，对多方呈打压态势，但力度不是很大，如图1-15所示。

图1-15

13. 光脚阴线

光脚阴线是一种只带上影线的阴实体。光脚阴线的出现表明股价虽有短暂反弹，但上档抛压较重，空方趁势打压使股价以当天最低价报收，如图1-16所示。

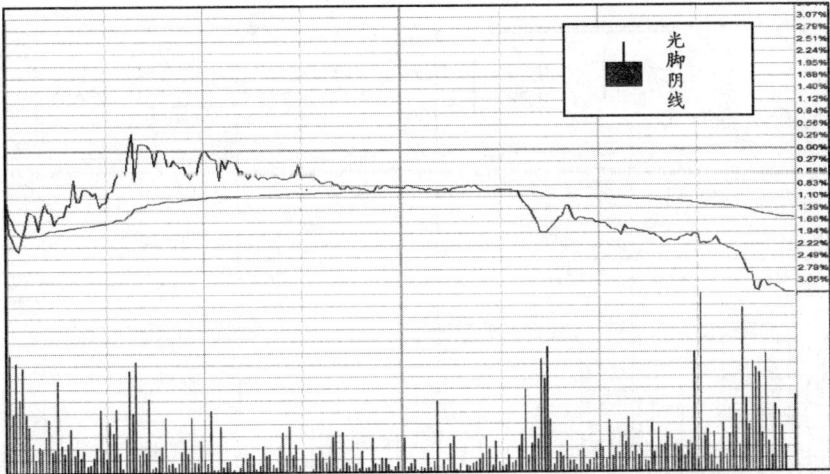

图1-16

14. 光头阴线

光头阴线是一种只带下影线的阴实体，开盘价是最高价。如果光头阴线出现于低价位区，说明抄底盘的介入使股价有反弹迹象，但力度不大。如果出现在上升途中，说明多方暂时受阻，短期需要调整，如图 1-17 所示。

图1-17

15. 长下影十字星、下影阴线、T 字线

长下影十字星、下影阴线、T 字线三种形态中的任何一种出现在低价位区时，都说明下档承接力量较强，股价有反弹的可能，这种可能需要经过第二天的 K 线形态进行确认后才能决定是否入场，如图 1-18、图 1-19、图 1-20 所示。

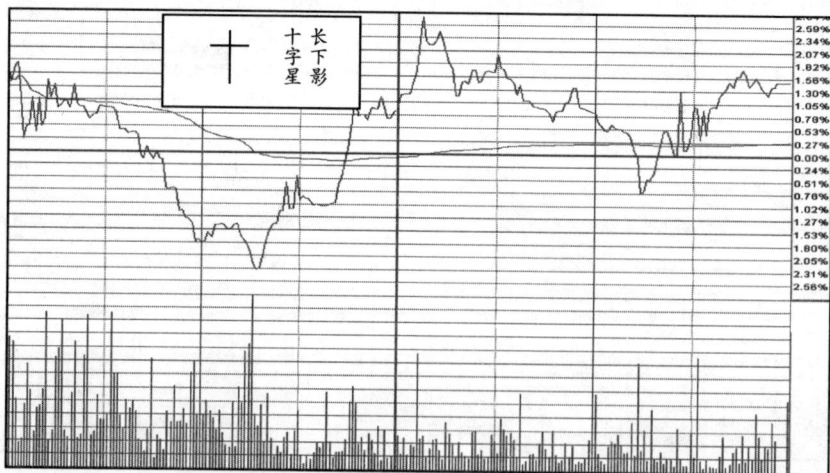

图1-18

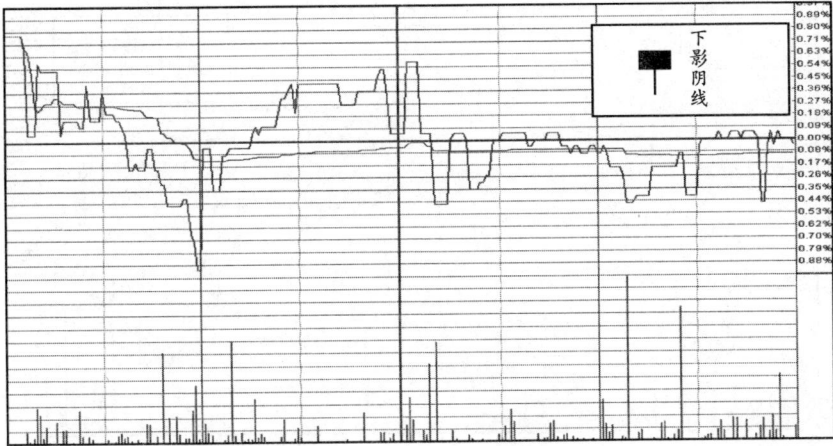

图1-19

图1-20

16. 上影阴线、倒T字线

上影阴线或倒T字线出现在高价位区时，说明上档抛压严重，行情疲软，股价有反转下跌的可能；如果出现在中价位区的上升途中，则表明后市仍有上升的可能，可能是庄家洗盘所致；如果出现在低价位区，表示多方有反攻的要求，但仍受制于空方的打压，如图1-21、图1-22所示。

17. 十字星

十字星常称为变盘十字星，无论出现在高价位区还是低价位区，都可以看作是顶部或底部信号，预示大势即将改变原来的趋势。如果出现在中价位区，表示行情暂时休整，后市仍有上升可能，如图1-23所示。

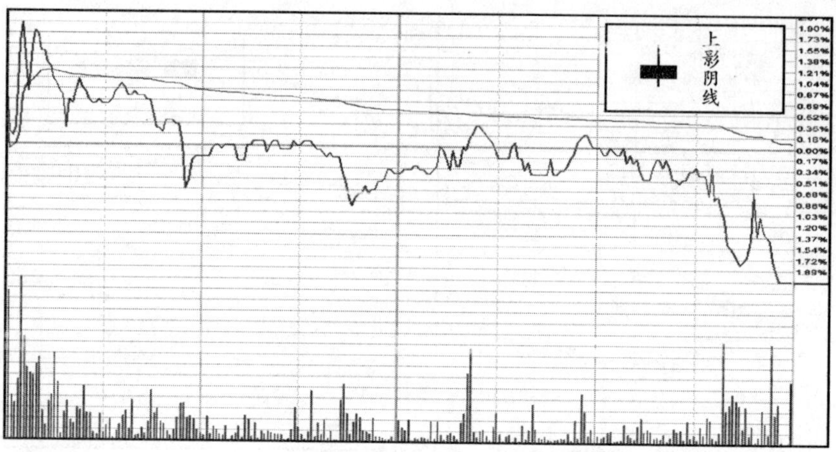

图1-21

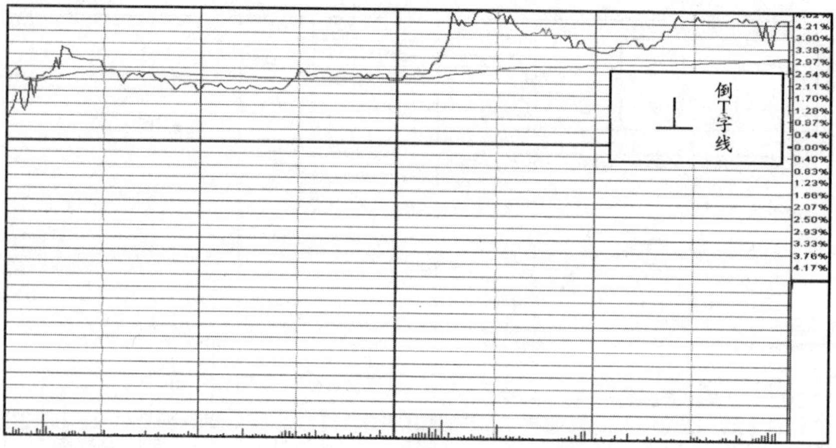

图1-22

18. 光头光脚大阴线

出现光头光脚大阴线时股价于当日走出逐波下跌的行情，表明空方已占尽优势，多方毫无抵抗之力，股价被逐步压低，后市看淡。如果股价当天大部分时间横盘震荡，尾盘突然放量下跌，表明空方在当日交战中最终占据了优势，次日可能低开低走，如图1-24所示。

六、K线的角色变换

K线是价格运行轨迹的综合体现，无论是开盘价还是收盘价，甚至是上、下影线都有着深刻的含义。投资者运用K线进行技术分析时绝对不能死搬硬套，而应该根据具体市场情况灵活操作。学习了单根K线的形态及其技术含义，只是完成了学习K线知识的第一步。要想真正判断单根K线的具体含义，必须结合它所在的整体趋势和相对高低位置来具体分析。

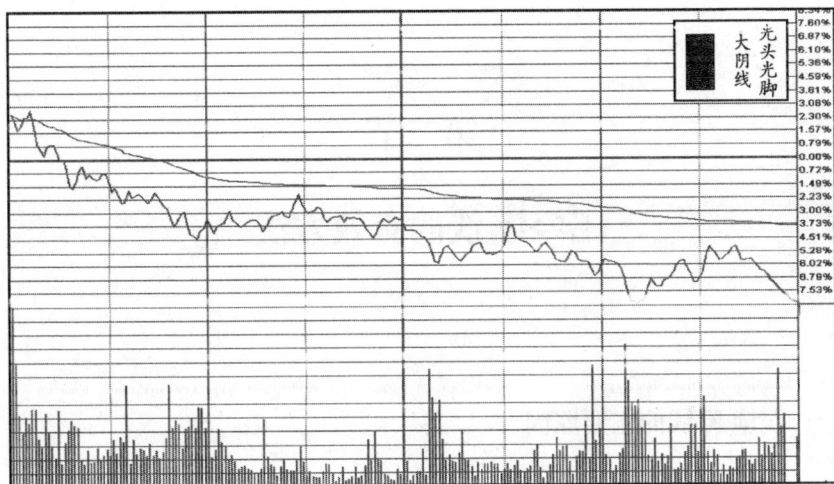

图1-23

图1-24

　　举例说明，一个相对低位的上吊阳线，从单根K线"锤子线"这个形态理解它的技术含义是"见底信号，后市股价看涨"。再从趋势的运行方向上来理解，上升趋势还只是刚刚开始，后面股价往上走的空间幅度还非常大。由此得出结论：股价后市将会上涨。但如果同样一根上吊阳线出现在相对高位和下降趋势的初始阶段，从这个 K 线形态自身的技术含义上分析，股价后市是看涨的，但从下降趋势的初始阶段来分析，这时的股价刚刚从顶部转入下降趋势的初跌，股价的实际走势是见顶后的初跌，这与锤子线的见底信号相反。再比如，同样是孕线，在下跌阶段尾声出现就比在震荡阶段出现的见底信号更可靠。

从以上分析可知：投资者在看 K 线形态时，如果不结合实际的股价运行趋势方向和相对位置高低来进行分析，就会做出错误的决定而使自己陷入被动之中。这些外表相同的 K 线所蕴含的技术含义对股价后市指向与实际走势可能出现矛盾，不同的 K 线会发出不同的交易信号，相同的 K 线因所处位置的不同发出的信号也不相同，甚至由于庄家的骗线行为导致 K 线存在真假之分。

所以，投资者在分析 K 线图表过程中，需要将个体的单根 K 线与趋势的运行方向和所处的相对高低位置相结合起来进行综合分析；同时，根据庄家的操盘意图能够区分市场中的真假机会。只有这样，投资成功的概率才会大大提高，这也是投资者学习 K 线技术的重要目的。

第二节

学习K线的有效方法

一、误读 K 线的主要原因

许多投资者看到电脑屏幕上那些红红绿绿、上蹿下跳的 K 线走势会感到茫然失措，无所适从。总结起来，造成这种窘境的原因大致有以下五点：

（1）没有学习 K 线基础知识。许多投资者只知道红色代表上涨，绿色代表下跌，对其他 K 线基础知识一概不知，甚至从来没有接触过相关内容，也没有学习的欲望。

（2）没有熟练掌握单根 K 线或 K 线组合的技术含义。有的投资者虽然了解一些K线基础知识，但对K线的理解只停留在表面上，不能真正领会每一根K线或K线组合所代表的技术含义，即使知其然，也不知其所以然。

（3）没有掌握K线在不同趋势中的排列规律。有的投资者虽然能够领会每一根K线或K线组合的技术含义，但只会死搬硬套、照本宣科，不懂得灵活应用，对K线在不同趋势中的排列规律似懂非懂、模糊不清。

（4）没有对K线进行综合分析。投资者如果不能够将单根K线或K线组合结合股价运行趋势和相对高低位置进行综合分析，便不可能做出正确的分析和决策。

（5）没有从更长的时间框架、更大的空间框架的战略层面去把握趋势的大方向，也没有从战术上的K线细节层面去把握具体的买卖时机。

如果你在K线技术分析方面还只是初学者，还不能游刃有余地运用K线进行正确的技术分析，那么建议你参考以上五点原因，对症下药，循序渐进，不断深入了解K线的本质和内涵，最终成为K线技术高手，为今后的股票投资打下良好的基础。

二、快速看懂K线图的三个窍门

面对形态各异的K线及其组合，众多投资者不禁有些迷惑。看涨时不涨，看跌时不跌，或者虽然方向判断正确了却没有及时抓住赚钱的机会，这正是投资者没有正确认识和熟练运用K线所带来的后果。若想真正发挥"K线"这门技术分析的威力，正确认识和理解K线，可以参照三个窍门：一是看K线的阴阳及其数量；二是看K线实体大小及上下影线长短；三是必须配合成交量来看K线及其组合。

1. 看K线的阴阳及其数量

阴阳代表多空双方的力量对比，代表着行情趋势的上涨和下跌。阳线代表多方力量较强，表示处于上涨行情并可能继续上涨；阴线代表空方力量较强，表示处于下跌行情并可能继续下跌。以阴线为例，在经过一段时间的多空博弈后，收盘时，收盘价低于开盘价，表明空头占据上风，在没有外力作用下价格仍可能按照原来的方向与速度运行，一时间段内可能维持惯性下行。因此，阴线预示着后市价格仍将继续下跌。这一点正符合了技术分析中三大假设之一的价格呈趋势性波动，而这种趋势性，即顺势而为，正是技术分析中最应该遵守的操盘理念。

一般来说，在某个"可能的"阶段性反弹中，如果持续出现数量较多的阳线则暗示后期价格阶段性反弹将惯性持续。此时，激进的投资者可先投入部分资金做多；稳健投资者则可等待技术上进一步突破确认后再入场或出场。

2. 看 K 线实体大小及上下影线长短

大阳线、大阴线、小阳线、小阴线、十字星等各种各样的 K 线构成了一个复杂的市场。又因为各种 K 线组合的不同、各种 K 线的分析周期不一样，它们记录了不同的市场行为，还在一定程度上为行情未来发展趋势提供了一定的暗示。

实体大小代表行情发展的内在动力，实体越大，上涨或下跌的趋势越明显，反之，趋势则不明显。以阴线为例，阴线实体越大说明空方的动力越足，代表其内在下跌动力也越大，其下跌的动力将大于实体较小的阴线。同理，阳线实体越大，上涨动力也越足。

影线代表可能的转折信号，向一个方向的影线越长，越利于价格向相反方向变动，即上影线越长，越利于价格下行；下影线越长，越利于价格上行。以上影线为例，在经过一段时间多空争夺之后，多头终于在重重压力下败下阵来，不论 K 线是阴还是阳，长上影线部分已构成下一阶段的上档阻力，价格向下运行的可能性更大。同理，下影线暗示着价格向上攻击的可能性更大。

3. 必须配合成交量来看 K 线及其组合

成交量代表的是力量的消耗，表示多空双方博弈的动力大小和激烈程度，而 K 线是博弈的结果。只看 K 线组合，不看成交量，对后期的走势就不能做出正确的分析。成交量是动因，K 线形态是结果。要想了解每根 K 线的内在动力的大小，必须结合成交量来看。例如，出现极长下影线时，表示买方支撑力道强，此种 K 线出现在股价下跌趋势末期时，再配合大成交量，表示股价可能反弹回升，若此种 K 线出现在股价上涨趋势末期或高档盘整期时，再配合大成交量，表示主力可能在出货，投资者应注意卖出时机。出现极长上影线时，表示卖压非常大。若此种 K 线出现在股价上涨趋势末期时，再配合大成交量，表示股价可能一时难以突破，将陷入盘整，甚至回跌。

K 线在不同的组合形态中会表达出不一样的信息，即使是一个形态相同的 K 线，因为所处的趋势、位置、力度以及时机不同也会隐含着不同的信息。K 线对于寻找切入点和把握市场的时机常常会起到重要的作用。但是，在实际的操作当中，仅依靠对 K 线的把握还无法对形态和趋势做出一个准确的判断。投资者需要掌握互相验证的原则，对趋势、形态、周期及成交量综合分析后才能得出相对可靠的判断。

三、读懂市场参与者的心理

学习K线技术的秘诀是什么？就是投资者应学会通过K线图表去读懂股票投资者的心理行为，读懂市场主力的操盘意图和行动计划。

从交易的角度来看，投资者不是买进就是卖出，买进与持股对应，卖出与空仓或减仓对应，股价的上涨或下跌与投资者的买进或卖出直接相关。当市场主流群体买入做多，那么股价必然向上运行。而向上运行的速度快慢又与主流群体的购买力大小有关，主流群体的大量买进很可能会造成股价的大涨，主流群体的少量买进也可能会形成股价的小幅攀升。股价的下跌同样是市场主流群体卖出做空的结果，只有当卖压大于买入力度时，股价才会按照市场供求关系法则，为了达到动态的平衡而不得不向下移动。股价处于下降趋势时，什么时候才能止跌？从买卖力度的角度来看，多方力量与空方力量取得平衡后股价就会止跌。所以K线上的收阳是因为买方力量大于卖方力量的结果，买方力量小胜卖方力量就收小阳线，买方力量中等程度胜过卖方力量就会收中阳线，买方力量远远大于卖方力量就会收大阳线。同样，卖方力量小胜买方力量就会收小阴线，卖方力量中等程度胜于多方力量就会收中阴线，卖方力量远远超越买方力量就会收大阴线。所以，投资者可以看出市场买卖力度的大小对比，通过市场买卖力度在一段时间以来的表现，读懂市场主流群体的心理行为和行动计划。

下降趋势是由连续的阴线或由跌多的阴线与涨少的阳线排列连接组成。其中连续的阴线中又可分为连续的小阴线、连续的中阴线及连续的大阴线三种。连续的大阴线下降是一种庄家集体出逃的下跌，它的出现反映出市场上的多头力量已经非常弱，空头力量完全控制了市场；连续的中阴线下跌也是一种不计成本逃命的下跌方式；连续的小阴线下跌就是属于温水煮青蛙式的阴跌。连续收出阴线代表了空方力量连续卖出做空，跌多的阴线与涨少的阳线代表了空方力量在做空过程中遭到多方力量的伏击，但最终空方力量还是战胜多方力量。从下降趋势的单根K线及K线组合的连续排列中就可以看出市场主力是卖出做空的。

上升趋势是由连续的阳线或由涨多的阳线与跌少的阴线排列连接组成。其中连续的阳线又可分为连续的小阳线、连续的中阳线及连续的大阳线三种。连续的大阳线上升属于疯狂式的上涨，它的出现反映出市场上的空头力量已经非常弱，多头力量完全控制了市场；连续的中阳上涨是凶狠的逼空方式；连续的小阳上涨就是属于不愠不火的上涨行情。连续的阳线代表了多方力量连续的买入做多，涨多的阳线与跌少的阴线代表了多方力量在前进步伐中遇到空方力量的阻击，但最终仍然是多方取得胜利。从上升趋势的单根K线及K线组合的连续排列中就可以看出，市场主力是买入做多的。

四、养成绘制 K 线图的习惯

随着计算机技术的快速发展，现在的个股K线行情及大盘指数K线走势都可以通过计算机瞬间显示出来。投资者再也不需要像20世纪90年代初期涉足股市的投资者那样通过手工来绘制K线图表。当时用手工绘制K线图表是因为软、硬件设施落后迫不得已造成的，但它无形中给投资者带来了一个好处：通过亲手绘制K线图能够细致入微地感受到K线每一步走势中的意图，时间久了，就会和K线走势有一种心有灵犀的感觉。

事实证明，亲自动手绘制K线图表是能够快速提高学习效果的方法。这种方式虽然有点儿麻烦和原始，但若长时间坚持手工绘制K线图，它对于理解K线的内涵，主力的做盘意图将有神奇的效果。毫不夸张地说，绘图1小时抵得上盯盘10天的功力。

手工绘制K线图，会在无形中集中注意力，用心去感悟开盘价、收盘价、最高价、最低价的魅力以及K线与K线之间的价位排列所呈现出的一种内在规律。绘制K线图的同时，如果积极思考则能够感悟出主力"画"K线的心机之深、用意之巧。等到真正的领悟这些的时候，你就拥有了与庄家博弈的资本。

第三节

K线图分析的相关技巧

一、K线价格运动的走势规律

K线走势中的排列是价格运动轨迹的详细记录，K线运动的方向即是价格的运动方向。那么K线在一段时间内是如何排列的呢？按照空间趋势的概念，我们把它分为上升、平移、下降三个运行方向。处于上升趋势时，K线的价格重心整体上不断抬高；处于横向盘整时，K线的价格重心整体上保持平移；处于下降趋势时，K线的价格重心整体上不断下移。投资者分析K线图首先要做的就是用上、平、下"三分法"进行K线图的空间划分。股价处于上升过程中所形成的K线价格记录划入"上"的范围；股价处于下降过程中所形成的K线价格记录划入"下"的范围；股价平走所形成的K线价格记录划入"平"的范围。

一幅复杂的K线图经过分解后就形成了三大部分，即上升趋势、横向平走趋势、下降趋势。这样就可以在实战交易中根据不同的趋势方向具体情况具体处理。当K线价格处于上升趋势之中就应用上升趋势的跟随策略；当K线价格处于下降趋势之中就应用下降趋势的回避策略；当K线价格处于横向平走趋势之中就应用横向平走的支撑、突破战法。

需要强调一点的是，投资者在分析K线运行趋势的时候，一定要坚持"见山是山，见水是水""所见即所得"的客观判断原则，切勿加入自己的主观预测，从而把简单的问题复杂化。事实上，人性的复杂程度远远超过了市场规律的复杂程度。

二、整体战略着眼，局部战术着手

在分析个股或大盘指数 K 线图表过程中，投资者经常会犯一些低级的错误，只看眼前不顾长远的失误和只看长远不顾脚下的误区是导致看错股价运行方向和操作出现亏损的重要原因。这也是投资者应用 K 线技术是否熟练的体现。股市如战场，投资者进入股市即意味着投身于这场激烈的搏杀战斗之中。要想赢得这场没有硝烟的战争，既要从战略层面去与对手较量，又要在战略方向中制定具体的战术方案去实施执行。K 线是多空双方在战场上的拼杀记录，K 线的背后包含了丰富的信息。K 线里面既包含了战略层面的大局信息，也包含了战术层面的细节信息。从应用 K 线技术的角度出发，它清楚地显示了投资者可以从 K 线图表上把握住战略层面的大方向，也可以从 K 线图表上把握住多空双方战术层面的具体细节。在 K 线图表上既应该以更长的时间框架和更大的空间框架来把握全局整体的趋势运行方向，也应该从 K 线图表上的单根 K 线及 K 线组合的战术细节上发现多空双方搏杀所留下的蛛丝马迹，为下一步的作战计划和行动方案做出正确的决策。

战略和战术的选择与制定可以从 K 线的时间周期上把握。例如，投资者立足于日 K 线层面的实战分析，为了把握更高级别趋势运行方向，此时就可以从周 K 线或月 K 线，甚至是季 K 线或年 K 线上去把握。而为了了解每一天的多空搏杀的细枝末节，则可以参照分时 K 线图和即时 K 线图进行分析。

可见，在进行 K 线价格运动走势分析时，一定要结合不同周期之间的相互转换。在周 K 线图中走平，在日 K 线图中也许走的是上下震荡的路线；在周 K 线图中单边下跌的行情，在日 K 线图中有可能是一根向上的阳线。最好是寻找那些周期共振的信号，即周 K 线、日 K 线和分时 K 线都朝着同一个方向运行的买卖点。

需要引起投资者注意的是，同样的 K 线组合，月 K 线的可信度最大，周 K 线次之，然后才是日 K 线。月 K 线出现看涨的组合股价上涨的概率最大，周 K 线上涨的组合可信度也很高，而日 K 线骗线的概率较大。因此，在运用 K 线组合预测后市行情时，日 K 线必须配合周 K 线和月 K 线使用效果才能更佳。

三、K 线图分析的五个要点

1. 瞻前顾后，综合分析

单根 K 线形态分析的作用有时候是非常有限的，很难对股价运行趋势做出准确的判断。为了准确判断股价运行方向，往往需要根据其前后K线情况加以综合研判。一般来讲，市场趋势一旦形成，短期内很难改变，一两次偶然的意外因素也只能使当前趋势出现短暂的波动。也就是说，单根K线形态总是服从K线组合排列，在K线组合排列中即使偶尔有相反的单根K线形态出现，投资者也应该从K线组合排列角度来考虑操作，而不应该局限于单根K线形态。所以，在既定的趋势中，单根K线形态的指向作用实际上是非常有限的。但如果在单根K线形态的周围还有许多其他的单根K线支持其含义，那么这个单根K线形态的有效性就会比较高。

2. 形态还原，化繁为简

任何K线组合排列形态，不管它有多么复杂，都可以用其第一根K线开盘价和最后一根K线收盘价以及其中的最低价、最高价将它们还原为单根K线。比如将5天的日K线图还原成一根周K线图，将4周的K线图还原成单根月K线图。当然还可以取任何数目的K线还原成一根K线。如果还原后的K线的多空含义与原K线组合排列形态不一致，那么该K线组合排列则需要继续确认；如果还原后的K线能够支持该K线组合排列形态，则无须确认。形态还原的最大好处就是将复杂的、不容易把握的K线组合排列简化为单根K线，多空含义一目了然。因此，掌握了形态还原方法，投资者就可以对任何K线组合排列形态进行研判，即使这个形态我们不曾接触过。

3. 掌握精髓，灵活应用

在分析K线形态时，初学者要避免以下两种经常出现的误区。

（1）张冠李戴。在K线形态中，形状相似的很多，稍不注意，就会弄错。为了避免误认，对一些相近的K线图形要反复比较，真正搞清楚它们的区别所在。比如同是3根阳线的图形组合，但由于阳线实体的变化，就会出现红三兵、大敌当前和前方受阻三种形态，它们各自的技术含义不同，与之相对应的操作策略也不同。

（2）知其然，而不知其所以然。K线因所处的位置不同，其含义也不同。例如一根大阳线，很多人认为，凡是大阳线就是看涨的信号，其实这样理解是不全面的，当股价快速上扬之后拉出大阳线往往有见顶的意味，它就不是买进的信号，而是拉高出货的信号。因此，投资者对K线的特征和技术含义要认真加以研判，知其然，更要知其所以然，这样在运用时才不会发生差错。

4. 双方博弈，分析心理

K线形态各异，投资者很难全部掌握，也没有必要去死记硬背，因为K线形态尽管不一样，但它们的本质是一样的。股票交易是一个多空双方的博弈过程，在股票交易过程中，我们所看到的最直观的信息就是股价的波动，而股价波动是多空双方力量的博弈结果，它反映了交易双方的心理变化过程。所以，透过股价波动的表象去分析投资者的心理，就可以把握各种K线的变化趋势。

5.借助他法，避开陷阱

正如其他技术分析方法一样，K线形态技术分析也不是绝对的、万能的。从统计角度来看，尽管有些K线形态的有效性比较高，如早晨之星、乌云盖顶等，但随着K线形态分析方法的逐步普及，投资者对K线形态分析依赖性提高，庄家在操盘过程也许会反其道而行之，从而使K线形态的有效性大为降低；而有些K线形态，其有效性本来就比较低，不能直接指导投资者进行实际操作，因此，K线形态分析需要结合其他技术分析方法才能发挥有效作用。实际上，利用K线骗线或打压吸筹或悄悄派发，是庄家操纵股价的一贯手法。在这种情况下，投资者如果仅凭K线形态进行判断，很容易落入庄家设下的陷阱。为了确保研判的准确性，投资者可以将K线形态技术分析与公司基本面分析、技术指标分析、成交量分析结合起来，如果公司基本面、技术指标以及成交量都支持其K线形态技术分析的结果，那么其有效性将会大幅度提高。

本章操作提示

（1）K线技术分析是股票投资技术分析中的基础技术，也是核心技术。

（2）K线图是根据股价某一时间周期的走势中形成的四个关键价位，即开盘价、收盘价、最高价、最低价绘制而成的。

（3）K线是一种外观现象，外观现象称为形态。K线形态背后的技术含义就是做多和做空力量的较量。

（4）正确认识和理解K线：一是看K线的阴阳及其数量；二是看K线实体大小及上下影线的长短；三是必须配合成交量来看K线及其组合。

（5）一幅复杂的K线图经过分解后就形成了三大部分，即上升趋势、横向平走趋势、下降趋势。

（6）K线图分析的五个要点：瞻前顾后，综合分析；形态还原，化繁为简；掌握精髓，灵活应用；双方博弈，分析心理；借助他法，避开陷阱。

第二章

K线形态中的买入信号

　　当股价经过一段长时间的下跌之后，通常会出现下跌动能衰竭，多头开始出现反攻。表现在股价的相对低位出现一些买入信号：超越覆盖线、锤子线、上升三法、早晨之星、红三兵、低档急跌后上拉线、低档急跌后切入线、低档急跌后阴孕十字星、低档二次狙击性阳线、低档上涨待入线、低档上涨插入线、多方炮、出水芙蓉、仙人指路、长阴倒拔杨柳、长阳快速买入等。每一种K线形态都有其不同的含义，熟练掌握则可以帮助投资者抓住每一轮上涨行情，实现可观的收益。

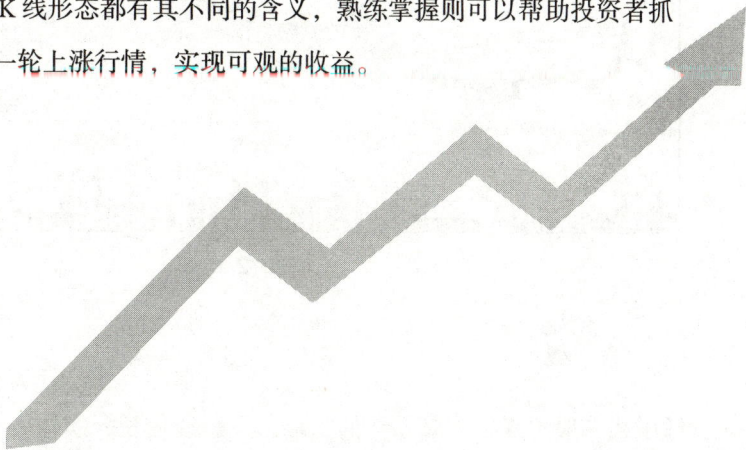

一、超越覆盖线

覆盖线，又叫压迫线，是指股价经过一段时间的
上涨之后，在某一交易日空头开始进行反击，并收出
一根覆盖前面阳线的阴线，显示目前股价出现调整压
力。此后不久如果股价不跌反涨，出现再创新高的阳
线，通常表明股价已经结束调整，将重新展开新一波

图2-1

上攻行情。我们把创出新高的那根 K 线称作超越覆盖线，如图 2-1 所示。

股价结束调整，再创出新高，通常是强势的表现。一般来说，股价突破前期
高点之时正是买入时机，如图 2-2 所示。

在上升行情中，阳线后出现了三四根阴线，紧接着出现了创新高的阳线，同
时伴有成交量的放大，表明上涨行情尚未结束，行情很有可能转为多头强势，股
价会继续上涨，投资者可以继续跟进。超越覆盖线组合是一种震荡盘升的走势，
投资者入场之后，应以持股为主。在具体操作中，投资者应认真观察个股基本面
和消息面，以提防某些主力或机构借此形态骗线出货。

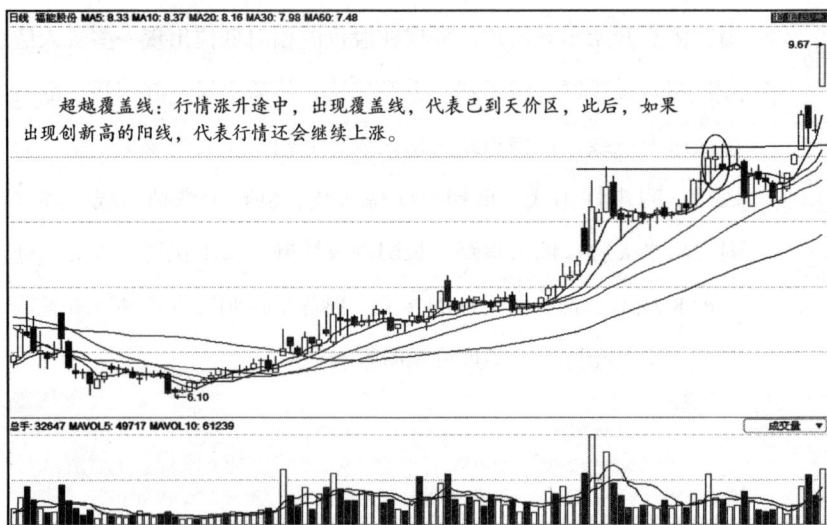

图2-2

二、锤子线

锤子线一般出现在下降趋势的末端，下影线较长，实体较小，一般没有上影

线（即使有也很短）。它是下降趋势即将结束的信号，如图
2-3所示。

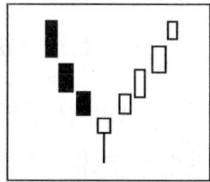

图2-3

投资者要领会锤子线的真正含义，需要掌握以下要点：

（1）锤子线一般没有上影线，即使有上影线，也非常
短，通常下影线的长度是实体的2～4倍。

（2）锤子线处在下降趋势中，如果股价下跌的时间越
长，幅度越大，锤子线止跌的效果就越明显。

（3）锤子线的实体越小，下影线越长，止跌的效果就越明显。

（4）阳线锤子比阴线锤子的止跌力度要大一些。

锤子线是一种强烈的止跌反转信号，如果在连续下跌并且下跌幅度比较大的
走势上收出了一根锤子线，很可能意味着市场将在此发生反转，激进型投资者可
试探做多，稳健型投资者可在锤子线出现后观察几天，如股价能放量上升则可大
胆跟进做多，如图2-4所示。

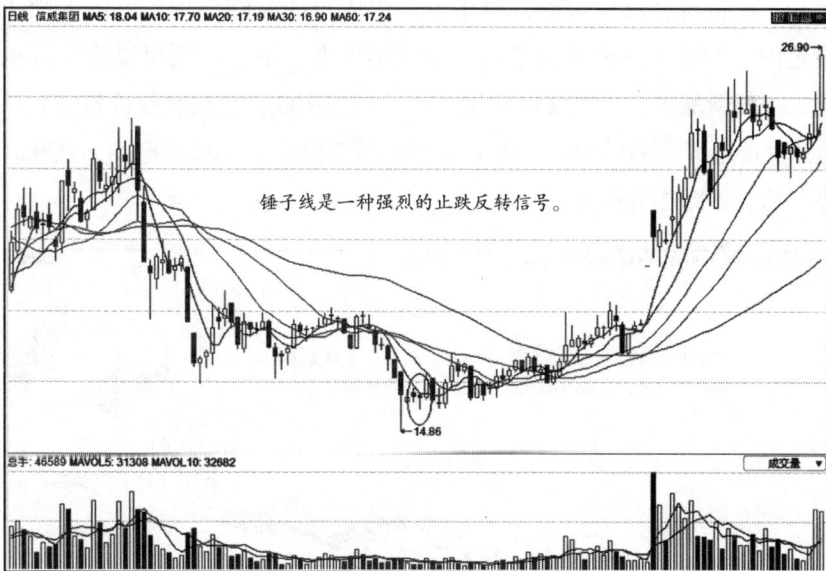

图2-4

图中显示股价见顶后几乎呈跳水式的下跌，直到出现了一根锤子线，股价才
止跌并反转向上，从而震荡盘升。在实战中，出现锤子线后可以尝试性做多，当
以震荡上涨的走势进一步验证锤子线的反转信号时，可以逐步加仓，直到出现上
涨乏力时再考虑平仓。

三、上升三法

上升三法是指上升途中出现一根大阳线，后面跟随着三根小实体，小实体既可以是小阴线，也可以是小阳线，它们或高或低地排列，并保持在第一根长阳线的范围之内，即第三根小实体的收盘价仍低于第一根大阳线的开盘价，紧接着市场出现高开，并且开盘价高于前一天的收盘价，而其收盘价则高于第一根长阳线的收盘价。上升三法一般

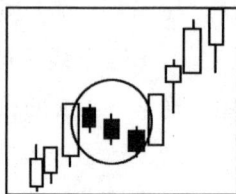

图2-5

出现在上涨过程中，属于上升的中继形态，股价后市将继续上涨，如图 2-5 所示。

上升三法信号被认为是趋势的短暂修整，前两根小阴线的出现使得投资者对多头阵营产生了怀疑，第三天的小阴线依然在前大阳线实体之内，多头开始确信空头没有足够的力量进一步使价格继续下跌。因此，随后多头重新恢复了信心并进场做多。

上升三法也可以这样理解：由于这三根较小的 K 线均处于之前大阳线的价格范围之内，构成了一种类似于三日孕线的形态，小 K 线既可以是阳线也可以是阴线，一般情况下，小阴线最常见。连续数根阴线都无法将股价打压到第一根 K 线的开盘价之下，而后的一根大阳线与前面三根小 K 线形成抱线，意味着行情的涨势开始，如图 2-6 所示。

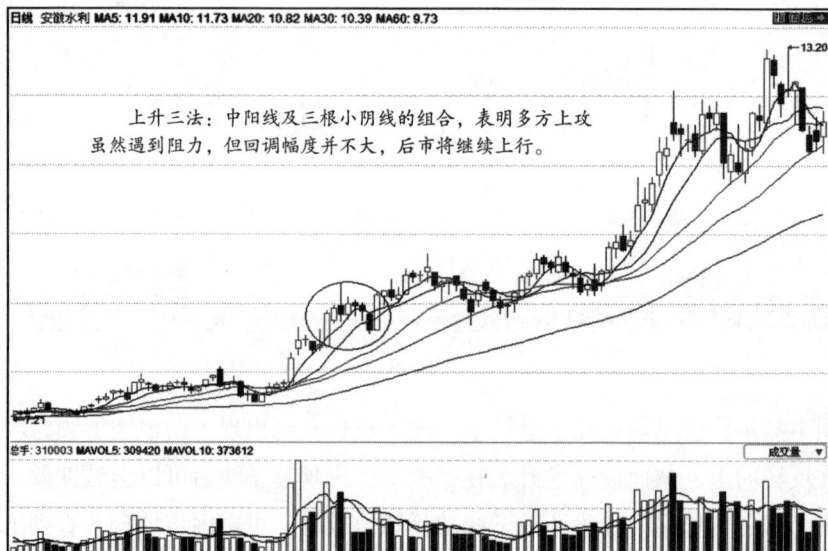

图2-6

需要强调的是，在上升三法形态中，如果头、尾两根阳线的交易量超过了中间那三根小 K 线的交易量，那么预测该形态的上升意义则更加有效。激进型投资者可以在第三根小 K 线收盘价没有跌破前面大阳线开盘价时及时跟进；稳健型投资者可以在后面的大阳线突破前面大阳线的收盘价时进场做多。

四、早晨之星

早晨之星是这样一种 K 线组合形态：股价在下跌的过程中出现了一根中阴线或者大阴线，接着第二天出现一根跳空低开的十字星，随后股价转跌为升，收出一根中阳线或者大阳线，阳线实体收盘价深入第一根阴线实体之中，阳线深入阴线实体越多反转信号就越可靠，如图 2-7 所示。

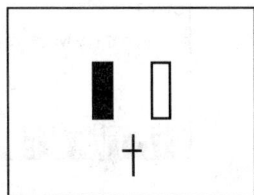

图2-7　早晨之星

投资者要想掌握早晨之星的真正含义，需要把握以下要点：

（1）在长期下降趋势中，某一天出现一根长阴实体，抛压强劲，显示股价短期仍然有下跌的空间，跌势可能会继续。

（2）接着第二天出现一根向下跳空低开的十字星。十字星最高价可能低于第一天大阴线的最低价，与第一天的阴线之间产生一个跳空缺口。十字星显示跌幅及振幅已略有收缩，带来可能转好的信号。

（3）第三天出现一根长阳实体，说明买盘强劲，显示市况已转好，逐步收复第一天阴线的失地。

（4）三根 K 线在心理上构成一个完整的转化过程：看跌心理——多空平衡——看涨心理，故此组合形态转向和止跌横盘的有效性较高。

早晨之星的 K 线组合一般出现在下降趋势的末端，它是一种行情见底转势的信号。这种组合如果出现在下降趋势末端应引起投资者足够的重视，因为此时趋势已发出比较明确的反转信号，是一个非常好的买入时机，投资者可以结合成交量和其他的技术指标进行分析，做出相应的投资决策，如图 2-8 所示。

根据早晨之星的特点，投资者可以采取以下操作策略：

（1）对于出现早晨之星的个股，投资者可以逢低分批买入，不要犹豫不决，免得日后踏空。

图2-8

（2）形成早晨之星的主要原因是主力利用各种因素在尾市故意打压，以便次日再次吸筹。激进型投资者可以在早晨十字星收盘前介入。

（3）稳健型投资者可以在第三天大阳线形成的当天跟进，止损位设置在十字星的收盘价处。

在下跌行情中出现十字星，说明下档承接力量较强，随着后面阳线的出现，成交量的放大，表明多方不仅在十字星处有效阻挡住了空方的进攻，而且发起了反攻。此时可以确认这是"反攻十字星"，表明后市将被多方控制，如图2-9所示。

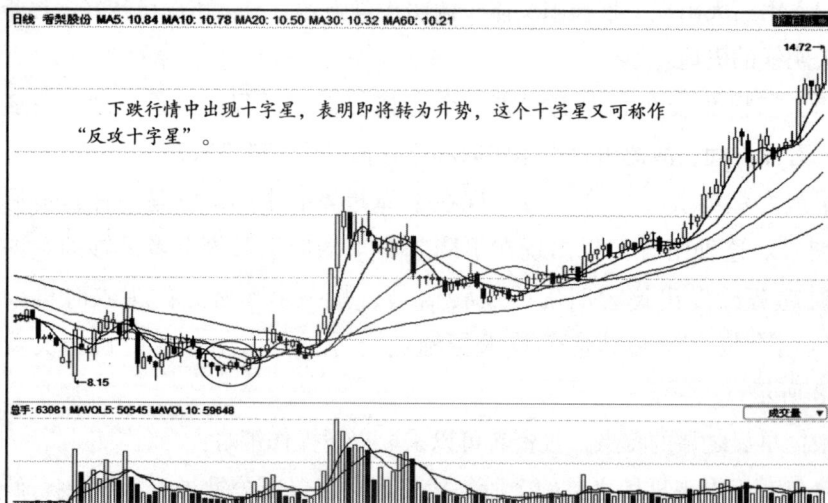

图2-9

五、红三兵

　　红三兵是指在上升趋势中（股价见底回升或者横盘整理时），出现三根连创新高的小阳线，如图2-10所示。

　　如果出现红三兵后，股价上冲时成交量能同步放大，那么说明该股主力做多决心已定，后市继续上涨的可能性极大。

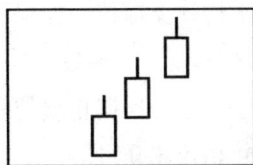

图2-10

　　要理解红三兵的真正含义，需要掌握以下要点：

　　（1）红三兵形态大多发生在市场的底部或股价的上升途中。

　　（2）价格突破重要阻力位形成一轮上升行情，拉出第一根阳线，然后继续发力拉出两根阳线。

　　（3）如果价格每一次拉升均以光头阳线收市，表明买盘意愿强劲。

　　（4）形成红三兵的三根阳线实体部分一般等长。

　　市场空方经过长时间的下跌，做空动能已经释放，无力再度做空，价格在市场底部震荡；而此时市场多方认为股价经过一番下跌，已处在超卖状态，开始尝试做多；一部分投资者在对多空力量进行比较后，认为后市对多方有利，开始进场建仓。市场受三方合力的影响，形成三天连续上扬的局面。红三兵意味着多方力量刚起步，随着力量的不断释放，将会形成一轮上升行情，如图2-11所示。

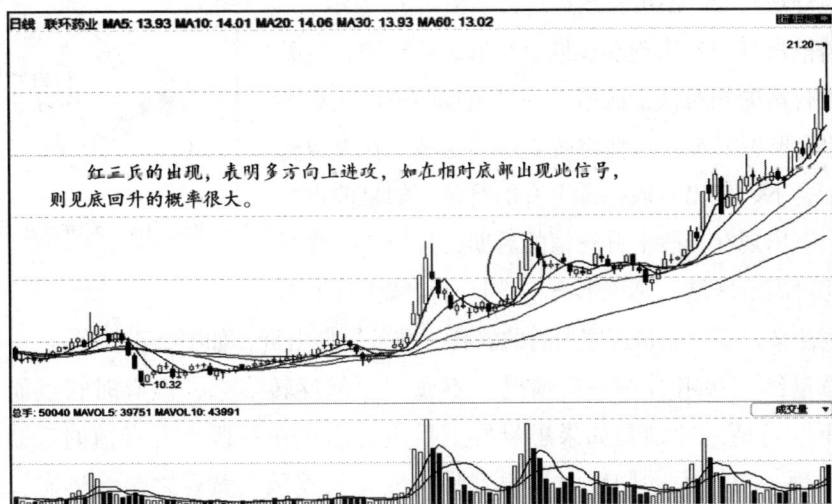

图2-11

根据红三兵的特点，投资者可以采取以下操作策略：

（1）寻找到红三兵下方的重要支撑位，比如说大阳线的最低价或重要移动平均线支撑位。如果下方出现了重要的支撑位，可以考虑把止损位设在此支撑位之下。

（2）根据止损位和目标位，结合整体的风险收益比和成功概率的大小，来判断是否建仓。

（3）在适合建仓的情况下，当第一根阳线出现，并依托重要支撑位向上拉升时，激进型投资者可进场轻仓做多；第二天，如果出现了红三兵的初步形态，可继续持有。前一日没有进场的，也可以进场做多；第三天，红三兵形态正式确立，也是继续建仓的机会。

需要补充的是，按照三根K线不同形态及其所处相对位置的不同，红三兵可以分为末路红三兵、前进红三兵和思量红三兵，临盘操作的时候一定要严格区别对待，不能一概而论。

一般情况下，末路红三兵组合并不属于顶部反转形态，但在特殊情况下，它也能引出不容忽视的下跌行情。特别是如果末路红三兵形态出现在一段上升行情的后期，且紧接着出现一根巨大的阴线时，很容易构成乌云盖顶、黄昏之星等形态，从而变成了典型的反转下跌的K线组合形态。所以，当末路红三兵出现时，应静观其变，不可贸然追高，如图2-12所示。

图2-12　末路红三兵

若前进红三兵出现在长期盘整形态的后期，且处于一段行情的相对低价区域。一旦出现前进红三兵的K线组合形态，表明行情将脱离低档区域，在大成交量的配合下，走出一段持续上升的行情。如果前进红三兵形态出现在一段上升行情的后期，且处于一段行情的相对高价区域，则该形态不再具有持续上升形态的研判意义，很可能是庄家最后的疯狂，准备拉高出货，如图2-13所示。

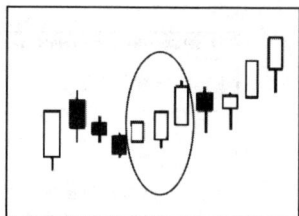

图2-13　前进红三兵

思量红三兵组合在一般情况下不属于顶部反转形态，但有时它也能引出一段下跌行情。特别是如果思量红三兵组合出现在一段上升行情的后期，紧接着出现一根巨大的阴线时，很容易构成乌云盖顶、黄昏之星等形态，从而变成了典型的反转看跌的K线组合形态。所以当出现思量红三兵形态时，不

应轻易介入。通常思量红三兵形态并不是一个趋势
反转信号，这种形态的出现，常常意味着市场需要
一段多空博弈的时间，以便决定下一步的方向，如
图 2-14 所示。

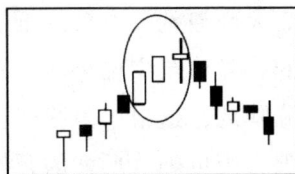

图2-14　思量红三兵

六、低档急跌后上拉线

股价行走在下跌趋势中，在低档加速下挫，盘中出现一根中阴线或大阴线，第二天由于某些重大利好消息的发布，场外投资者进场做多，股价直接跳高至前一阴线的实体内开盘，并顺势上攻，收于当天的偏高价位，走出一根有很大实体的上拉阳线。这根大阳线就是低档急跌后上拉线，它是股价止跌反弹的信号之一。虽然随后几天股价很有可能再向下回落，但只要空头无法将这根低档急跌后上拉阳线吃掉，股价就将向上反弹，如图 2-15 所示。

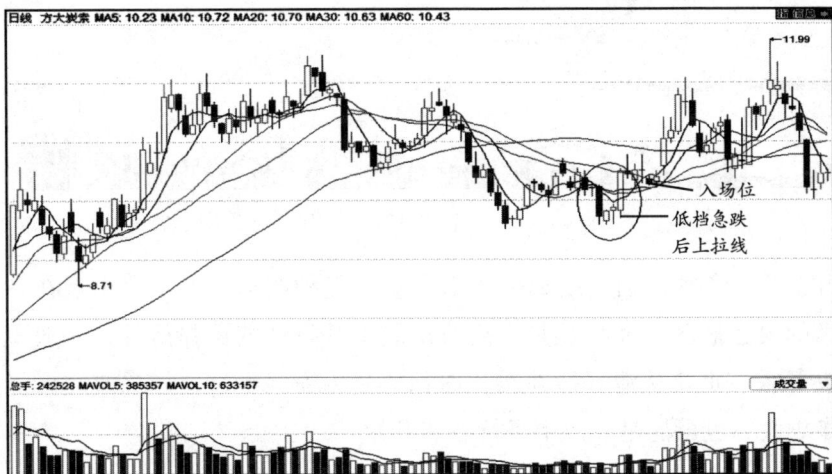

图2-15

低档急跌后上拉线是低档大幅震荡的走势，多空双方搏斗激烈，形势变化极快。如果有利好消息面的配合，双方力量的天平自然会向多方倾斜，虽然还需要一些时间来筑底，但要再创新低也是一件比较困难的事情，所以场外投资者应及时加入多头阵营，止损位设置在急拉大阳线开盘价位。

七、低档急跌后切入线

股价处于下降通道中，快速下挫，在低档收出一根中阴线或大阴线，第

二天却遇到多方全力抵抗，股价低开高走反收一根中阳线或大阳线。此阳线的收盘价至少位于前一根阴线的中心值以上，多方收复了前一日失去的大部分阵地，这根中阳线或长阳线就称作低档急跌后切入线。如果第三日继续收阳，则可确认反弹的开始。为了保证资金安全，稳健型投资者在第三日收出阳线时再根据即时图择机入市，如图 2-16 所示。

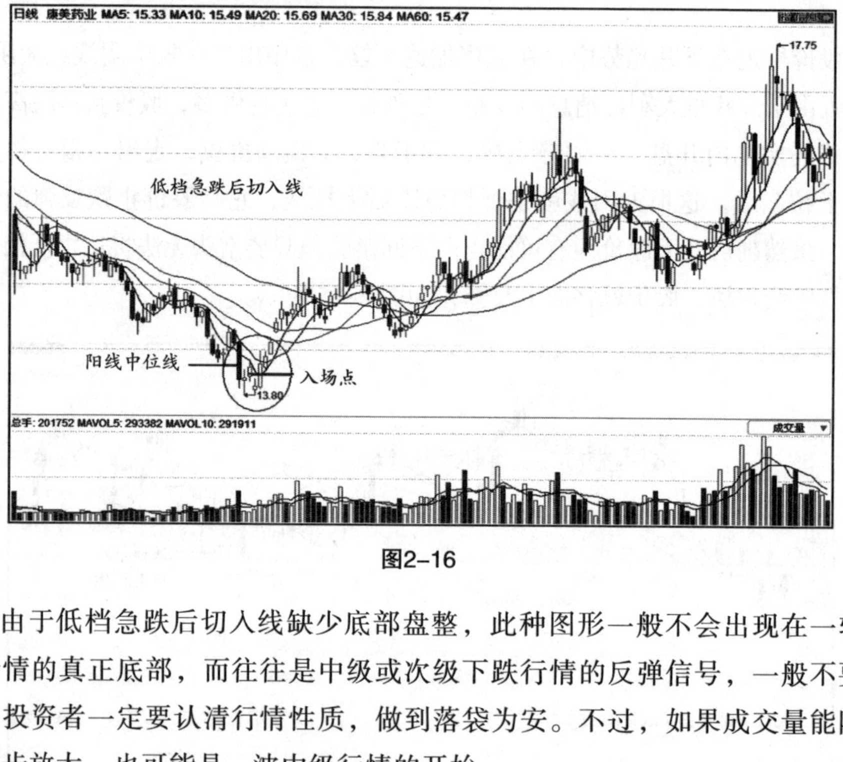

图2-16

由于低档急跌后切入线缺少底部盘整，此种图形一般不会出现在一轮下跌行情的真正底部，而往往是中级或次级下跌行情的反弹信号，一般不要恋战，投资者一定要认清行情性质，做到落袋为安。不过，如果成交量能随股价同步放大，也可能是一波中级行情的开始。

八、低档急跌后阴孕十字星

股价处于下降通道中，在低档拉出大阴线，次日却收出一根孕育在大阴线实体之中的小十字星，表明空头气数已尽。若第三天收出中阳线或大阳线进行确认，局面将改由多头控制，股价即将展开反弹，如图 2-17 所示。

低档急跌后阴孕十字星组合是止跌反弹信号，但反弹的力度要有成交量的配合。何时放量走高，即可视为反弹的开始。激进的投资者既可逢低吸纳，也可等放量时及时跟进。稳健投资者可在第三天收出大阳线确认后跟进做多。

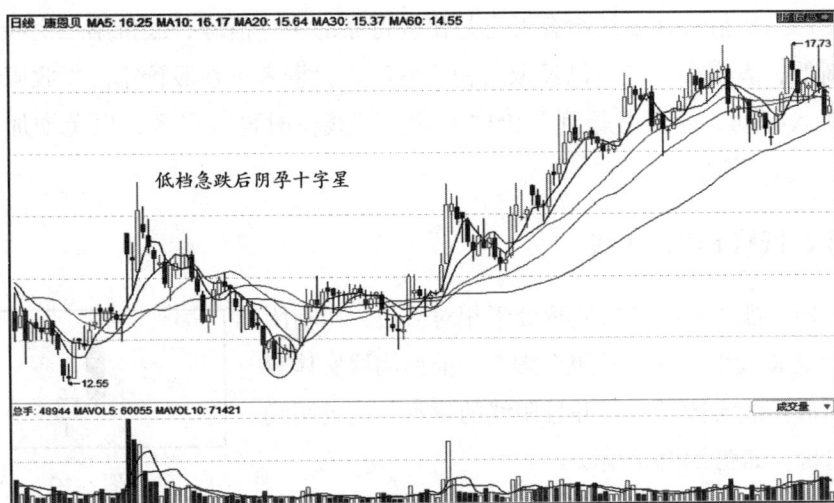

图2-17

九、低档二次狙击性阳线

股价处于底部阶段，空头的打压行动形成第一个低点，在此位置遭受到多头的奋力抵抗，股价开始小幅反弹，空头垂死挣扎，随后股价再次向下回落，但在接近前次低点的价位上方又一次遭到多头的狙击。多头再次成功地对空方进行狙击，股价又一次向上，表明该价位附近已经属于底部区域，逢低接盘力道强劲，股价极有可能走出双底形态而转入上升趋势，如图2-18所示。

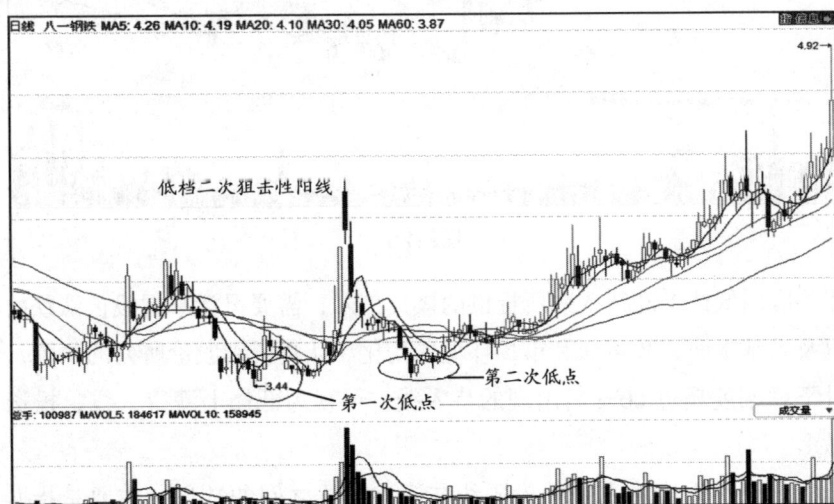

图2-18

低档二次狙击性阳线组合形态是比较可靠的买进信号，股价第二次回调没有创新低，表明多方反攻已经取得初步胜利，投资者可在股价第二次收阳时即采取买入行动，而不必等到股价向上冲击颈线位时再行买入，以免增加入货成本。

十、低档上涨待入线

低档上涨待入线是指股价处于相对低位，由前阴后阳两根 K 线组成的一种组合形态。前面阴线实体较长，后面阳线实体短小，并且阳线的收盘价接近阴线的收盘价。如图 2-19 所示。

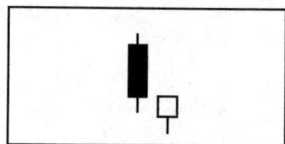

图2-19

低档上涨待入线是判断行情走势的重要信号之一，出现在股价相对低位，多为见底信号，有止跌企稳的迹象，如图 2-20 所示。

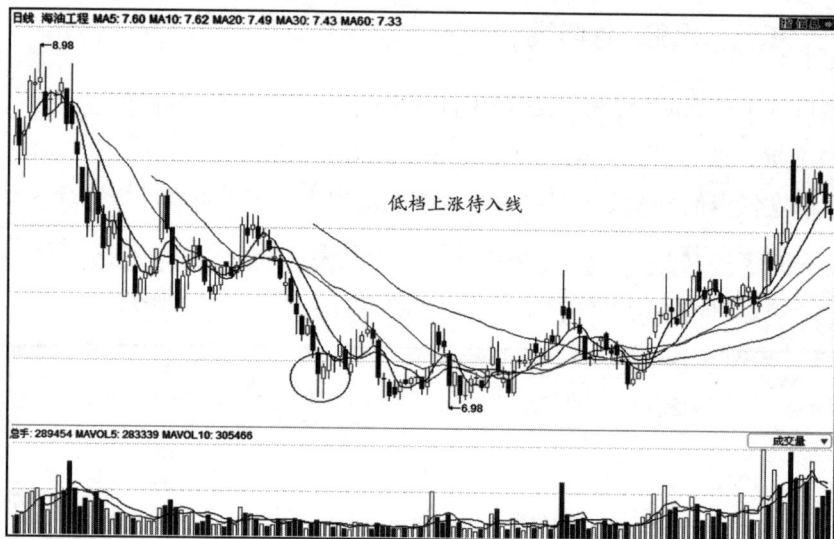

日线 海油工程 MA5: 7.60 MA10: 7.62 MA20: 7.49 MA30: 7.43 MA60: 7.33

—8.98

低档上涨待入线

—6.98

总手: 289454 MAVOL5: 283339 MAVOL10: 305466　　　　成交量 ▼

图2-20

正确应用低档上涨待入线所提供的操作信号，需要灵活掌握股价涨跌的高低幅度以及其基本面、政策面和市场环境的变化。认真辨别股价所处的位置，从高位累计下跌幅度超过 60% 后出现的待入线，可视为低档上涨待入线，投资者可放心做多。

低档上涨待入线形态中前大阴线与后小阳线之间的缺口，主要是指两条 K 线实体之间形成的缺口，上下影线之间有无缺口并不是十分重要。

十一、低档上涨插入线

低档上涨插入线是由前面的一根大阴线和后面一根中小阳线组成的 K 线组合形态。在低档上涨插入线的形态中，后面阳线的开盘价要比前面大阴线的收盘价开得低一些，收盘价收在前阴线实体内的位置要高一些，一般要求达到前阴线实体中心线附近的位置，但不能超过中心线，如图 2-21 所示。

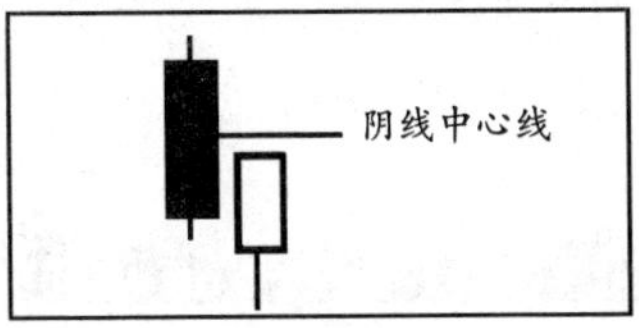

图2-21

低档上涨插入线是非常可靠的见底信号，投资者临盘应大胆进场做多。需要注意的是，在辨别低档上涨插入线的交易信号时，一定注意辨别其所处的相对位置高低。只有处在相对低位的插入线才具有实用价值，处在其他位置的插入线则很难显示出确切的入场信号，如图 2-22 所示。

图2-22

另外，在上涨途中出现一根或两根阴线后又出现一根低开高收的阳线，说明这一两根阴线是股价的短期回档，股价将继续走高，如图 2-23 所示。

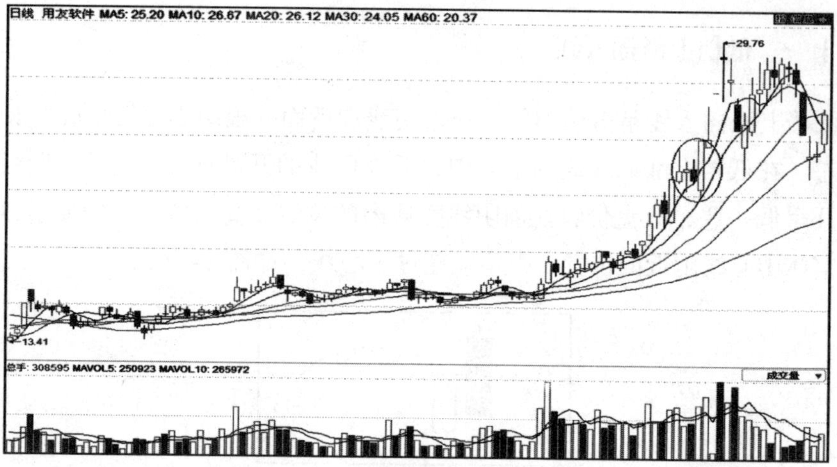

图2-23

十二、多方炮

K 线在经过长期下跌后横向盘整或经过一波行情上涨后横向盘整，并有底部抬高的迹象，股价随时有可能向上突破盘整带。当出现第一根放量阳线突破盘整平台时，第二天往往上升乏力走出高开低走的阴线；第三天多方继续展开上攻使股价继续上升，有时甚至收出光头光脚的阳线。这三天的 K 线图组成了两阳夹一阴的组合形态，因其具有向上开炮攻击的能力，故被称为多方炮。两阳夹一阴的图形可能演变为两阳夹十字星，或两阳夹两阴等形态，其性质大致相同。如图 2-24 所示。

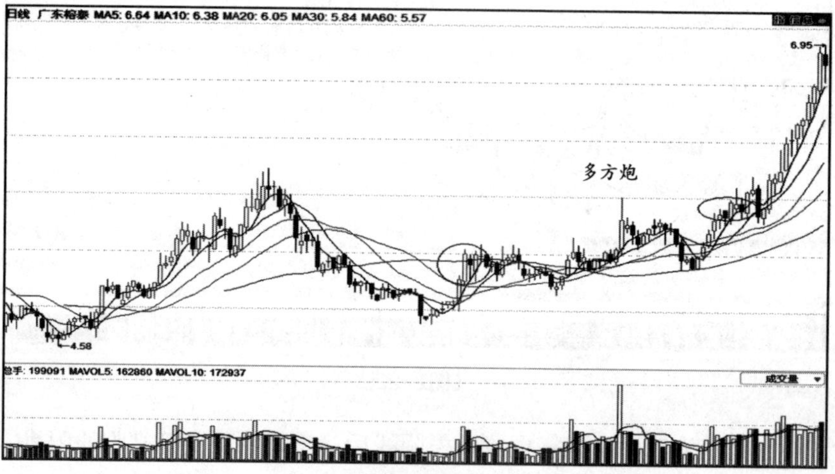

图2-24

按K线形态、排列方式分类的不同，多方炮上攻的强弱也不相同，如图2-25所示。

图2-25　多方炮

①是标准形态的多方炮。②是弱势形态的多方炮，它的K线组合是向下排列的，股价一天比一天低，显示出主力拉高意愿不强，投资者最好回避这类弱势形态的多方炮。③是强势形态的多方炮，它的K线组合是向上排列的，股价一天比一天高，是一种以上涨代替调整的强势形态，而且这种组合的多方炮要求中间的阴线实体尽可能短，如果下影线长则说明该股多方收复能力较强，这样的多方炮才是投资者要关注的目标。④是超级强势形态的多方炮，它的K线组合中的阴线相对较小，可阴可阳，小阳线更显强势，第二根小阴线和第一根阳线之间往往留下一个跳空缺口，而第三根阳线和第二根小阴线之间也留有跳空缺口。这种组合形态的多方炮充分反映了主力超强的做多热情和综合实力。这种超强形态的多方炮常常出现在控盘庄股主升浪的初级或者中级阶段。

根据多方炮的K线组合和相对位置不同，多方炮主要有以下几种变形形态：

1. 潜伏式的多方炮（图2-26）

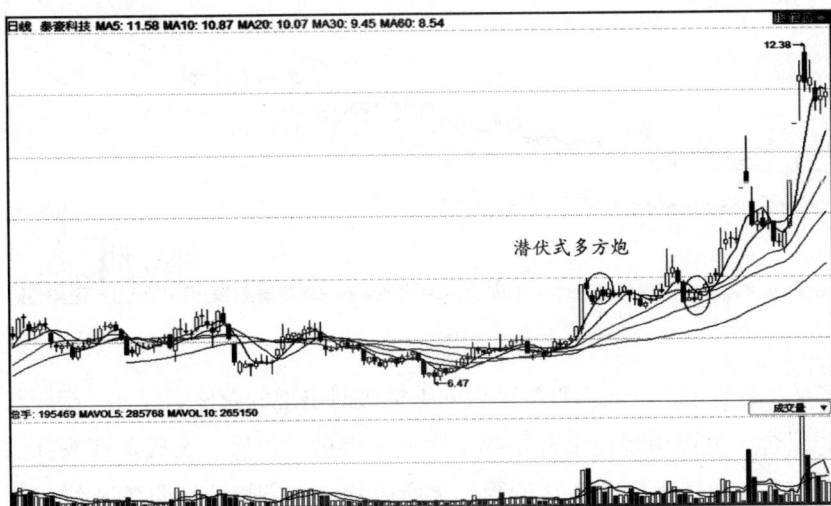

图2-26

2. 两阳夹两阴的多方炮（图 2-27）

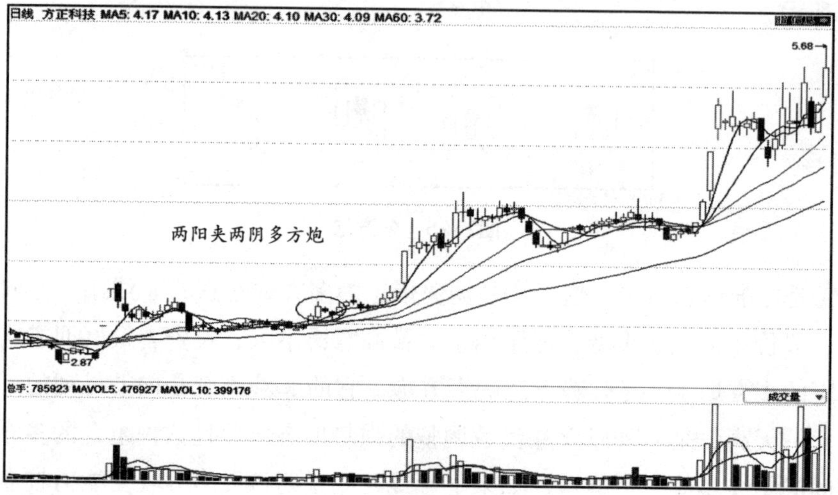

图2-27

3. 其他变形形态的多方炮

如叠叠多方炮、两阳夹三阴多方炮等。如图 2-28 所示。

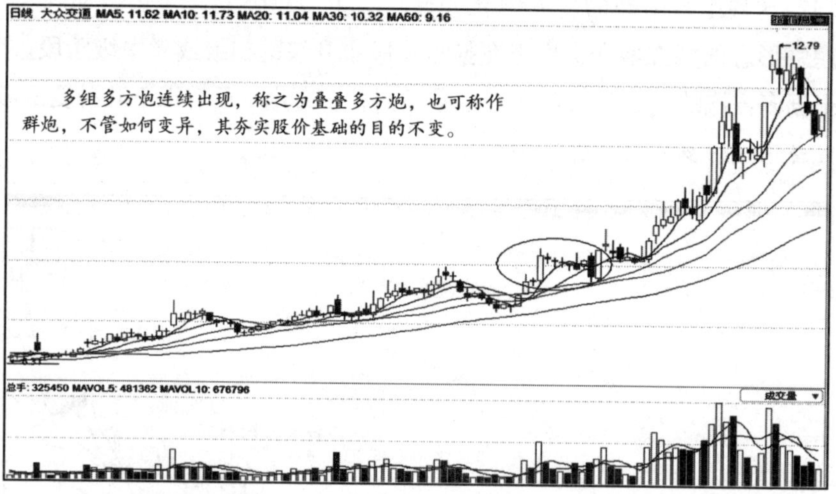

图2-28

需要注意的是，从底部盘整平台向上突破时出现的两根阳线夹一根阴线的三根 K 线组合，也可出现在上升中继平台向上突破的位置、突破前期头部的位置或者突破上升通道上轨等特殊位置。之所以称为多方炮，说明该 K 线组合出现后一般有一段快速上涨的行情。

十三、出水芙蓉

当股价长期在 60 日移动平均线之下阴跌，或股价长期在 60 日移动平均线之下横向震荡，某日突然放量向上突破 20 日、40 日、60 日移动平均线，冲过 60 日移动平均线并能收盘在 60 日移动平均线之上，这一根阳线称为出水芙蓉。

当股价在某一个交易日放量切断 20 日、40 日、60 日移动平均线时，有可能成为向上转势的信号。如果股价能在 60 日移动平均线之上企稳，则转势向上的把握更大。投资者应该在出现出水芙蓉的图形后逢低买入，或在出现出水芙蓉的图形的当天收盘前积极买入。

图 2-29 是一个在 20 日、40 日、60 日移动平均线收敛后放量站稳在 60 日移动平均线系统之上的出水芙蓉走势。

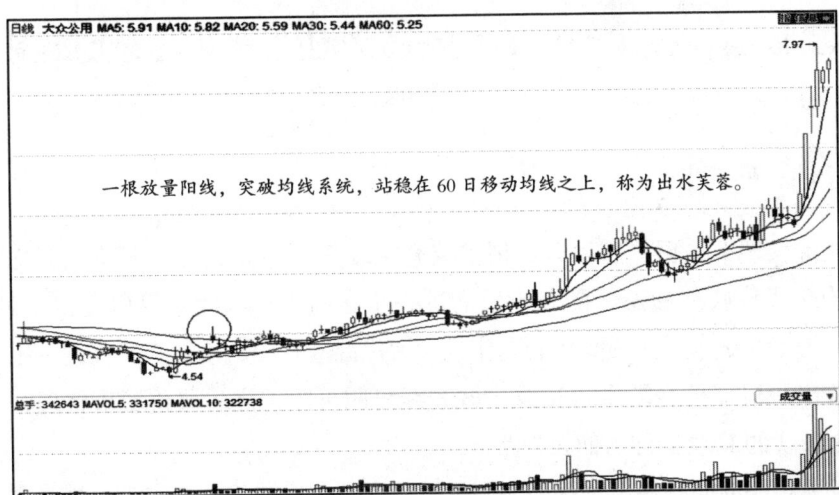

图2-29

当 20 日、40 日、60 日三条移动平均线集结于一点，形成交叉向上时，被称为金蜘蛛，这种 K 线组合形态代表股价将要向上运行，当一根中阳线或大阳线上穿金蜘蛛的交叉点时，这样的出水芙蓉上升信号更加有效。如图 2-30 所示。

出水芙蓉是股价站稳 60 日均线，具有扭转一轮跌势的作用，如果有成交量同步放大的配合，出水芙蓉的买入信号将更加有效。而且最好是均线系统相对收敛，这表明大家持仓成本趋于一致，此时突然出现放量的出水芙蓉走势，往往会发生"沉默中的爆发"，只要得到成交量不断放大的配合，就容易走出一轮上升行情。

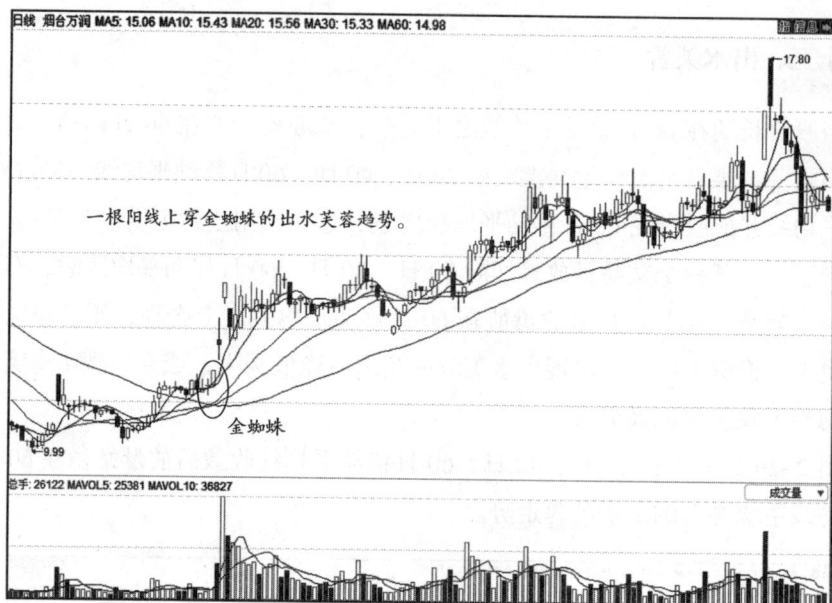

图2-30

十四、仙人指路

股价长期下跌后，庄家开始悄悄建仓，成交量温和放大，股价上穿均线系统，构筑股价底部形态，随着股价的进一步走高，继续收集筹码显得不经济，同时，为了测试盘子里面是否有老庄或者大户混迹其中，于是在冲高到一定的价位后收出一根带长上影线的 K 线，该 K 线可阴可阳，之后股价回落整理，这根带长上影线的 K 线就称为仙人指路。

仙人指路的回档幅度和回档时间根据庄家试探后获得的套牢盘多寡而定。一般庄家一直拉高股价，当看到五档委卖盘上出现大笔的卖单了，就马上回落下来，引诱那些卖单在低位抛出，庄家洗盘吸货的目的才算达到。只要套牢的筹码不抛出，庄家就要延长整理的时间和回档的幅度，直到那些套牢的筹码割肉抛出，洗盘彻底了，才会结束回档展开新一轮上升行情。

一般情况下，仙人指路的那根上影线的最高价指到哪里，以后股价至少会涨到哪里。如图 2-31 所示。

还有一种回档时间稍长的仙人指路，若在阶段高点出现，预示着以后股价会有回落，但如果股价能突破前期高点，那么就会展开一轮大的上升行情。如图 2-32 所示。

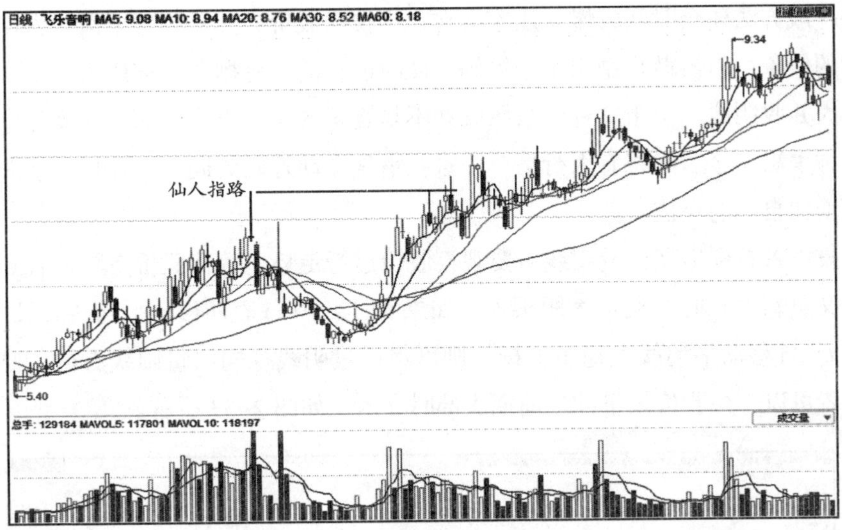

图2-31

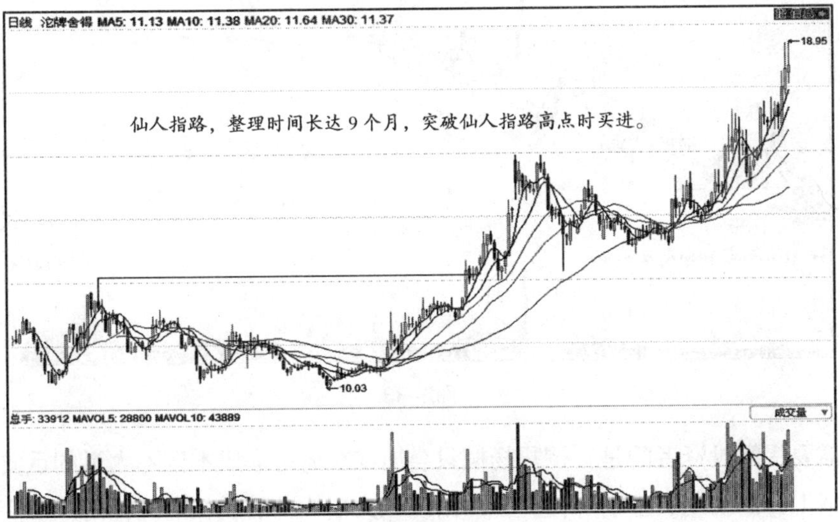

图2-32

十五、长阴倒拔杨柳

当中短期均线系统保持多头排列，某一天收出一根顶天立地的巨量阴线，但股价下跌不多，并且巨量阴线后并没有出现深幅回档，股价反而再度上扬超过这根巨量阴线的开盘价，这种形态称作长阴倒拔杨柳。

如果某只个股有潜在的利好，或庄家在大盘好转后有意炒作某只个股时，此时用一般方法建仓时间较慢，庄家会在盘中拉高股价，然后顺势下滑，做出拉高出货的假象，引诱散户抛出手中筹码。此时散户的所有抛盘都被庄家吸纳，成交量巨大并收阴线。由于这种巨量阴线并不是真正的拉高出货，而是庄家建仓吸货的一种手法，今后必将有大行情。庄家在清洗浮动筹码的同时，还可以在短期内快速增加自己的仓位。

投资者看到出现巨量阴线后要观察股价运行走势，等待股价下跌，直到跌无可跌又重新上升时，便可大胆买入。如果 5 日、10 日短期移动平均线金叉向上，并在 60 日移动平均线上稳步上扬，则可将巨量阴线视同巨量阳线看待。稳健的投资者可以等待股价放量冲过前期头部时介入。如图 2-33 所示。

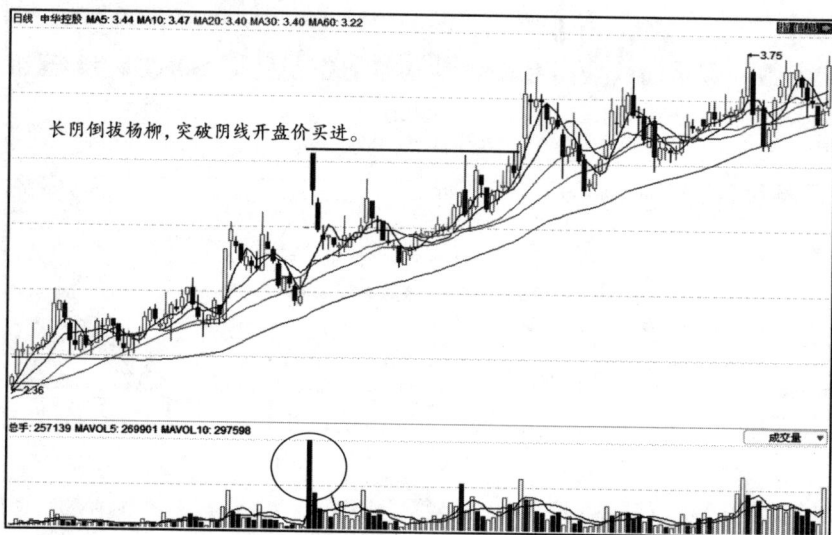

图2-33

需要提醒投资者的是，倒拔杨柳只会出现在离庄家成本区不太远的重要阻力位，或上升的初期、中期等位置，而出现在大幅拉升后的相对高位的巨量阴线则可能是庄家真正的拉高出货，投资者一定要将二者区别开来。

十六、长阳快速买入

当股价处于下降通道中，迅速跌到 60 日移动平均线以下，短期内超跌，并且成交量极其萎缩，那么股价很可能在此位置构筑一个缩量小平台，当突然放出巨量形成长阳向上突破小平台的时候，是一个极好的短线买入点，这就是在弱市中的长阳快速买入法。如图 2-34 所示。

长阳快速买入的方法是在弱势市场中的一种操作方法，对投资者操作水平要求较高。建议普通投资者回避这种操作方法，即使成熟的投资者运用此方法，也要掌握以下要点并严格按要求操作：

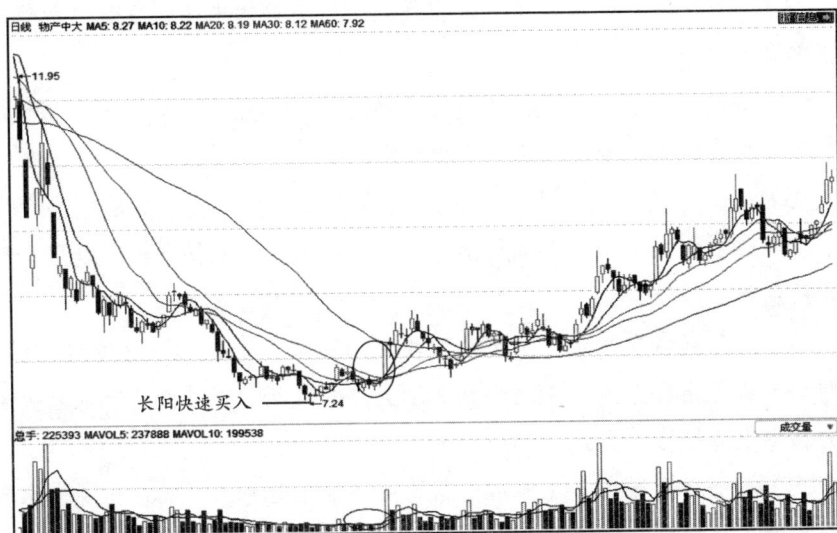

图2-34

（1）股价在前段时间大幅、快速下跌。

（2）股价在相对底部运行，构筑平台整理，成交量呈萎缩状态。

（3）指数环境也正好展开反弹。

（4）突然放出巨量向上突破整理平台水平压力线。

（5）长阳快速买入法不适合那些基本面出现问题的个股。

简单地说，就是在指数反弹的大环境中，投资者可以寻找那些下跌区间缩量，下跌幅度较大，且底部缩量构筑平台，现在突然放出巨量向上突破的股票，投资者要密切注意该股票，以便在分时走势图上的相对低位及时跟进。

━━━━ 本章操作提示 ━━━━

（1）股价结束调整，再创出新高，通常是强势的表现。一般来说，股价突破前期高点之时正是买入时机。

（2）收盘时出现一根锤子线，很可能意味着市场将在此发生反转，激进型投资者可试探做多，稳健型投资者在股价放量上涨时，可大胆跟进做多。

（3）上升三法一般出现在上涨过程中，属于上升中继形态，后市将继续上涨。

（4）早晨之星的K线形态一般出现在下降趋势的末端，它是一种行情见底转势的信号。

（5）如果出现红三兵后，在股价上冲时，成交量能同步放大，说明该股有新的主力介入，后市继续上涨的可能性极大。

（6）低档急跌后上拉线、低档急跌后切入线、低档急跌后阴孕十字星、低档二次狙击性阳线、低档上涨待入线、低档上涨插入线都是股价底部止跌反弹的信号。

（7）从底部盘整平台向上突破时出现的两根阳线夹一根阴线的三根K线组合，也可出现在上升中继平台向上突破的位置、突破前头部或者突破上升通道上轨等特殊位置。

（8）投资者应该在出现出水芙蓉的图形后逢低买入，或在出现出水芙蓉图形的当天收盘前积极买入。

（9）一般情况下，仙人指路上影线的最高价指到哪里，以后股价至少就会涨到哪里。

（10）投资者看到出现大阴线后要观察股价运行走势，等待股价下跌，直到股价跌无可跌又重新上升时，便可大胆买入。

（11）在指数反弹的大环境中，投资者可以寻找那些下跌区间缩量，下跌幅度较大，且在底部缩量构筑平台，突然放出巨量向上突破的股票。

第三章

K线形态中的卖出信号

　　当股价经过一段长时间的上涨之后，通常会上涨乏力，动能不足，表现在K线图上就是在股价的相对高位出现一些卖出信号：吊颈线、下降三法、单阳头部、单阴头部、十字星头部、T字线和倒T字线、阴阳墓碑、T阴墓碑、多连阴、锤阴墓碑、星阴墓碑、横阴墓碑、品字头、阴阳墓碑夹、空方炮、宝塔头等。这些K线及其组合形态都有其不同的含义，熟练掌握了这些含义则可以帮助投资者避开疯狂的下跌行情，实现成功逃顶。

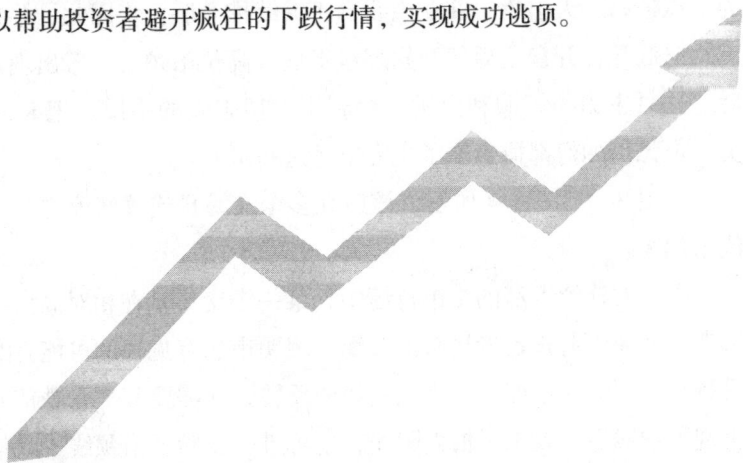

一、吊颈线

所谓吊颈线，是指下影线较长，实体部分较短，上影线很小或几乎没有的一种 K 线形态。通常而言，吊颈线下影线长度应是 K 线实体的两倍以上。由于其形状与绞刑架颇为相似，所以被称作吊颈线。技术走势上一旦出现这种 K 线形态，且第二天又有大阴线进行有效确认，股价便会如高山流水，滚滚而下。小实体在 K 线的顶部，可以是阳线，也可以是阴线。如图 3-1 所示。

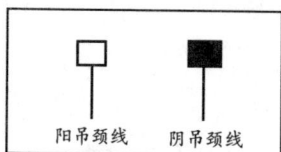

图3-1

相比较而言，吊颈线以阴线的形式出现的概率较大。如图 3-2 所示。

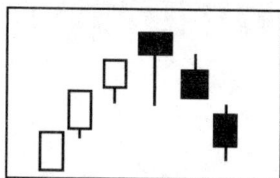

图3-2　吊颈线

在形成吊颈线的当天，股价在相对高位开盘，随后由于缺少持续资金进入，无力继续上冲并开始出现较大幅度的回调，但到尾市的时候又得到主力的拉抬而收于开盘价附近。

高位吊颈线一般出现在一波大幅上涨行情之后，股价持续攀升了一段时间，由于总体升幅太大，多方力不从心，同时获利了结的欲望开始增强。

此时主力为了成功套现，也加大了出货的力度，于是盘中卖盘递增，买盘递减，股价一路走低，有时甚至下跌至前一天的收盘价之下。由于短时间内跌幅较大，一些原来看好该股却不敢追高买进的场外投资者此时错误地认为等到了"逢低吸纳"的良机，抓紧时机入场建仓，主力也顺势拉高。主力拉高股价，只是为了掩护第二天出货，并非想要真正继续推升股价。因此，第二天股价多半是向下跳空低开，开盘之后便开始逐步走低。高位吊颈线一般出现在一波上涨行情之后。这时主力为了顺利出货，会利用一切骗人的手段，把 K 线形态做得十分完美，但无论如何都掩盖不了主力出逃这一事实。

如图 3-3、图 3-4 所示，该股在多个交易日连续涨停之后，随后报收一根高位吊颈线。

在一波连续上涨的牛市行情中，某一个交易日在相对高位出现了吊颈线这种形态，就要引起投资者足够的警惕，表明市场有见顶的可能。需要注意的是，当吊颈线出现时并不能马上确认趋势的反转，还需要其他看跌信号的验证。假如在出现吊颈线后又收出一根大阴线，便可进一步验证吊颈线下跌信号的有效性，投资者可随后逐步清仓出局。如图 3-5 所示。

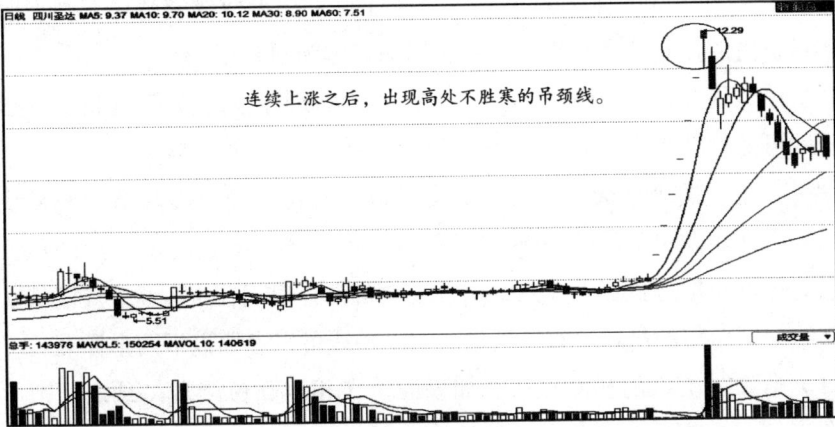

图3-3

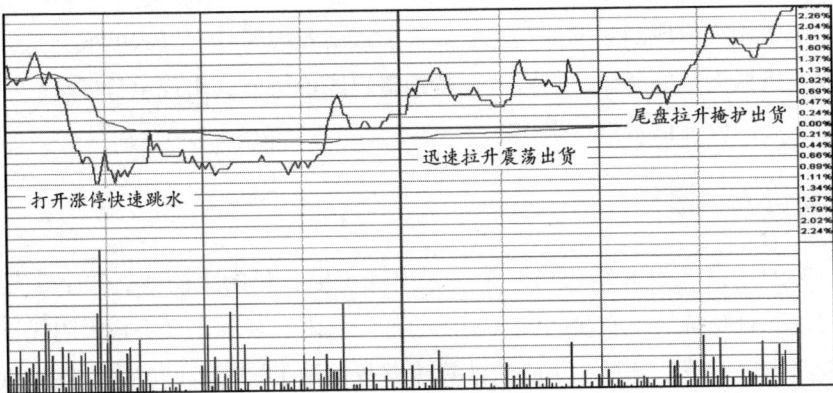

图3-4

图3-5

应用吊颈线作为交易决策的依据时，投资者应注意以下问题：

（1）如果吊颈线实体部分与前一交易日的 K 线形成跳空缺口，则表明今日追高的投资者的持仓成本高于前一天，追高者多为散户。

（2）吊颈线出现后的第二天的 K 线一般为阴线，阴线的长度越长，形成下跌趋势的可能性就越大。

（3）吊颈线出现当天，若当天成交量极度萎缩，则要等待第二天 K 线出现确认信号后才能做出最后的判断。

还有一点要提醒投资者注意，吊颈线也常常会出现在主力盘中震荡洗盘的时候。判断顶部形态的吊颈线和整理形态的吊颈线可以参照以下两个标准：

（1）吊颈线出现的相对位置。如果股价在相对高位出现吊颈线，则形成顶部的概率较大；相反，如果股价刚脱离中长期底部，则其成为整理形态的概率较大。

（2）吊颈线形成当天的成交量。如果形成吊颈线时伴有巨大的成交量，特别是出现了近期天量的时候，投资者要特别警惕股价可能会出现单日反转，而不再需要第二天的验证信号进行确认。

二、下降三法

下降三法由五根 K 线组成，第一天出现一根长长的大阴线，接下来是三根小阳线，并且统统局限在第一天大阴线的范围之内，最后出现一根大阴线，其最低价创出当前行情的新低。下降三法意味着行情做了短暂的调整之后跌势重新开始。如图 3-6 所示。

在下降趋势中，如果前、后两根大阴线的交易量超过了中间那三根小阳线的交易量，则后市下跌的可能性更大。下降三法组合的上影线越长，空头气氛越浓；实体越长，空头越强，该形态对后市的预测准确性就更高。

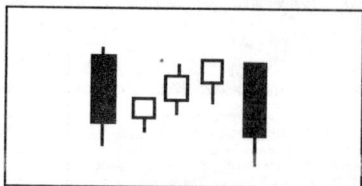

图3-6

下降三法往往发生在市场下跌途中，反映了市场做多能量极度虚弱，股价大跌小涨，做空能量仍未得到有效释放。如图 3-7 所示。

图中显示行情持续向下，出现一根大阴线，随后多头展开防守反击，连拉三根向上的小阳线。然而，股价在这三天的上升行动中并没有多大涨幅，甚至无法弥补大阴线那天的损失。多方反攻动能极其虚弱，空头力量更加有信心继续打压，于是形成了第二根大阴线，从而预示后市股价将继续下行。

图3-7

下降三法常发生在庄家派发股票的初期和中期。通常，股价虽然连拉三根阳线，但由于缺少筑底过程，仍然避免不了下跌的趋势。投资者可在第四天股价降到前一阳线开盘价之下时考虑卖出。在下降途中出现阳线，一些投资者会误认为是另一轮行情的开始，而实际上是庄家拉高出货的骗线行为。所以，在股价处于下降通道中时，投资者一定要谨慎，避免陷入庄家的陷阱。如图3-8所示。

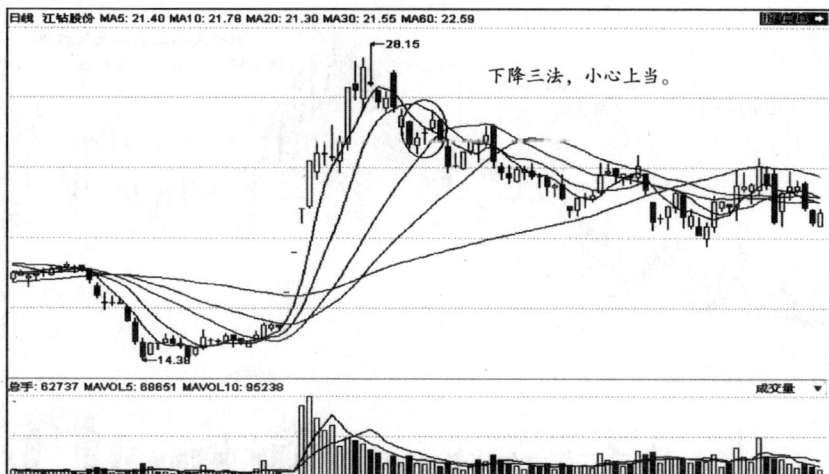

图3-8

三、单阳头部

股价处于上升通道中，经过较长一段时间的上涨，累计涨幅很大，为了顺利出货，庄家会制造一些陷阱，如可能会在相对高位拉出大阳线来吸引散户的注意力，诱惑不明真相的散户追涨跟进。第二天，庄家开始大量出货，一根大阴线吞噬了前一日的整根大阳线，从此股价开始一路下跌，在这里就形成了头部。如图3-9、图3-10所示。

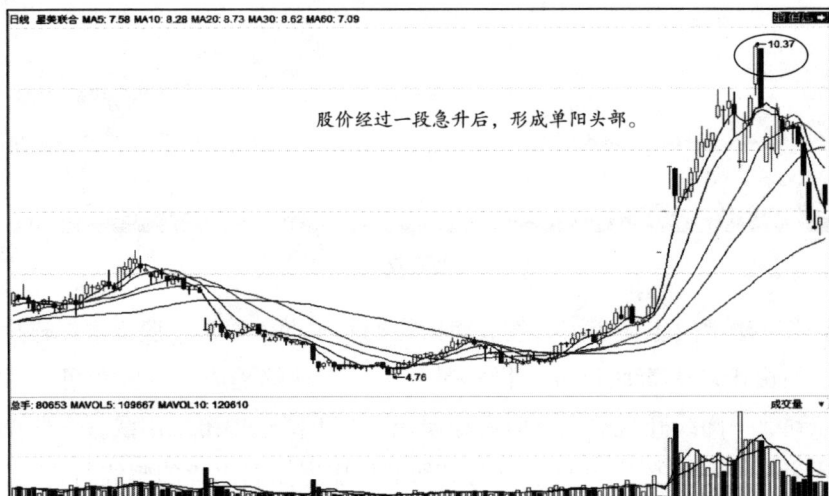

图3-9

图3-10

对于相对高位拉出的大阳线，只要后面很快被跌破，可认为主力已经撤退无疑。特别当出现均价线、均量线、MACD 三线死叉等其他头部特征时，更能够证明那根阳线拉高是陷阱，出货才是目的。

头部的形成，说明股价出现了阶段性的绝对高位，而这个绝对高位需要由以后行情的发展情况做出确认，这就是事后确认原则。只有相对高位的大阳线被跌破，后面股价不再超过那根阳线的最高价，才能说当初那个位置是绝对高位。此后庄家出货的迹象越来越明显，确认了单阳所形成的头部。

所以，对于在股价相对高位出现的大阳线，投资者必须要警惕，它往往是多方最后的疯狂，而不是多头强势的表现，股价随时都有跌下来的可能，物极必反就是这个道理。

四、单阴头部

阴线即指在一天的成交过程中，空方力量胜于多方力量，将股价从高位一路打压到低位，多方明显处于弱势。在经过一轮涨势之后出现相对高位阴线，很容易形成阶段性头部。

阴线在股价相对低位以及上升过程中，不一定会形成头部，只起着洗盘和震仓的作用。只有在股价接近阶段性头部的时候，多方已有相当丰厚的盈利，强有力的攻击才会接近尾声，并且部分多方此刻转化成了空方，空方将从防御阶段转变为进攻状态。此时，反复出现的长阴线就是空方进攻的明显表现，股价形成头部的可能性非常大。如图 3-11、图 3-12 所示。

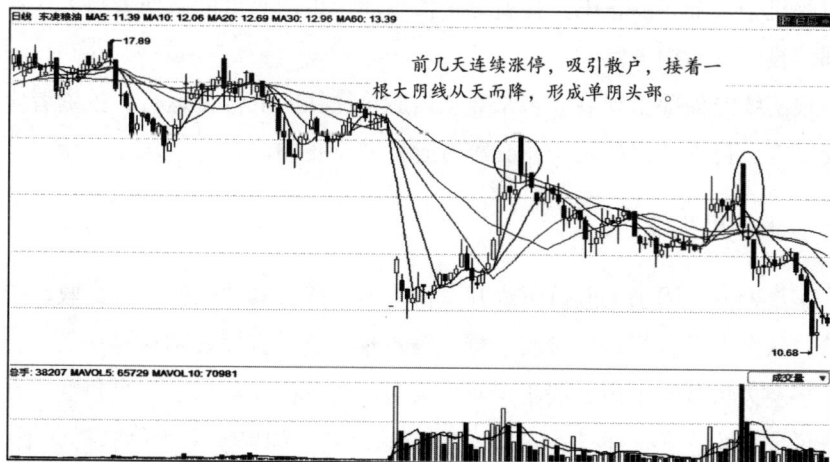

图3-11

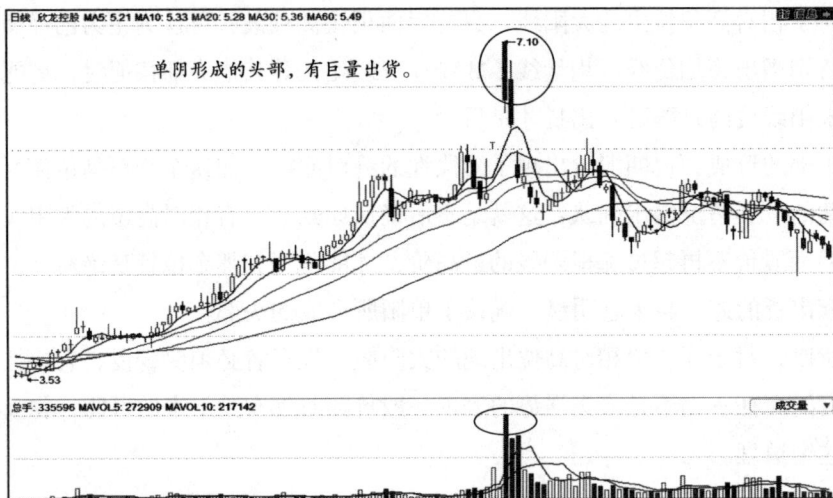

图3-12

该股经过几波上涨，股价已经处于相对高位，此时连续跳空涨停，散户以为行情启动，奋不顾身地追进，结果第二天跳空高开后股价一路下跌，庄家巨量出货，形成单阴头部。

该股长期上涨，庄家获利已经十分丰厚，于是当天跳空高开突破前面的头部，在诱惑散户追高进场的同时开始放量出货，收盘一根大阴线构筑头部。

通过分析可以发现，一根阴线形成的头部有以下特点：单阴头部出现时具有突然性，让追高的散户措手不及；阴线顶部的价格常常是股价的头部，在以后较长的时间内，股价一般情况下很难冲过这个头部；套牢者很难解套出局，几乎没有悔改的机会，唯一的正确选择就是止损出局，单阴头部的杀伤力极大，一旦套在头部，投资者的损失巨大。

一根阴线的头部出现后，未来数日内股价往往向低价位运行，投资者应该采取对应措施，持币者保持观望，套牢者则要敢于止损。

五、十字星头部

十字星形成皆因当天股价围绕开盘价上下震荡，其涨跌幅不大，收盘价等于开盘价。从图上看，当日股价涨也难，跌也难。它一方面表明在这一天的行情走势中，多空力量基本平衡，股价走势失去明确的方向；从另外一个角度来看，这也正好说明股价在不久的未来将寻找突破的方向。如果未来股价选择向下突破，那么就可以说这一天的十字星处于股价的高位，称为十字星头部。

表面上看，十字星形成当天收盘价等于开盘价，表明多空力量是平衡的。实际上市场内部的结构发生了细微的变化，被市场气氛鼓动起来的散户坚决做多，使股价拉出上影线，而庄家已到了收割庄稼的丰收季节，会隐蔽性地在高位出货，坚决做空，使股价拉出下影线。临近收盘时，不明真相的散户继续做多，或者是庄家刻意护盘，又将股价推高到开盘价的位置。最终庄家的力量和散户的力量取得暂时平衡，当天收盘时，呈现在投资者面前的K线便是一颗十字星。

此后，庄家手中高度集中的筹码开始悄悄地向散户派发，当庄家手中的筹码套现到一定程度的时候，庄家就会明目张胆的抛售剩余筹码，市场立即由强势转为弱势，股价开始一路走低。如图 3-13 所示。

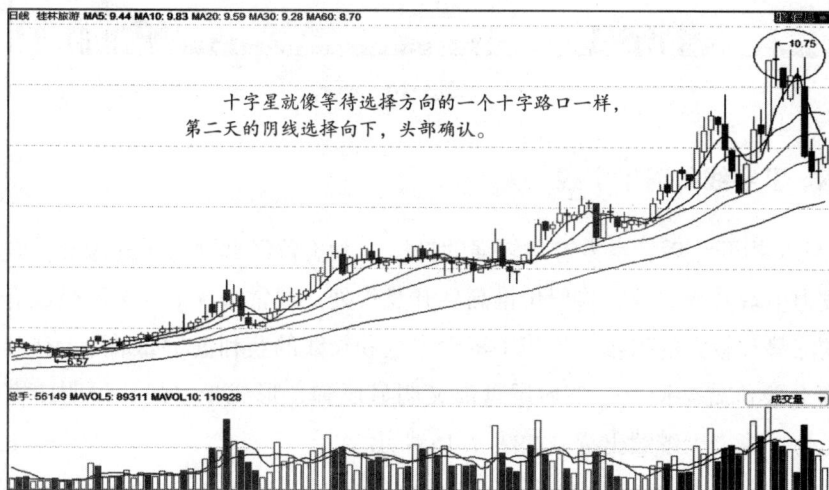

图3-13

在以十字星头部作为交易信号的时候，同样要注意十字星所处的股价位置。股价在上升过程中的每一颗十字星都可能使股价在短暂的平衡后重新认定方向，可以选择继续上涨，也可以选择横盘或下跌。所以，当股价大幅上涨接近高价区时，如果出现十字星K线形态，投资者要警惕形成头部的危险。

另外，有一种特殊的十字星，由于其上影线过长，又可称为"天针"。头部天针和头部十字星属于同一类型的K线，只不过是上下震荡的幅度不同而已。如图 3-14 所示。

综上所述，由于十字星头部有一个横向震荡的过程，所以庄家出货时间通常要长一些，但是十字星头部使投资者在这里选择新方向时产生错觉，从而失去方向。为了更准确地判断头部信号，可以寻找股价高位出现的周十字星、周天针。

天针：长期上涨，庄家获利丰厚，开
始利用宽幅震荡出货，头部确认。

图3-14

六、T 字线和倒 T 字线

T 线是指开盘后，空方有过较强的打压，股价曾经远远低于开盘价，收盘前多方发力上攻收复失地，将股价推高到开盘价处。通常情况下，个股已经有较长时间的涨势和较大的涨幅，累积了不少中线和长线的获利盘，如果当天获利盘回吐，那么股价就会回落，随后尾盘前又明显反弹，形成 T 字线，说明庄家维持高位是为了第二天继续出货。如图 3-15 所示。

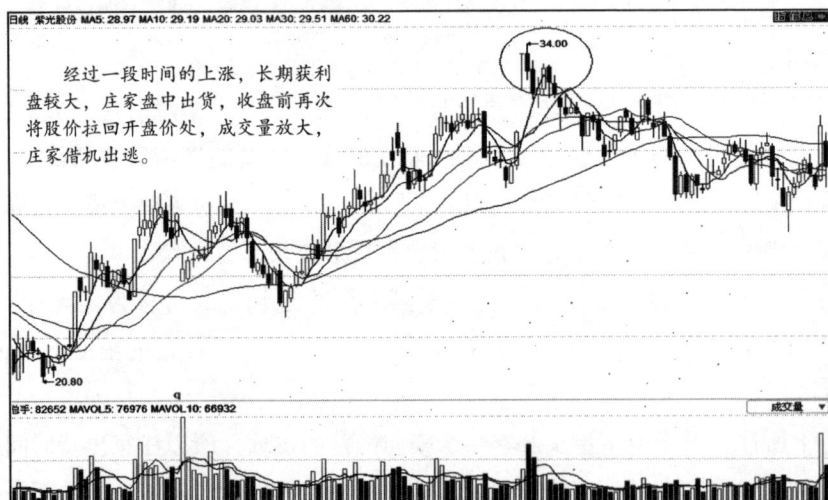

经过一段时间的上涨，长期获利
盘较大，庄家盘中出货，收盘前再次
将股价拉回开盘价处，成交量放大，
庄家借机出逃。

图3-15

　　图中是一根在渐进式上升过程中形成的头部T线，渐进式上升过程中头部T字线的特点是跳空高开的幅度不大，上升并非强劲有力；短期获利盘很小，但中长期获利盘较大；按照对称原理，这一类头部T字线的下跌速度也是渐进的，直到跌破60日移动平均线后，才可能出现恐慌性下跌。对于渐进式上升后出现的T字线，留给投资者的出货时间还是挺多的，但在股价跌破60日移动平均线后则必须清仓。

　　还有一种头部T字线，它的形成是激进型的庄家在指数条件较好的情况下，把股价快速拉高，吸引散户追高，一旦有大量买单出现，庄家反手做空，收盘前再用少量筹码将股价拉回去报收T字线。在T字线处买入的投资者，短期损失惨重。这种庄家比采用渐进式上升手法的庄家更凶狠，股价下跌速度也更快。如图3-16所示。

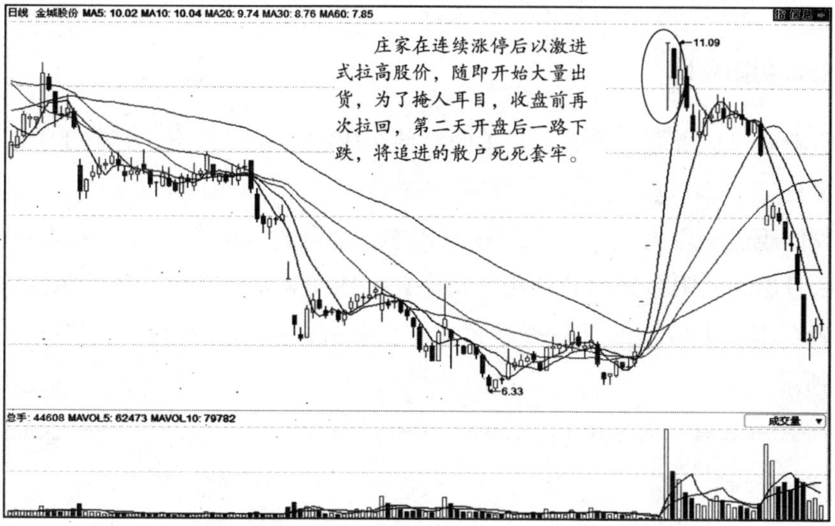

图3 16

　　除T字线外，还有一种由上影线和一字线组成的倒T字线。

　　倒T字线的走势比T字线要弱，毕竟T字线还有尾盘的拉高，而倒T线则是拉高后一路出货，最后收于最低位。如图3-17所示。

　　无论是T字线还是倒T字线，只要出现在股价的相对高位，投资者就应该谨慎从事，尤其对于有巨量配合的T字线更应该注意。只要股价后期不能再创新高，反转下跌，那么就基本可判定头部区域形成，如果再跌破60日移动平均线，则可进一步确认头部的到来。

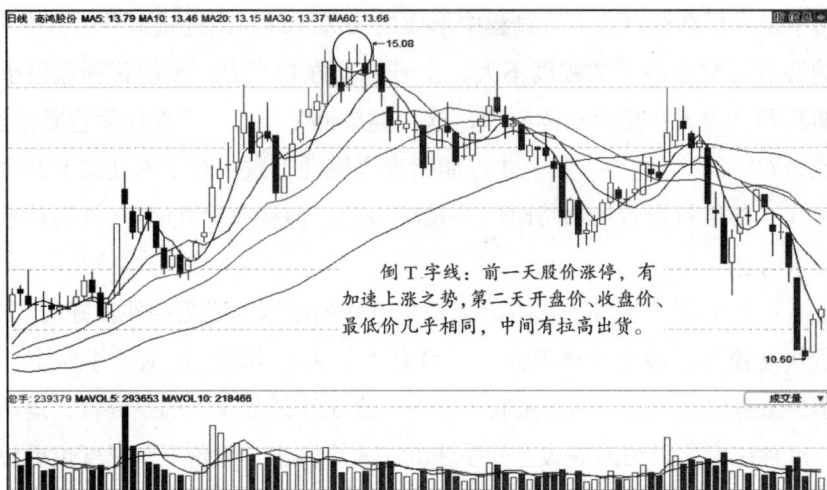

倒 T 字线：前一天股价涨停，有
加速上涨之势，第二天开盘价、收盘价、
最低价几乎相同，中间有拉高出货。

图3-17

七、阴阳墓碑

阴阳墓碑是指由单阳头部和单阴头部组成的双 K 线形态，具有上升行情结束的含义。

股价经过一段大幅拉升后，庄家成本已经翻番，即将进入庄家出货区间，此时一旦出现阴阳墓碑的 K 线组合形态，阳线拉高刺激人气追涨，阴线杀跌把追涨者套牢，则后期的反弹很难超过阴阳墓碑的最高收盘价。如图 3-18、图 3-19 所示。

图3-18

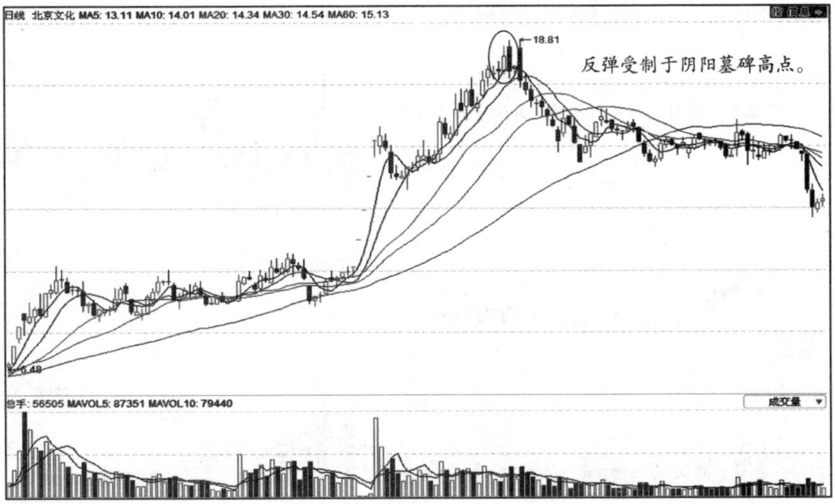

图3-19

图 3-19 中，个股在一个相对高位连续两天放出巨量，但两天下来股价涨幅有限，出现放量滞涨的情形，第三天收出一根阴线，跌破前面阳线的开盘价，构成了阴阳墓碑的头部 K 线组合。

综上所述，阴阳墓碑是使用阳线诱多，然后以阴线杀跌套牢追涨者的方式，如果出现在庄家获利丰厚的高位，则构成头部的可能性较大，一旦跌破 60 日移动平均线，则头部确立。需要强调的是，周 K 线上的阴阳墓碑构成头部后更加稳定，信号更加可靠。

八、T 阴墓碑

T 字线是一个上下宽幅震荡的过程，开盘价、收盘价在同一价位且为最高价；而单根长阳线是上扬行情，最终收盘在最高点。在一定意义上，可以把一根 T 字线视同为一根阳线，那么 T 字线和长阴线的组合，也就类似阴阳墓碑的头部特征。为了便于记忆，我们把一根 T 字线和一根长阴线组成的头部形态，称为 T 阴墓碑。

如图 3-20 所示，该股在牛市中长期上涨，庄家获利相当丰厚，在相对高位形成了一组 T 阴墓碑，途中阴线开盘价比 T 线收盘价高，阴线好像天外来客，吃掉了 T 字线，特别对于那根放巨量的 T 字线，一旦被吞噬，说明有大量的散户已经被套在了 T 字线上，反弹时一般不会超过 T 字线的收盘价，只要股价跌破 60 日移动平均线，则头部完全确立。

图3-20

需要强调的是，在出现 T 阴墓碑等头部 K 线组合形态时，如果随后出现诸如均价线、均量线、MACD 三线死叉见顶等信号时，则头部确认更加有效。如图 3-21 所示。

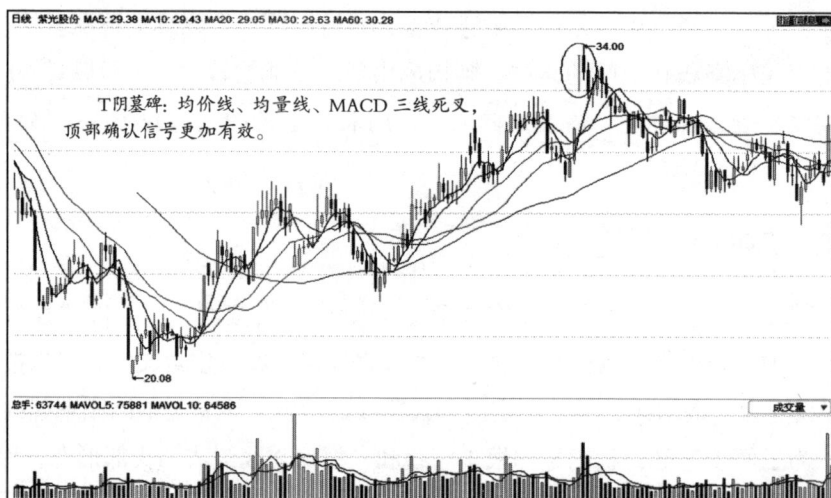

图3-21

T 阴墓碑一般出现在阶段性头部，因为 T 字线大多具有阳线的意义，而第二天跌破 T 字线的阴线和之前的走势形成了巨大的反差，如果 T 阴墓碑出现在一波上涨行情后的相对高位，则一般是庄家制造的宽幅震荡行情，以达到顺利出货的目的。

九、多连阴

股价在下跌的时候，K线形态会有这样的特点，阴线的数量多于阳线的数量；阴线的实体长于阳线的实体，这样才能维持下跌趋势。

阶段性头部的形成需要一个过程，也就是股价由上升通道转成下跌通道的过渡过程。在这个过程中，有一个阴线和阳线力量平衡的阶段，这个阶段可能时间较长，也可能时间很短，并且此时阳线的数量和阴线的数量大致相等，阳线的实体和阴线的实体也大致相当。

如果出现这种情况，投资者就应该高度警惕，一旦股价向下，说明平衡已被打破，阴线的数量开始增加，阴线的实体开始加长。

如图3-22所示，该股在相对高位的阴线逐渐增多，阴线实体逐渐变长，出现一次三连阴，反弹未能创新高，此后又形成一个三连阴，收出一根阳线，最后收出了五连阴，并跌破60日移动平均线，此时头部确立。

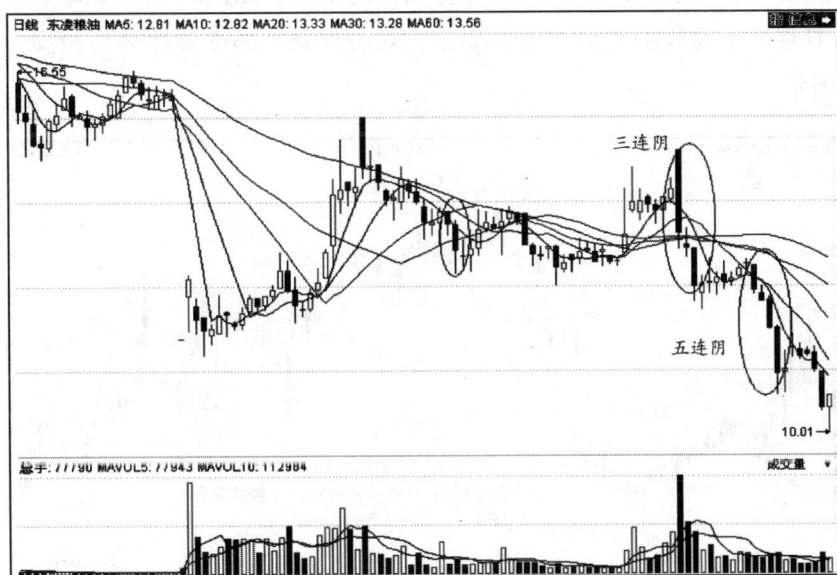

图3-22

一般来说，庄家在出货初期，经常采取边拉高边出货的手法，此时，阳线数量略微多于阴线。到了连续出现阴线的时候，表明庄家已经不再维护股价，只求快速出货，该股的头部自然就形成了。

如图3-23所示，股价经过一波大幅上涨后，庄家已经获利丰厚，在一个虚浪的高点出现一次八连阴，股价跌破 60 日移动平均线，重心逐渐下移。

图3-23

出现多连阴时，如果再配合均价线、均量线、MACD 三线死叉见顶和跌破 60 日移动平均线的辨别方法，那么，对头部判断的准确性将会很高。如图3-24 所示。

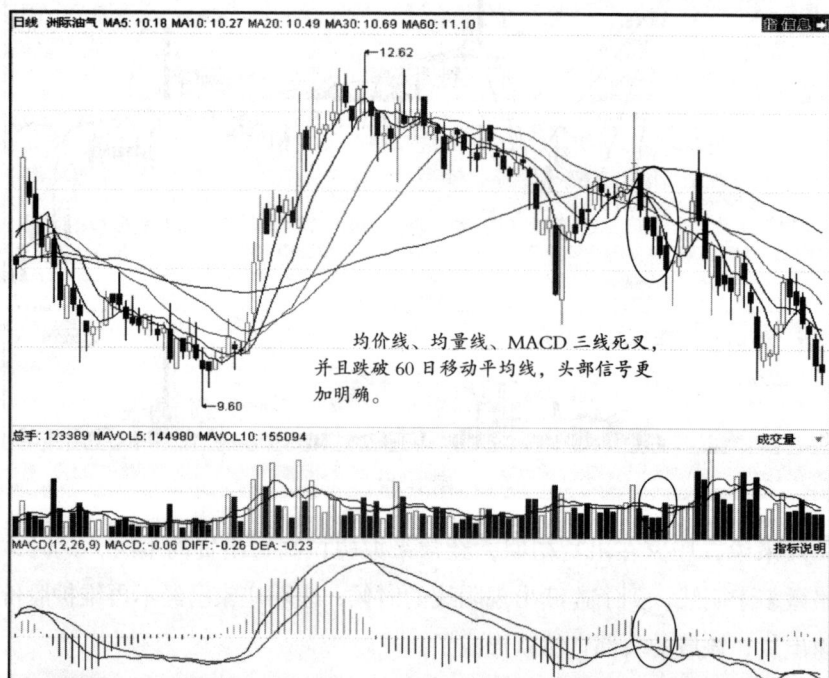

图3-24

十、锤阴墓碑

锤阴墓碑是由一根锤子线和一根大阴线组成，在行情经过一波较大的涨幅之后，一旦出现这种锤阴墓碑，那么行情头部就形成了。

如图 3-25 所示，该股长期上涨，庄家获利丰厚，最后一波拉高是为了出货，顶部收出一根锤子线，第二天巨大的惯性使股价高开，随后庄家开始出货撤退，一根大阴线将股价打到跌停板，完全把锤子线吞噬，可见庄家出货力度之大，头部特征显露无遗。

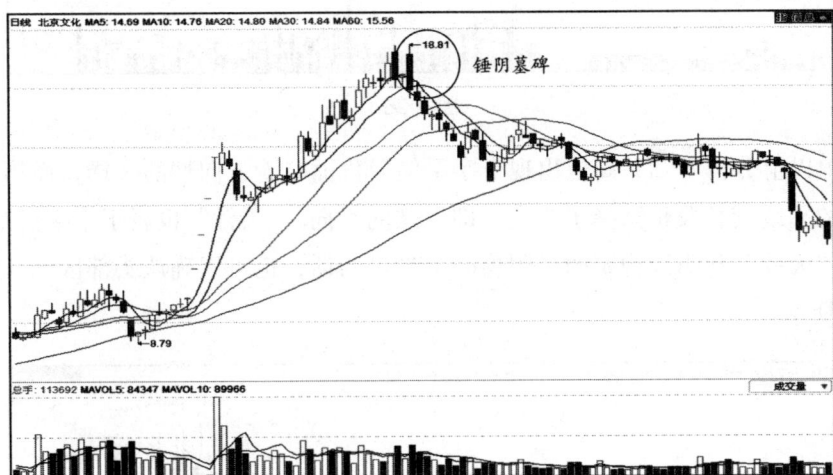

图3-25

在股价高位出现单锤就可怀疑是头部，如果再出现阴线跌破单锤，就更要引起警惕，特别是带量的锤子线和阴线组成的锤阴墓碑，形成头部的概率更大。

十一、星阴墓碑

星阴墓碑是指由一根十字星和一根阴线组合在一起，是由走势不明转为下跌行情的头部 K 线组合。

第一天股价盘中震荡，收盘在开盘价的位置，收出一根十字星，表明后市方向不明，第二天的阴线就是明确向下的标志。因此，当股价处于相对高位，如果出现一根十字星和一根阴线在一起，即为星阴墓碑，表示行情将要反转向下。这种图形在行情的底部和上升通道中出现的概率不大，常出现在股价的阶段性头部，并且结束一轮上升行情。如图 3-26 所示。

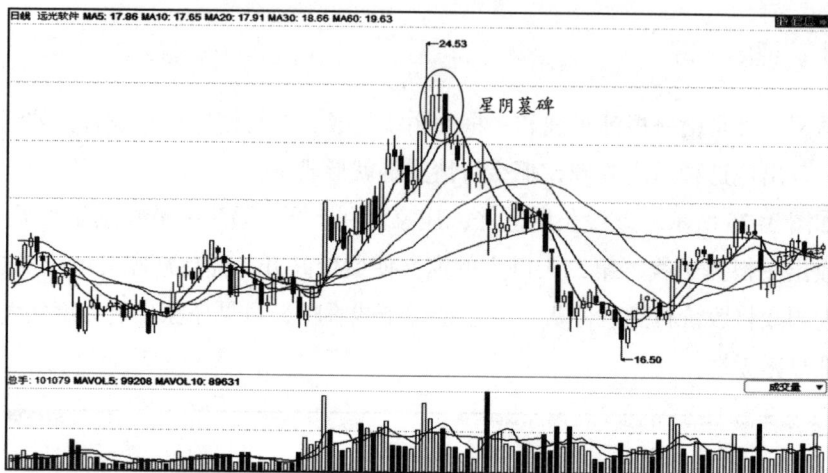

图3-26

由以上分析可知，高位出现十字星使股价面临着方向性的选择，而第二天出现的阴线则替股价选择了方向，即下跌的方向。"天针"也属于十字星范围，如果"天针"和阴线构筑的星阴墓碑又带量的话，也可以确认头部区间。如图3-27 所示。

图3-27

一旦高位形成星阴墓碑之后再出现均价线、均量线、MACD三线死叉见顶，则增加了区域为头部的可靠性，如果股价再有效跌破60日移动平均线，则头部正式确立。

十二、横阴墓碑

横阴墓碑主要是指出现在股价相对高位的一根横线和一根大阴线的图形组合，也是一种常见的头部信号。并且这种K线组合形态一旦出现，杀伤力极强，短期内就使追高的投资者损失惨重。

如图3-28所示，该股经过两波上涨，股价已经接近翻番，当接近高位时，先拉出一根"一字线"涨停，第二天又以涨停板开盘，随之打开涨停板，散户参照以前也有涨停打开又被封涨停的先例，于是开始大批买入，庄家则一路出货，直到股价跌停，买入者全线套牢。

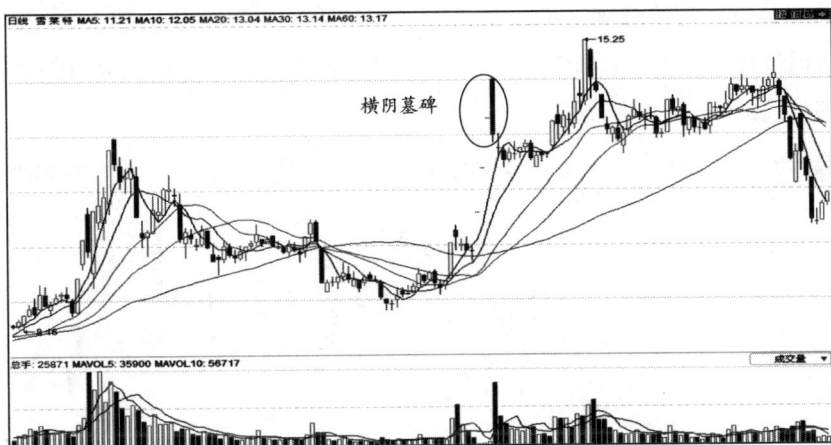

图3-28

除了横阴墓碑外，还有多种类似的K线组合，比如一根一字线和一根锤子线的组合，可称为横锤墓碑。

如图3-29所示，该股经过长期轮番上涨，庄家获利已经丰厚。庄家为了吸引散户高位接盘，先拉出两个涨停，第三天涨停开盘后打开，散户争先买进，而庄家则在盘中大肆出货，巨大的成交量说明当天交投活跃，收盘前庄家拉回部分股价，以便明天更好地操作出货。

下面是一根一字线和一根类似擀面杖形状的阴线的组合，可称为横杖墓碑。如图3-30所示。

图3-29

需要强调的是，在庄家大幅获利的情况下，股价出现一段加速拉升之后，若出现横阴墓碑、横锤墓碑、横杖墓碑等 K 线组合，一般就是头部，之后如果配合出现均价线、均量线、MACD 三线死叉，跌破 60 日移动平均线等头部特征时，则头部正式确立。

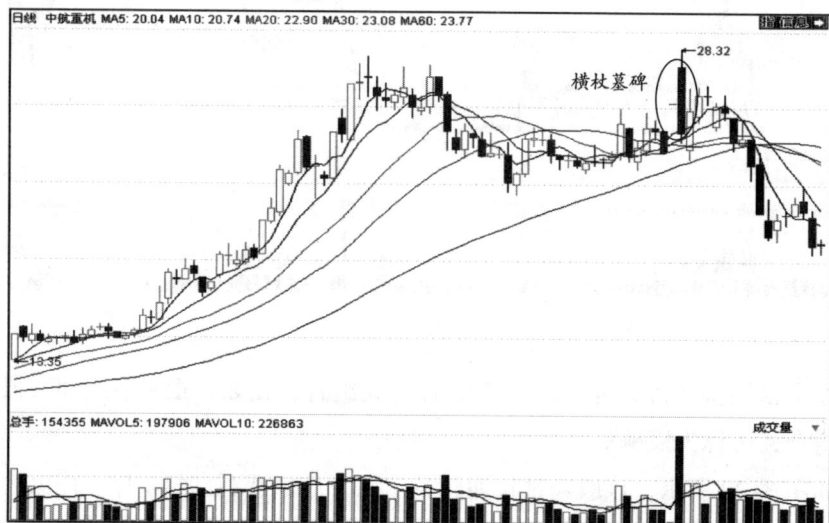

图3-30

十三、品字头

品字头是对股价头部最高价的形象描绘，是指三根 K 线按照阶梯形上升、阶梯形下降的走势，其排列为"品"字形的一种K线组合。

如图3-31所示，该股是快速建仓、快速拉高、快速出货的短庄行为。当股价拉到高位之后，第一天股价高开后在盘中出货，收盘之前将股价拉回，报收一根留有下影线的阳线，第二天股价再次高开，冲高回落，报收一根带有长上影线的小阳线，第三天股价低开小幅高走，随后几天持续下跌，三天的K线按照阶梯式上升和阶梯式下降排列，组成了一个标准的品字头。

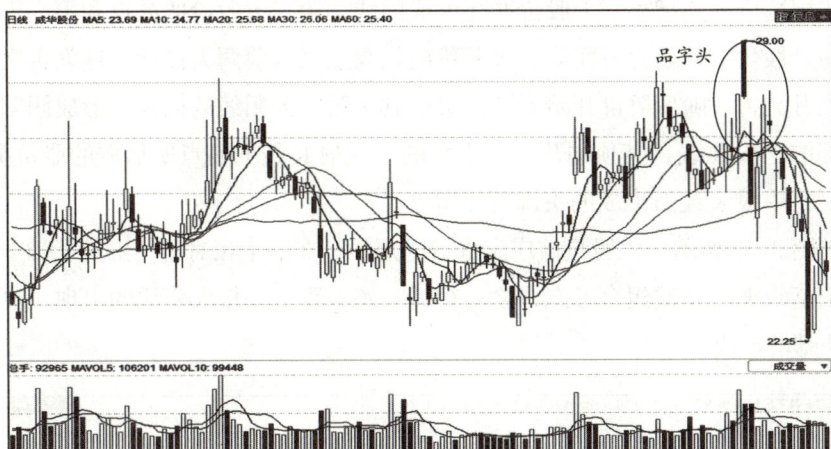

图3-31

如图3-32所示，该股长期上涨之后，庄家获利丰厚，在高位首先拉出一根涨停阳线，第二天收出一根长十字星，第三天收出一根下跌阴线，三天的走势组成品字头，其中长十字星当天巨量收阴，为明显的头部特征。

图3-32

对于快速拉升后形成的品字头，投资者应该认真分析 60 分钟 K 线和 30 分钟 K 线来寻找相对较高的出货价格，从而减少不必要的损失。

如果品字头带量，那么就更增加了形成头部的可能性，可结合均价线、均量线、MACD 三线死叉见顶，跌破 60 日移动平均线等头部特征一同研判。

十四、阴阳墓碑夹

阴阳墓碑夹是指第一天股价冲高形成阳线，第二天股价的高点和第一天的高点相仿，股价上升乏力，而第三天股价的最高点又与前两天接近，这就再次说明股价上升无力，随后股价开始下跌，又回到了第一天阳线的低位。形成阴阳墓碑夹头部的三根 K 线，其顶端几乎是水平的。三根 K 线的高点所形成的股价头部，肯定要比单根 K 线所形成的头部可靠得多。

如图 3-33 所示，该股只被庄家进行了短炒，在一个相对高位出现了带十字星的阴阳墓碑夹的 K 线组合形态，之后行情一路下跌，一根大阴线的出现，更加证明了头部的形成。

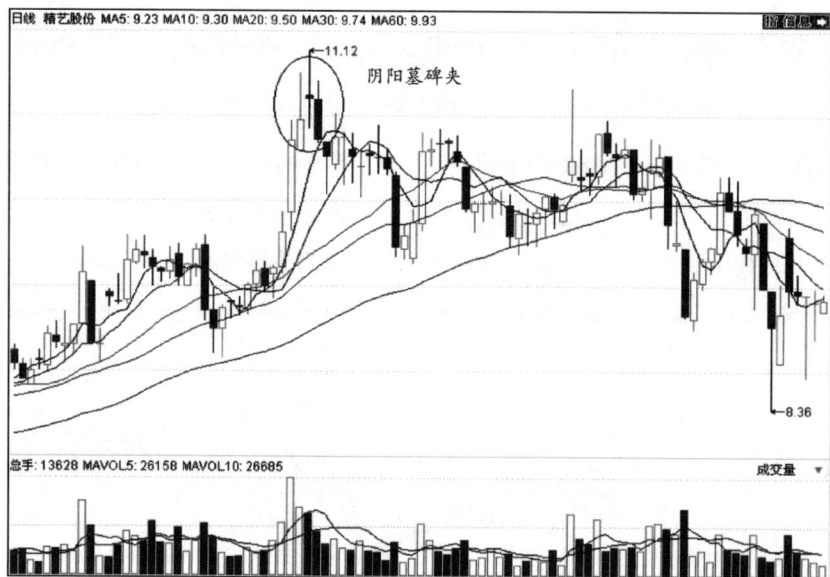

图3-33

如图 3-34 所示，该股上涨回调后出现反弹，在高位连续三天股价基本受阻于一个相近的价位，组合成带十字星的阴阳墓碑夹，后面的走势证明了该股头部的形成。

图3-34

阴阳墓碑夹中间的那根K线可以是"锤、星、针、杖"等各种形态的K线，无论中间的K线如何变化，只要三根K线的最高价几乎在一条水平线上，都可以称为阴阳墓碑夹。

由于阴阳墓碑夹三根K线的顶端几乎在一条水平线上，因此，可将这条水平线看作是股价上升途中强大的压力线，很可能在这一带形成头部。在这种头部出现以后，多方对后市失去信心，争相出货，股价下跌的速度较快，杀伤力较大。

十五、空方炮

在头部经常可以看到这样的三根K线组合：第一天阴线下跌，第二天阳线上升，第三天又是阴线下跌，三根K线横向排列，形成两阴夹一阳的图形，这就是空方炮K线组合。

当股价处于相对高位时，出现空方炮就意味着头部的形成，股价将有一轮跌势。

如图3-35所示，该股在一波反弹行情的高点收出一根十字星和一组空方炮，高位的宽幅震荡就是庄家的出货行为。

如图3-36所示，该图中的空方炮组合稍有变形，组成空方炮的第一根阴线是一根纺锤线，事实上纺锤线在当天的分时走势图中是一根大阴线，只是收盘之前又被庄家无量拉升，变成了一根纺锤线，表明庄家没有完成出货，所以第二天收阳线诱多，第三天一根阴线向下吞吃了阳线，三天来的 K 线构成一组空方炮高位宽幅震荡出货的走势。

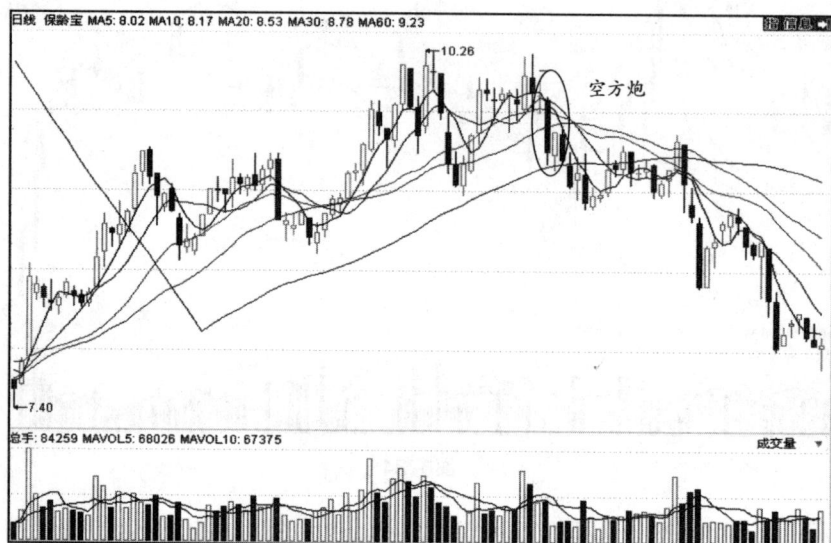

图3-35

图3-36

如图 3-37 所示的空方炮，其第一根 K 线虽然是一根大阴线，从分时走势图上看，它在盘中一路下跌报收一根阴线，较大的成交量既可以看作是主力的建仓动作也可以看作是主力借宽幅震荡出货，但考虑到股价只是反弹行情，如果随后两天的 K 线与之组合成空方炮的 K 线形态，说明这根大阴线的巨量是主力出货造成的，一旦向下开炮，则反弹头部确立。

图3-37

　　连续出现两组甚至三组的空方炮，称为"叠叠空方炮"，一般出现这样走势的个股，说明空方掌握了绝对的优势，步步为营，股价将会出现长期下跌。

　　如图 3-38 所示，该股长期上涨，在构筑顶部形态后，庄家开始出货，股价下跌，庄家为了更进一步的清仓，构筑一个反弹行情，在反弹高点出现两根小阳线，随后构筑空方炮，跌破 60 日移动平均线后再构筑空方炮，显示下跌能量之强。

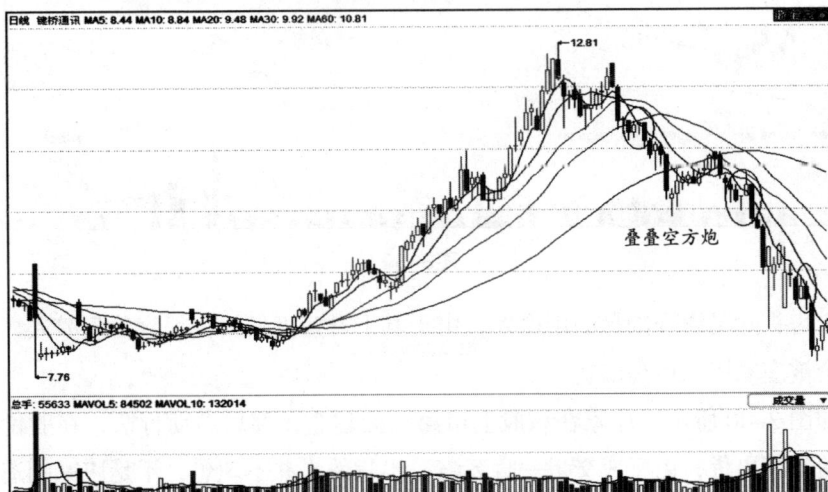

图3-38

空方炮是股价宽幅震荡的结果，如果出现在长期上涨的个股中，则获利压力大增，说明庄家已经在反复震荡中出货了。

"锤、星、针"等 K 线都可以作为空方炮第一根 K 线出现，因为这些 K 线本身带有宽幅震荡的性质，并不违背空方炮高位宽幅震荡的本质，是空方炮的变形。

十六、宝塔头

庄家为了把追高的投资者套牢在阶段性头部，先拉高股价营造上升塔身，吸引散户跟风追进，随后股价一路下跌，营造下降塔身，我们称这种 K 线组合形态为宝塔头。一般股价在塔尖上停留的时间非常短，下跌速度也非常快，令追高者防不胜防，稍有犹豫就会错过在高位出货的机会。

如图 3-39 所示，该股庄家在大量收集筹码后紧急建仓，拉高股价构筑起一个多层塔身的宝塔头，随后大幅打压股价清洗浮筹，通过宝塔头的震仓洗盘，前期跟风盘基本被驱赶出局，为今后股价的再次拉升打下了基础。

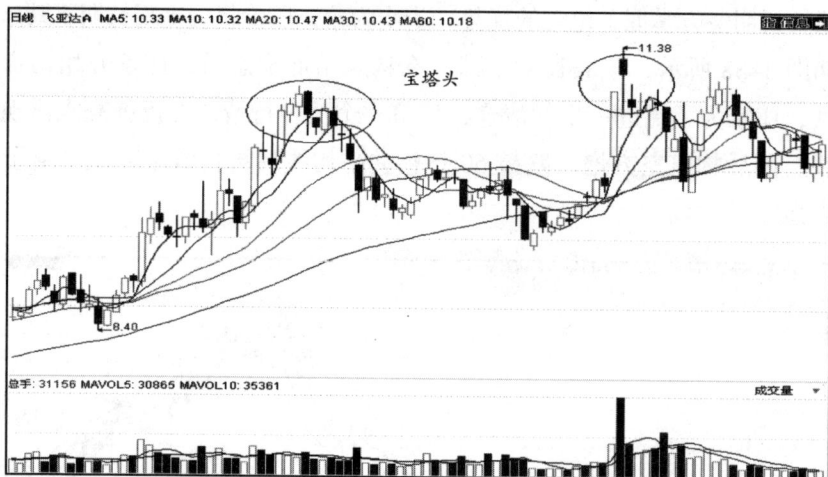

图3-39

宝塔头除了震仓洗盘的用途外，由于其上升速度较快，很容易刺激人气，所以还会被庄家用来拉高出货。

如图 3-40 所示，庄家在该股上市第一天建仓，随后启动行情，在股价翻番后开始陆续出货，由于成交量一直萎缩，出货效果并不理想，于是庄家制造了一个宝塔头图形，吸引散户投资者追涨跟进，庄家则趁机顺利出局。

图3-40

可见，宝塔头有两种用途：一是为了震仓洗盘；二是为了彻底出货。不论是哪一种用途，在出现宝塔头后相当长的时间内，股价很难突破这个头部。

需要提醒投资者的是，如果宝塔头的塔身足够多，那么形成的头部就更加牢固。

如图3-41所示，该股经过长期上涨，庄家获利丰厚，庄家在股价接近自己的出货区间时营造了一个四层塔身的宝塔头，下跌塔身有四层，上升塔身由于掺杂了小阳线，但也可合并为四层塔身，与下跌塔身对应。庄家在散户疯狂追高的时候突然反手做空，被套在塔尖上的散户损失惨重。还有一种宝塔头，在塔尖处出现"天打雷劈"长上影线，则这种宝塔头是更确定的头部信号。

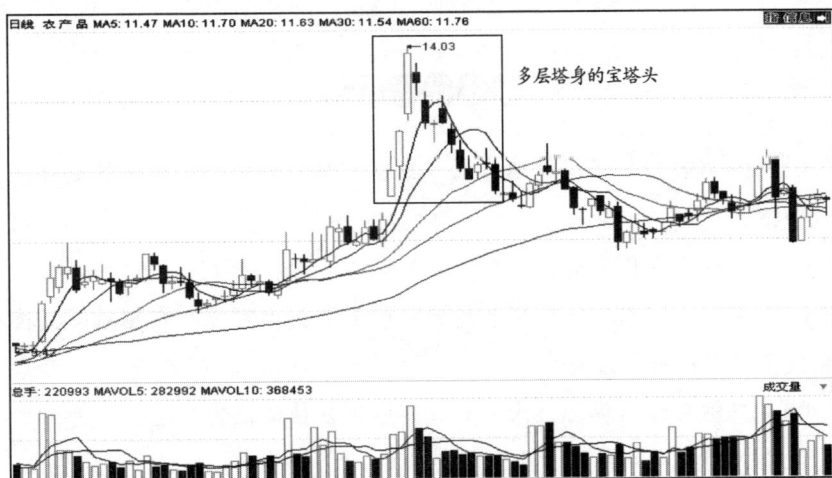

图3-41

如图3-42所示，该股长期上涨，在接近高位时开始加速上涨，在股价顶部形成了三层塔身的宝塔头，塔尖是一根天打雷劈长上影线，并放出巨量，这样的组合无疑就是头部。

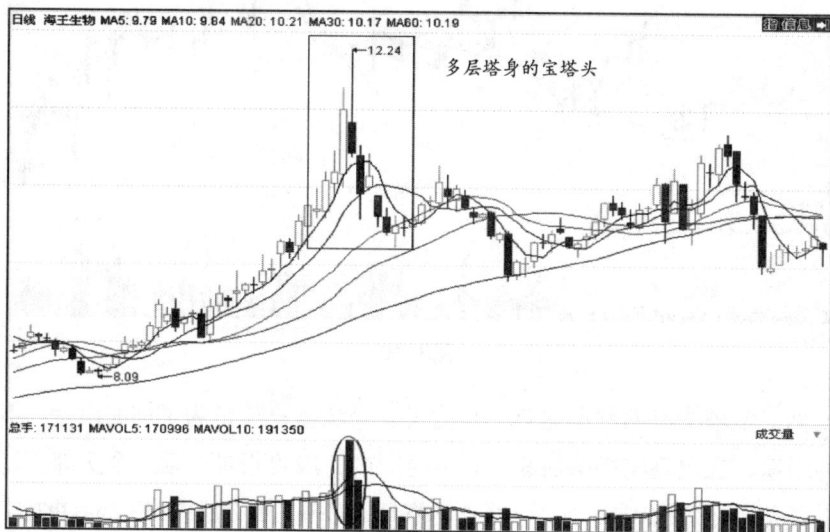

图3-42

综上所述，当宝塔头被用来震仓洗盘时，庄家会先营造上升塔身吸引散户追高，待散户追入时又用下降塔身快速把散户套牢；当宝塔头被用来出货时，庄家先快速拉高股价营造上升塔身，吸引散户跟风，待散户疯狂追涨之时，庄家营造下降塔身趁乱出局。

———— 本章操作提示 ————

（1）当吊颈线出现时并不能马上确认趋势的反转，还需要其他看跌信号的验证。

（2）下降三法K线组合形态，常发生在庄家派发股票的初期和中期。

（3）为了顺利出货，庄家会制造一些陷阱，如可能会在相对高位拉出大阳线来吸引散户的注意力。

（4）单阴头部出现后，未来数日内股价往往向低价位运行，持币者应留心观望，套牢者则要敢于止损。

（5）当股价大幅上涨接近高价区时，如果出现十字星形态，投资者就要警惕头部的形成。

（6）无论是T字线还是倒T字线，只要出现在股价的相对高位，投资者就应该谨慎从事，尤其对于巨量T字线更应该注意。

（7）阴阳墓碑是使用阳线诱多，然后阴线杀跌套入，一旦股价跌破60日移动平均线，则头部确立。

（8）T阴墓碑若出现在一波上涨行情后的相对高位，一般都是庄家制造的宽幅震荡行情，以达到顺利出货的目的。

（9）出现多连阴时，如果再配合均价线、均量线、MACD三线死叉见顶和跌破60日移动平均线的辨别方法，那么，对头部判断的准确性将会更高。

（10）对于带量的锤子线和阴线组成的锤阴墓碑，形成头部的概率更大。

（11）星阴墓碑在行情的底部和上升通道中，出现的概率不大，它通常出现在股价的阶段性头部，并且能够结束一轮上升行情。

（12）横阴墓碑K线组合形态一旦出现，杀伤力极强，短期内就可以使追高的投资者损失惨重。

（13）对于快速拉升后形成的品字头，投资者应该认真分析60分钟K线和30分钟K线来寻找相对较高的出货价格，从而减少不必要的损失。

（14）形成阴阳墓碑夹头部的三根K线，其顶端几乎是水平的。

（15）空方炮是股价宽幅震荡的结果，如果出现在长期上涨的个股走势中，说明庄家已经在反复震荡中出货了。

（16）宝塔头有两种用途：一是为了震仓洗盘；二是为了彻底出货。

第四章

K线组合形态实战解析

趋势一旦形成就会持续一段时间，而趋势的改变也不是一蹴而就的。在发生趋势改变之前，往往需要一段酝酿的过程，酝酿之后，趋势可能会发生反转，也可能在经过充分整理后继续原来的趋势。当趋势反转的时候，在K线图中就会出现反转形态；趋势经过一段时间的整理继续前行，就会形成整理形态。为了让投资者对各种形态有一个清晰的认识，接下来我们将从底部K线组合形态、顶部K线组合形态和整理K线组合形态三个角度展开论述。

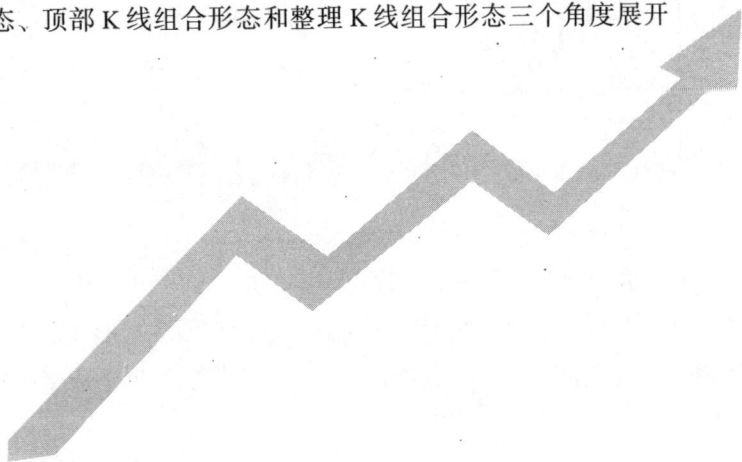

第一节

底部K线组合形态

一、V 形底

股价处于下降趋势中,当空方连续将股价打低,做空能量耗竭时,多方立即发起反攻,不给空方喘息的机会,在成交量的配合下,将股价逐步推高,形成"V"字形上升趋势。如图 4-1 所示。

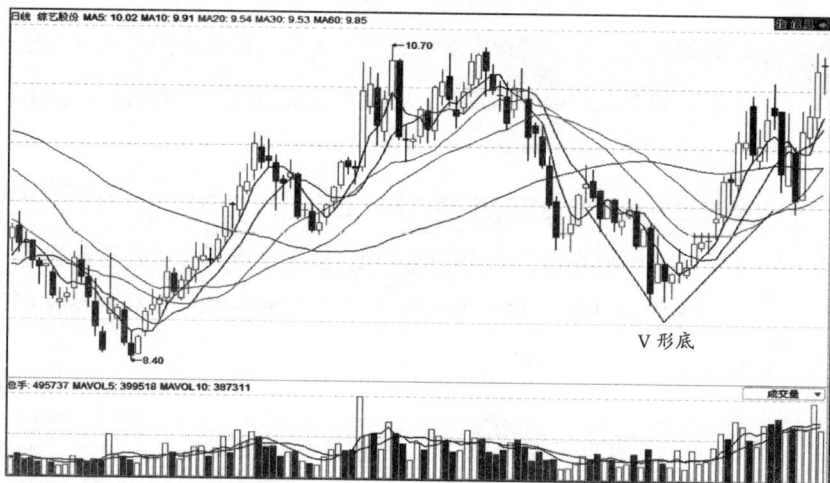

图4-1

V 形底可分为对称形、加速形、减速形。如图 4-2 所示。

伸延 V 形底走势是 V 形底的变形,是指在形成 V 形底走势过程中,其下跌阶段或上升阶段呈现变异,股价有一部分出现横向发展的成交区域,其后打破这个徘徊区,继续完成整个形态。

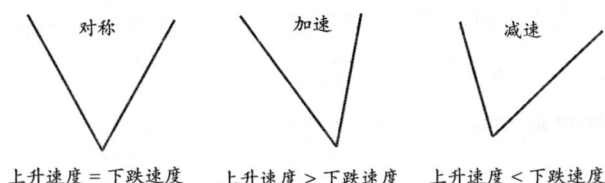

图4-2

　　股价处于下降趋势中，由于市场中卖方的力量占据绝对优势，令股价稳定而又持续地下落，经过一段时间后，做空动能释放完毕，沽售力量消失，买方的力量完全控制了整个市场，使得股价出现戏剧性的翻转回升，几乎以下跌时同样的速度收复所有失地。在 K 线图上股价形成一个 V 形底的移动轨迹。可见，V 形底是一个转向形态，表示过去的趋势已逆转过来。

　　伸延 V 形底走势在上升阶段，其中一部分出现横行的区域，这是因为形成这个走势期间，部分投资者对后市没有信心，当这股力量被市场消化之后，股价又继续完成整个形态。在出现伸延 V 形底的徘徊区时，投资者可以在徘徊区的低点买进，等待整个形态的完成。

　　经过技术分析可知造成 V 形底有三个关键要素，即推动资金非常充足、产生持续的购买力与市场信心转好。根据这三个关键要素，我们不难发现，V 形底经常出现在牛市中期的回档行情、熊市末期与牛市初期的过渡阶段、个股突发重要利多消息这几种市场氛围中。

　　需要引起投资者重视的是，V 形走势在转势点必须有明显的成交量配合。股价在突破伸延 V 形底的徘徊区顶部时，必须有成交量增加的配合。

二、W 底

　　W 底又称双重底，它是指价格在某段时间内连续两次下跌至几乎相同低点时而形成的走势图形。当出现 W 底时，通常预示着市况即将由熊市转为牛市。一旦形成 W 底图形，必须注意股价是否能够穿破压力线即颈线，如果穿破颈线位，压力线转变为支撑线，表明股价有强烈上涨的需求。成交量通常表现为缩量回调、放量上涨。如图 4-3 所示。

　　如图 4-4 所示，该股处于下降通道中，空方连续数根中长阴线，打压能量消耗殆尽，多方趁机发起反攻，在前期密集成交区的价位受阻回落，但股价却未跌破前期低点。接着，多方再次发起一轮反攻，一举突破前期阻力位，股价逐步走高。当股价从第二谷底上升，超过前期高点价格的 3% 时，可视为有效突破。这种走势形成 W 底，为后市上升打下伏笔。

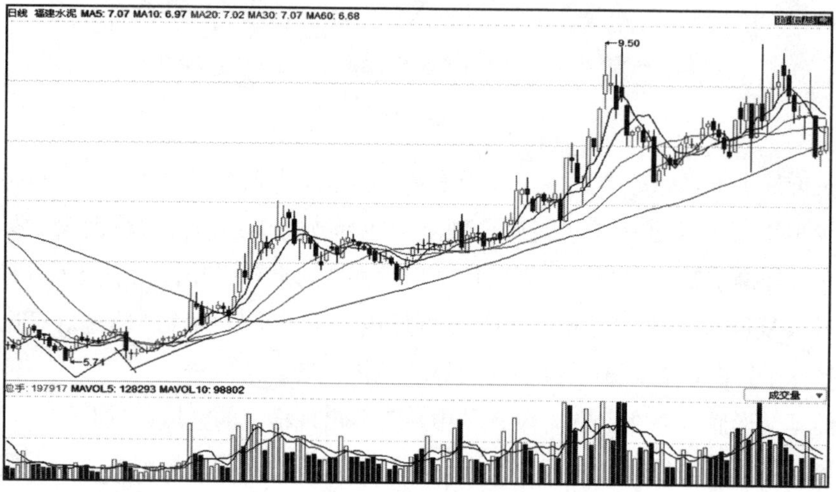

图4-3

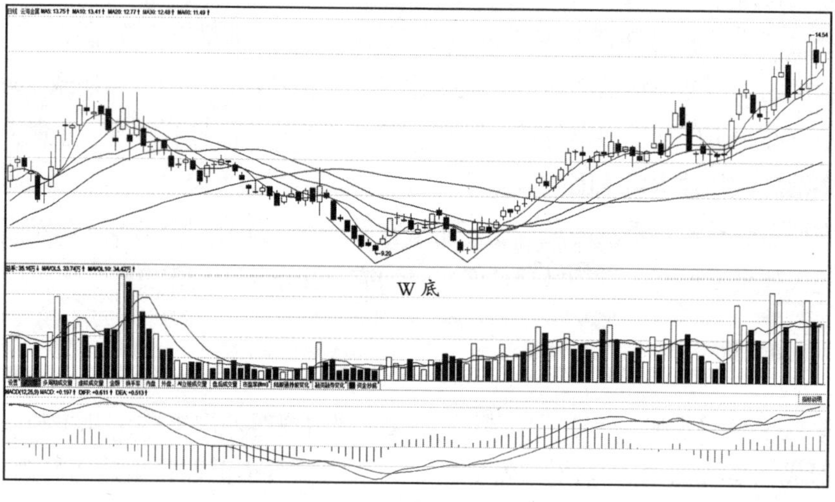

图4-4

三、头肩底

头肩底一般形成于一轮大幅下跌的行情之后，并发出市况逆转的信号。图形由左肩、头、右肩及颈线组成。三个连续的谷底以中谷底（头）最深，第一个谷底和最后一个谷底（分别为左肩、右肩）较浅且接近对称，因而形成头肩底形态。一旦价格升穿压力线即颈线，则股价将出现较大幅度上升。

　　形成左肩时，股价下跌，成交量相对增加，随之是一次成交量较小的次级上升。接着股价又再次下跌，且跌破上次的最低点形成头部，成交量较左肩反弹阶段时的成交量要大，从头部最低点回升时，成交量也有可能增加。整个头部的成交量较左肩多。当股价回升到上次的反弹高点时，出现第三次的回落，这时的成交量很明显少于左肩和头部，股价在跌至左肩的水平价位附近时，跌势便稳定下来，最后，股价又一次展开上升走势，且成交量同步放大，形成右肩。当股价冲破其颈线时，成交量显著增加，整个形态便宣告完成。如图4-5所示。

图4-5

　　头肩底告诉投资者，过去的长期性趋势已扭转过来，市场中做多的力量正逐步胜过做空的力量。两次反弹的高点连线成为阻力线即颈线，当颈线被突破后，说明多方已完全战胜空方，买方代替卖方完全控制市场。

　　从成交量来分析，股价经过长期下跌后，成交量明显减少，股价走缓并略有反弹，成交量略有增加，形成左肩。紧接着股价继续下跌探底，遇到多方反攻，成交量迅速放大，股价回升超过左肩低价位，形成头部，随后股价再次回档下探，形成另一个底部即右肩，此底部几乎与左肩的底部持平。此后多方反攻，在大成交量的配合下将股价拉起，如股价上升超过颈线3%则可确认后市的上升走势，其股价上升的最小幅度为头肩底的头部至颈线的股价垂直距离。如图4-6所示。

　　对头肩底进行综合分析，可以发现头肩顶和头肩底的形状差不多，主要的区别在于成交量方面，头肩底形态较为平坦，常常需要 3 个月到半年的时间来完成。

利用头肩底形态进行判断的时候，投资者可以参考以下几点：

（1）当头肩底突破颈线时，是一个买入信号，虽然股价和最低点比较，已上涨一定幅度，但此时入市更加安全稳健，尚未买入的投资者此时应该追入。如图 4-7 所示。

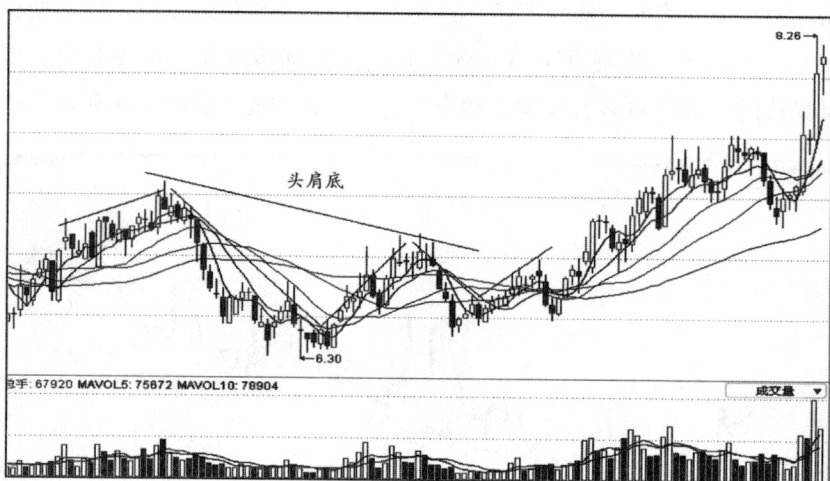

图4-6

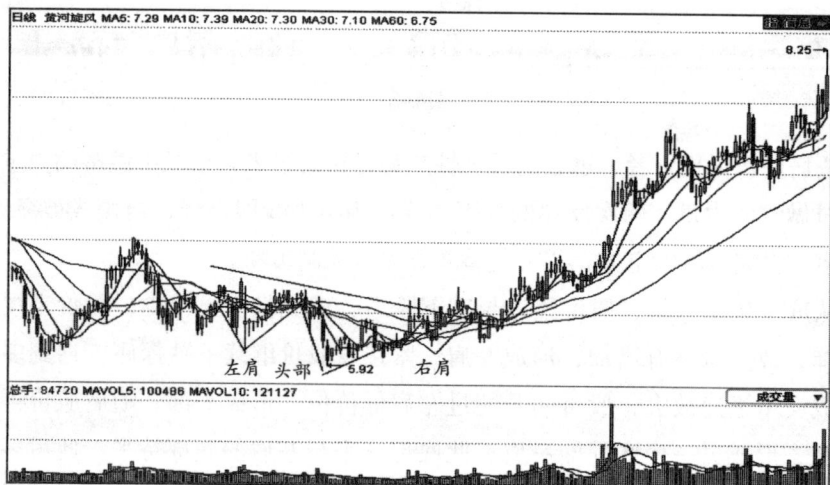

图4-7

（2）其最少升幅的量度方法是从头部的最低点画一条垂直线相交于颈线，然后在右肩突破颈线的突破点开始，向上量度出同样的高度，所量出的价格就是该股将会上升的最小幅度。

（3）当股价突破颈线阻力位时，必须要有成交量同步放大的配合，否则这可能是一个无效的突破。如果在突破后成交量逐渐增加，形态即可确认。

（4）在升破颈线后股价可能会出现暂时性的回跌，但回调理论上不应低于颈线。如果回调低于颈线，甚至跌到头部以下位置，说明这可能是一个失败的头肩底形态。

四、三重底

三重底是指在跌市中以三个价位大致相同的低点而形成的底部反转形态。当股价向上突破其颈线时，表示行情将进入一致上升期。三重底图形通常形成时间比较长，这也增加了股价反转的可靠性。

在三重底形成过程中，成交量会忽大忽小，直到股价从第三个低位向上突破颈线，且成交量急剧增加时，才可宣告三重底形态成立。

如图4-8所示，当股价下降至A点后，便徘徊在这个区域内，且未能穿破B点和C点的支撑位。因供过于求，价格开始上升，当突破颈线时，三重底形态便告确认。随后股价再次回调到一个新的支撑位即前市的阻力位，进行回抽确认颈线的支撑作用，这更能增强三重底图形的力量。三重底的理论升幅是最低点到颈线位置的垂直距离，即图中的D点位置。

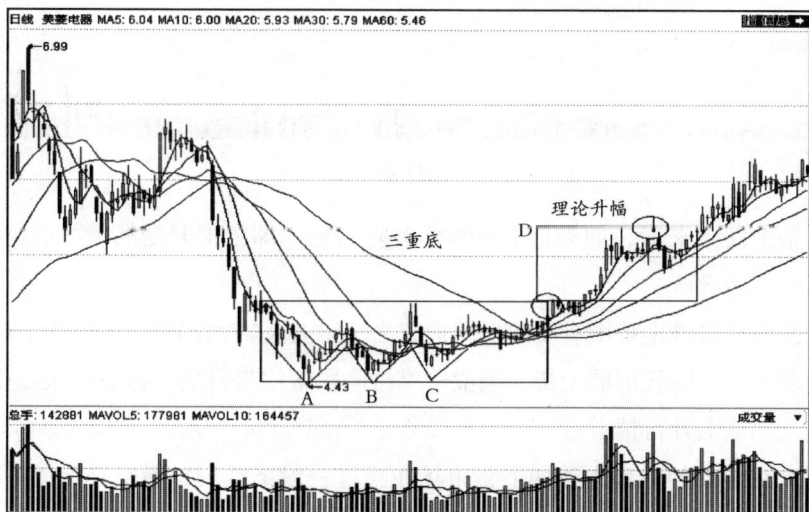

图4-8

五、圆弧底

圆弧底又称为锅底形，是一种表示后市转势的形态，在实际操盘过程中并不常见。此类形态大多数出现在一个由熊市转为牛市的长期整固阶段。

圆弧底常常在一个长期跌市之后出现，其低位通常是指最低价。圆弧底形态可分为下降部分、最低价部分及上升部分。

形态的第一部分是下降部分，即引领股价行进到低位。下降的倾斜度一般情况下不会太大。第二部分是圆弧底的最低位，与尖底有所不同，这部分通常出现时间较长或降幅不大。最后是上升部分，根据对称原理，通常情况下上升部分大约与下降部分所用时间相同。如果上升部分升得太快，便会破坏整个形态，而且容易导致信号失效。如图 4-9 所示。

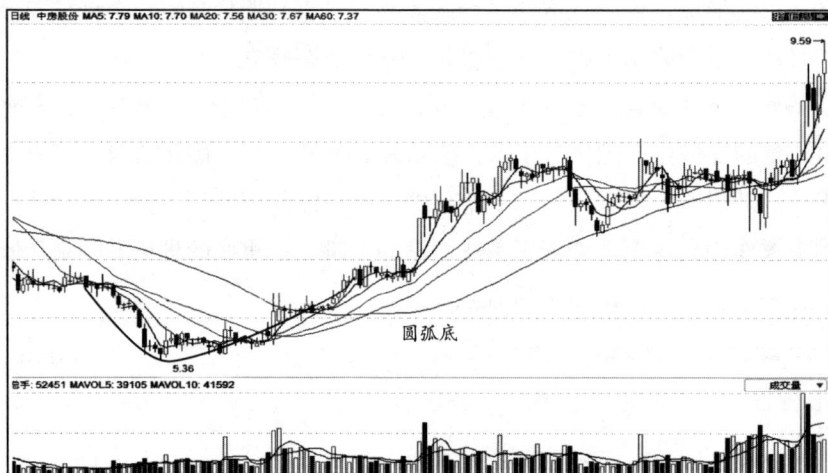

图4-9

从整个图形来看，如果价格没有穿破阻力位，即图形开始的下降股价位置，则圆弧底不能确认。

圆弧底是股价走势中重要的反转形态之一，其反转的趋势是由下而上缓慢攀升，呈现出一个圆弧形的走势，当股价维持一段缓慢攀升后，接着突破盘整或压力区进入加速上升行情。

圆弧底形成的原理大致如下：市场在经过一段下跌后，做空动能逐渐减缓，跌势也趋于缓和，此时买方力量不断加强，成交量非常小，投资者只是耐心地限价收集筹码，经过一段时间，市场逐渐由买方控制，于是价格逐步向上运行，形成圆弧底的上升部分。如图 4-10 所示。

图4-10 圆弧底

圆弧底通常是因机构大户炒作而形成的图形，庄家虽有大量的资金，但为了在低位吸筹和坐庄，不能在短时间内买得太多使股价上升过快，只有吃进足够的筹码后，才会用资金推动股价拉升到一个较高的位置。

圆弧底的特征及形成条件如下：

（1）圆弧底是股价经过一轮大幅下跌之后形成的，通常情况下，筑底的时间较长，一般为几周或几个月，有时甚至可达 1 年之久。

（2）底部股价波动幅度很小，成交量亦极度萎缩，盘整到尾段时，成交量才呈递增态势，之后放巨量向上突破前期的压力线。

（3）在形成圆弧底后，股价缓慢爬升，成交量逐渐放大，在价格突破平台时，成交量必须显著增大，这样后市股价才会加速上升。

（4）圆弧底出现时，若成交量随着价格做弧形的增加，则该形态值得信赖。

当出现圆弧底时投资者可以遵循以下操作策略：圆弧底不像其他走势图形一样有着明显的买入点，一般以股价连续几天拉小阳线、突破 30 日移动平均线并且成交量同步温和放大时为介入点；或是在圆底之后出现整理平台，成交量萎缩，待再次放量突破时介入，后市一般将有一段明显的快速拉升行情。如图 4-11 所示。

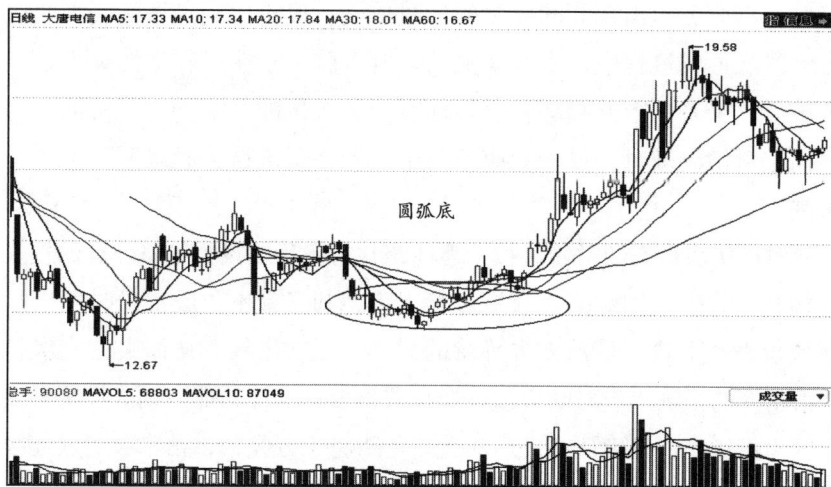

图4-11

六、潜伏底

潜伏底是指股价在一个极狭窄的范围内横向盘整，股价的高低波幅非常有限，而且成交量也较低迷的K线组合形态。经过一段较长时间的潜伏蓄势后，股价迅速上升，成交量同时放大，形成向上突破盘整走势。

潜伏底向上突破有两种情形：一种是突破上边线后，直接往上走；一种是突破上边线后，回抽确认再往上走。如图4-12、图4-13所示。

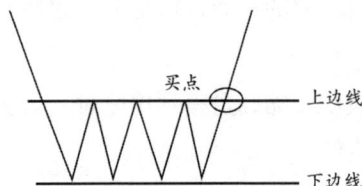

图4-12

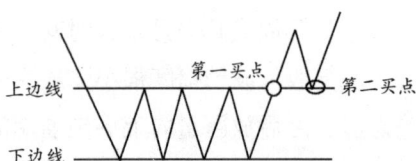

图4-13 潜伏底

回顾历史可以发现，潜伏底大多出现在市场交易清淡之时以及一些股本较小的冷门股上。由于这类股票流通量小，而且公司实力不易引起投资者重点关注，前景暗淡，稀少的买卖使股票的供求相对平衡。持有该股的投资者不想抛售手中的股票，有意买进的投资者也暂作观望态度，于是股价就在一个狭窄的区域里上下移动，既没有上升的意图，也没有下跌的迹象，给人一种沉闷的感觉。有一天，可能受到某些突如其来的利好消息刺激，如公司盈利大增、分红前景好等，该股突然出现非同寻常的大量成交，股价也脱离潜伏底大幅向上拉升。在潜伏底形成过程中，先知先觉的投资者就不断在做收集性买入，当形态向上突破后，未来的上升趋势将会强而有力，股价的升幅较大。所以，当潜伏底明显向上量增突破时，投资者应该马上进场，跟进这类股票风险很小，利润十分可观。

在面对潜伏底形态的时候，投资者应该执行正确的投资策略。有的投资者在潜伏底构筑过程中，因耐不住寂寞过早入市，却又受不了股价长时期横盘的折磨，在股价发动上攻行情前失去等待的耐心，提前出局，从而失去一次赚钱的机会。潜伏底的正确入市时间应该选择在股价放量上冲的那一刻。投资者要敢于追涨。因为潜伏底一旦确认，之后的上攻势头将十分强劲，常常会造成连续逼空的行情。而有的投资者对潜伏底爆发出来的急速拉升行情充满恐惧，一看连续拉出大阳线就不敢再追涨。事实上，潜伏底往上发动时，只要股价上涨幅度不超过

50%，且保持价升量增的态势，就可以追涨；若上涨幅度超过50%，可等待股价回档时逢低吸纳。如图4-14所示。

图4-14

七、下岛形

下岛形是一个孤立的交易密集区，与先前的价格趋势隔着一个竭尽缺口，又与之后的价格趋势相隔着一个突破缺口，使整理期间的形态宛如一个孤岛。如图4-15所示。

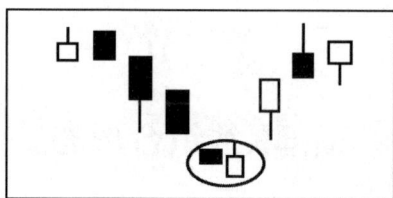

图4-15　下岛形

股市持续下跌一段时间后，使原来想卖出的投资者无法在预期的价位卖出，持续的跌势令他们终于忍不住不计成本地抛售，于是形成一个下跌缺口。可是股价却没有因为这样的跳空而继续向下，在低水平明显获得支撑，经过一段短时间的争持后，股价终于无法在低位持续停留，而展开突破性缺口上升，形成下岛形K线组合形态。下岛形经常在长期或中期性趋势的底部出现。若在长期下跌后出现这种形态，就是一个买入信号。如图4-16所示。

综上所述，可以将下岛形的 K 线组合形态要点归纳如下：在下岛形前出现的缺口为衰竭性缺口，其后在上升移动中出现的缺口为突破性缺口；这两个缺口在很短时间内先后出现，最短的时间可能只有一个交易日，亦可能长达数天；形成下岛形的两个缺口大多在大致相同的价格范围之内，并且是以缺口填补缺口。

图4-16

第二节

顶部K线组合形态

一、倒 V 形顶

在所有的反转形态中，倒 V 形顶最难判别。在多数反转形态中，趋势反转前，放缓迹象比较明显，即市场有一段横向延伸的时间。然而，在倒 V 形反转中，几乎没有转换或过渡阶段，原有的上升趋势往往出人意料地突然转向，随即向下剧烈地运动，缺少过渡阶段。一旦出现这种情况，做多被套的市场参与者也会尽快

采取相应的行动，这就进一步加剧了市场的反转，最
后占据主动地位的多方力量消耗殆尽，空方则借机
猛烈反击，成交量明显增加，且通常会形成关键反
转日。

图4-17

倒 V 形顶走势，可分为以下三个部分：

（1）上升部分。通常倒 V 形顶的左方升势十分陡峭，而且持续时间较短。

（2）转势点即最高点。倒 V 形的顶部十分尖锐，一般来说形成这种转势点的
时间仅三两个交易日，而且成交量在此高点明显增多。

（3）回落部分。股价从最高点回落，成交量亦随之而增加。

倒 V 形顶形成的一个必要条件，即事先必定有一波上升行情，而且经常产
生在市场持续大幅上涨之后，一路上很少或只有微小调整的情况下，即便最有经
验的投资者也因为涨势持续而试图跟进。直到有一天，伴随重大的事件，如有关
政策、行业信息或公司状况发生重大变化等利空消息，股价反转向下。卖方力量
控制了市场，使得股价出现了突然性的回落，几乎以同样的速度向下收复失地，
在图表上，形成一个倒 V 字形运动轨迹。如图 4-17 所示。

该形态完成之后，股价通常会在极短的时间内回撤到原趋势的某一重要比
例位置（如 0.618 或 0.5），但最终会选择向下，究其原因在于先前的上升趋势缺
乏有效的支撑，所以，投资者应该在价格反转得到确认后及时减仓或止损。如
图 4-18 所示。

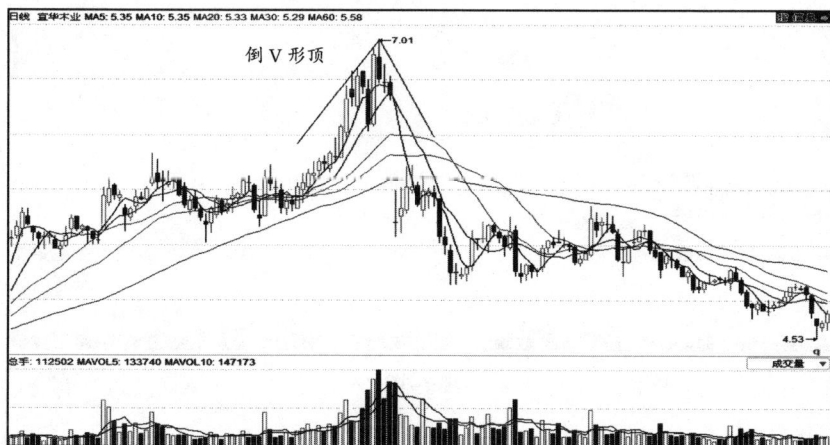

图4-18

需要注意的是，在判断倒 V 形顶形态时，还应注意成交量的变化。股价由

升转跌时，成交量不一定要同步增加，因股价的重心向下，其下跌趋势是不可避免的。

二、M顶

M顶是指一只股票上升到某一价格水平时，出现大成交量，此后股价开始下跌，成交量随之减少；接着股价又升至与前一个价格几乎相当的位置，成交量再随之增加却不能达到上一个高峰的成交量，随后股价发生第二次下跌，股价的移动轨迹就像字母M，又称双重顶。

M顶是一个非常重要的转势信号。其形态像两座山头相连，出现在价位的顶部，反映后市偏淡。当价格自第一顶回落后，成交量通常都会萎缩。再者，若价格跌破先前的支撑线即颈线，便会较急速地滑落，支撑线因此变为压力线。

如图4-19所示，由A点到B点是一个上升趋势。当遇到空方阻击时，市况随即回落。在C点稍作停留后，市况再次上升到另一个高位D点，然后迅速下滑而形成M顶图形。由此可见，趋势确实已经逆转，如果价格跌破E点价位，则是一个加速下跌的信号。

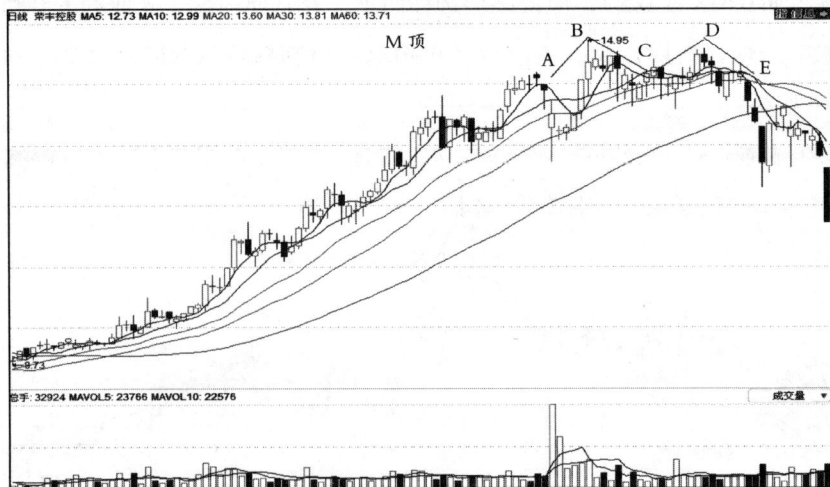

图4-19

如图4-20所示，股价经过一段持续上升，为持仓者带来了相当的利润，于是部分获利者开始沽售，这股沽售力量令上升的行情转为下跌。当股价回落到某一水平，前期没有进场的短期投资者开始进场，另外前期沽出获利的投资者可能在此价位再次补仓买入，于是行情开始新一轮的上升。但与此同时，对该股信心不足的持仓者会因觉得错过了在第一次高点出货的机会而马上在股价再次上升后出货，加上低位回补的投资者亦同样在这水平再度获利卖出，强大的沽售压力令股价再次下跌。由于两次高点都受到空方阻击而回落，令投资者感到该股短期内无法再继续上升，越来越多的投资者抛出手中筹码，股价跌破上次回落的低点即颈线，于是整个 M 头形态确认形成。

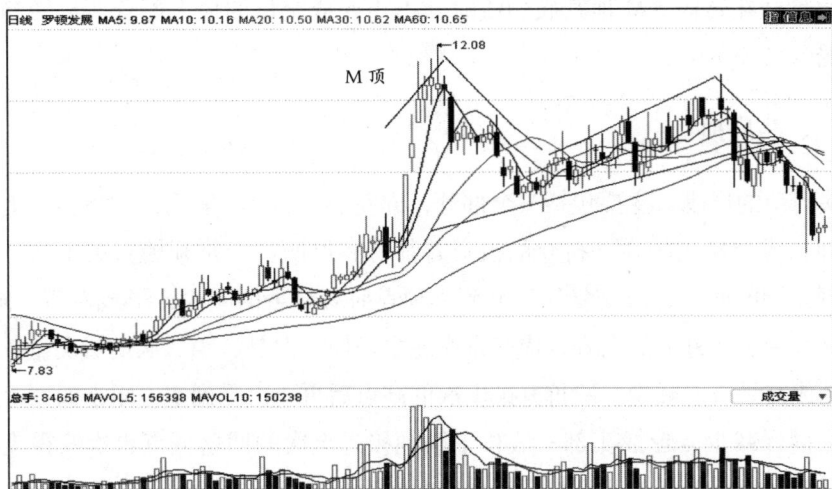

图4-20

　　M 顶形态通常出现在长期性趋势的顶部，所以当 M 顶形成时，投资者可以肯定其最高点就是该股的长期性头部。M 顶是一个转势形态，当出现 M 头时，即表示股价的升势已经终结。而一旦 M 顶颈线被跌破，就是一个可靠的出货信号。如图 4-21 所示。

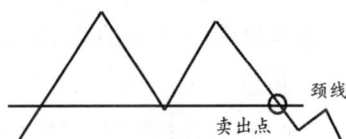

图4-21

　　通过对 M 顶形态进行分析研究，可将其形态特点和操作要点归纳如下：

　　（1）M 顶的两个最高点并不一定在同一水平位置，但二者相差一般不多于 3% 的幅度。通常来说，第二个头部可能较第一个头部高出一些，原因是看多的力量企图推动股价继续再升，可是却没有足够的动能使股价上升超越 3% 的幅度。

　　（2）M 顶理论跌幅的量度，是由颈线开始计起，股价后期的跌幅将至少为从 M 顶最高点至颈线位的垂直距离。

（3）通常情况下，股价突破颈线后，会出现短暂的反方向移动，称为反抽，但 M 顶的反抽不应高于颈线位，否则形态失效。

（4）M 顶不一定都是反转信号，有时也会是整理形态，即形成空中 W 底形态，投资者一定要做好两手准备。

（5）M 顶的两个高峰都有明显的大成交量，而且这两个成交量同样尖锐和突出，但第二个头部的成交量比第一个头部的成交量显著减少，反映出市场的买方力量已在转弱。M 顶跌破颈线时，不需要成交量的放大配合，反转趋势已成定局。

三、头肩顶

头肩顶的形成，主要包括三个部分，即左肩、头部、右肩。股价持续上升一段时间，成交量比较大，持仓的投资者都有利可图，于是开始获利了结，令股价出现短期的回落，成交量较上升到其顶点时有显著的减少，形成左肩；随后，股价又有一次强有力的上升，成交量亦随之增加，但是，第二次的成交量较之于左肩的成交量有所减少，股价升破上次的高点后再一次受到空方阻击而回落，成交量亦同样减少，形成头部；股价下跌到接近上次的回落低点再次获得支持回升，但市场投资的情绪显著减弱，成交量较左肩和头部明显减少，股价没抵达头部的高点便告回落，于是形成右肩部分。

简单来说，头肩顶的形状呈现三个明显的高峰，其中位于中间的一个高峰较其他两个高峰的高点略高。至于成交量方面，则出现梯形的下降。如图4-22 所示。

股价从右肩顶下跌穿破由左肩底和头部底所连接的底部颈线，其突破颈线的幅度要超过市价的 3% 以上。一旦价格跌破支撑位即颈线，便会出现较急且大的跌幅。成交量可作为头肩顶形态的一个重要的指标，在大多数例子中，当股价创出新高，而成交量开始萎缩，即股价和成交量发生的顶背离，这就是一个头部的警示性信号。

第二个预警信号是当价格由头部的顶峰回落时，穿越左肩的高点。最后逆转信号是在价格跌破颈线后，出现反抽现象，在价格触及颈线后不能有效突破时要立即卖出。如图 4-23 所示。

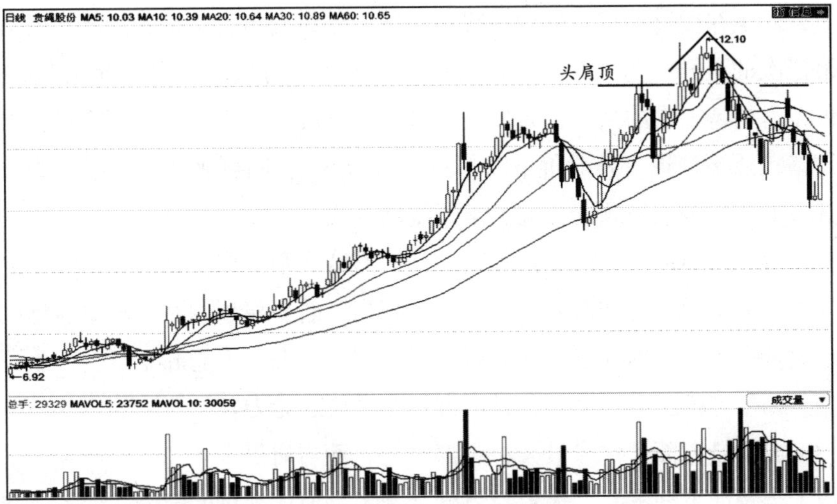

图4-22

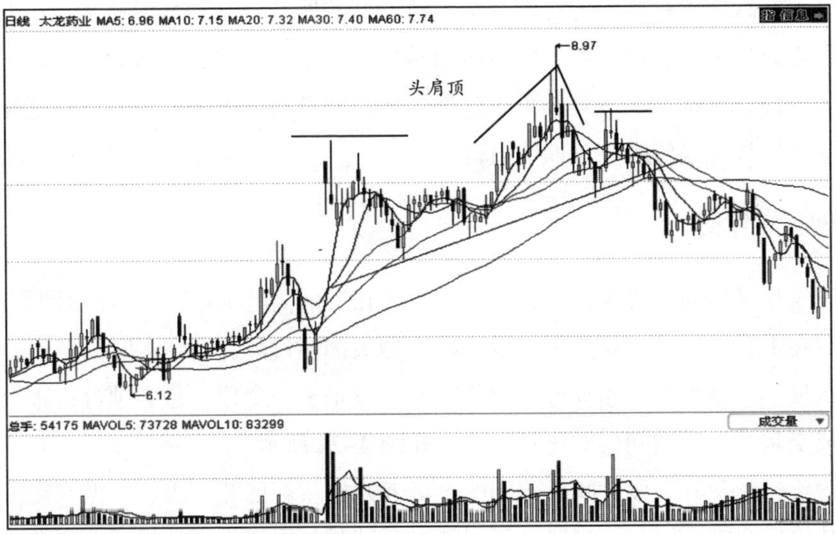

图4-23

　　头肩顶是一个判断准确性相当高的技术性走势，投资者从此形态中可以观察到多空双方的激烈争夺情况。

　　起初，多方的力量不断推动股价上升，市场投资者情绪高涨，成交量开始放大，经过一次短期的回落调整后，那些错过上次升势的人在调整期间买进，股价继续上升，而且超越上次的高点，表面看来市场仍然健康和乐观，但成交量已大不如前，反映买方的力量在减弱。那些对前景没有信心和错过了上次高点获利回吐的人，或是在回落低点买进做短线投机的人纷纷卖出，于是股价再次回落。

第三次的上升，为那些后知后觉错过了上次上升机会的投资者提供了机会，但股价无力超越上次的高点，且成交量进一步下降，差不多可以肯定过去看好的乐观情绪正逐渐消退。若股价下跌超过颈线位 3%，则可确认后市必然为下跌趋势，其最低跌幅为头肩顶的最高点至颈线的距离。

通过对头肩顶形态进行分析研究，其形态特点和操作要点如下：

（1）一般来说左肩和右肩的高点大致相当，若头肩顶的右肩较左肩低则形态更为有效。一旦右肩的高点比头部高点还要高，形态便不能成立。

（2）如果其颈线向下倾斜，显示市场非常疲乏无力。

（3）成交量方面，左肩最大，头部次之，而右肩最少。

（4）当颈线被跌破时，表示趋势已定，不需要成交量的配合。倘若成交量在跌破时激增，表明市场的抛压很重，股价会加速下跌。

（5）在跌破颈线后股价可能会出现暂时性的回升，这种情形通常会在低成交量的跌破时出现。不过，回升应该不超越颈线水平。假如股价最后在颈线水平回升，而且高于头部，又或是股价于跌破颈线后回升高于颈线，说明这可能是一个失败的头肩顶，投资者应该谨慎对待。

四、三重顶

三重顶又称为三尊头，它是以三个大约相等的高位形成的转势图表形态，通常出现在上升市况中。任何头肩型，特别是头部超过肩部不够多时的图形，可称为三重顶。三重顶形态和双重顶十分相似，只是多一个顶，且各顶分得很开、很深，成交量在上升期间一次比一次少。如图 4-24 所示。

股价持续上升一段时间后前期的投资者开始获利回吐，市场在做空动能的压力下从第一个峰顶回落，当股价落至某一区域时，看好后市的投资者开始进场做多，另外以前在高位沽出的投资者亦可能逢低回补，于是行情再度回升向上，但市场做多量能不是十分旺盛，在股价回升至前一高位附近时，在一些减仓盘的抛售下，股价再度走软，在前一次回档的低点被错过前一低点买进机会的投资者及短线客的买盘再次拉起，但由于高点两次都受阻而回，令投资者在股价接近前两次高点时都纷纷减仓，当股价逐步下滑至前两次低点时，一些短线买盘开始止损，此时越来越多的投资者意识到做多风险变大，于是开始大量卖出，令股价跌破上两次回落的低点（即颈线），于是整个三重顶形态便告形成。

图4-24

典型三重顶，通常出现在一个较短的时期内，因股价跌破支撑线而形成。另一种确认三重顶的信号，可从整体的成交量中找到。在三重顶图形形成过程中，成交量逐渐减少，直至价格上升到第三个高位时，成交量随即减少形成一个确认三重顶信号。若股价此后产生回落并跌破颈线，便会大幅滑落，三重顶图形也宣告成立。如图 4-25 所示。

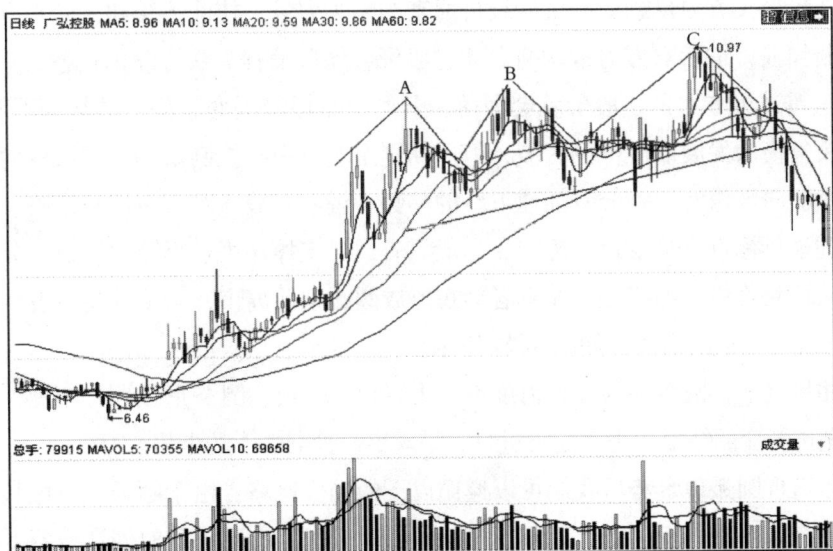

图4-25

在价格上升到 A 点，交易徘徊在此区域约 1 个多月后，仍未成功穿破 B 点与 C 点之阻力位。因没有做多动能，价格开始回落，而且跌破三重顶图形的支撑位，确认了向淡的趋势。

对三重顶的认识可以明确以下要点：

（1）三重顶的顶峰与顶峰的间隔距离与时间不必相等，同时三重顶的底部和顶部不一定要在相同的价格形成，但相差不能超过 3%。

（2）三重顶的第三个顶点，成交量非常小时，即可以提前判断出下跌的征兆。

（3）从理论上讲，三重顶的最小跌幅是其低点到高点的垂直距离，底部或顶部越宽力量越强。

五、圆弧顶

股价呈弧形上升，即虽不断升高，但每一个高点支持不了多久就回落，先是新高点较前点高，后是回升点略低于前点，这样把短期高点连接起来，就形成一个圆弧顶，在成交量方面也会呈一个圆弧状。如图 4-26 所示。

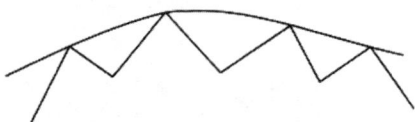

图4-26　圆弧顶

圆弧顶形成初期，市场情绪比较乐观，在经过一段买方力量强于卖方力量的升势之后，买方力量趋弱或仅能维持原来的购买力量，使涨势缓和，而卖方力量却不断加强，最后双方力量均衡，此时股价会保持没有下跌的静止状态。一旦卖方力量超过买方力量，股价就会回落，开始只是慢慢改变趋势，跌势并不明显，只是反复横向发展形成徘徊区域，但后期则由卖方完全控制市场，当股价向下突破这个横向区域时，就会有加速下跌的趋势，说明一波大跌行情即将来临。圆弧顶的理论目标点位价格很难确定，一般只有通过支撑压力、百分比、黄金分割等方法来预测价格，那些先知先觉者会在形成圆弧顶前离市，余下的持股者也可在圆弧顶完全形成后撤离。如图 4-27 所示。

相比之下，圆弧顶的反转力度不如头肩顶、M 顶、倒 V 形顶那样剧烈，它是市场渐进渐变的结果，由上而下进行，呈现出一种圆弧形的走势。

当出现圆弧顶走势后我们可以遵循以下的操作策略：由于圆弧顶不像其他图形那样有着明显的卖出点，但其形态一般耗时较长，有足够的时间让投资者依照趋势线、重要移动平均线及均线系统卖出逃命。

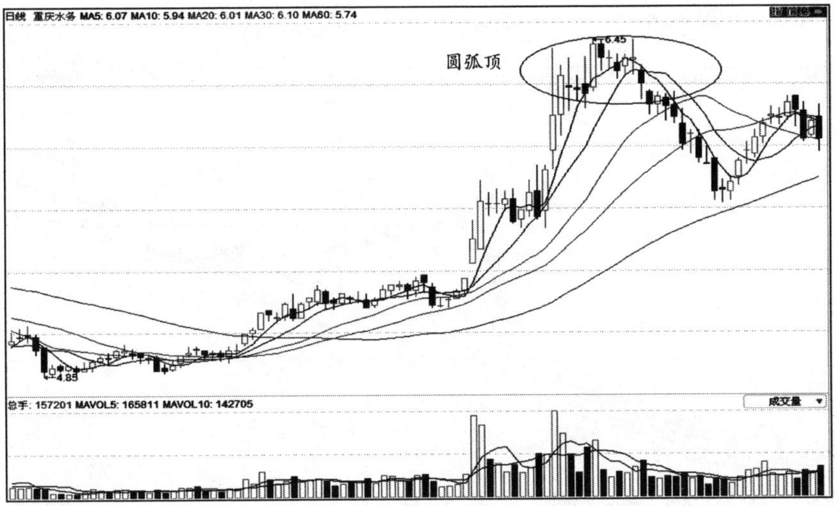

图4-27

第三节

整理K线组合形态

一、上升三角形

　　股价在某水平呈现出强大的卖压，价格从低点回升到该水平位便转头向下，但市场的购买力十分强，股价未回至上次低点即告弹升，这种情形持续使股价随着一条压力线波动并日渐收窄，若把每一个短期波动高点连接起来，可画出一条水平压力线；而每一个短期波动低点相连则可画出另一条向上倾斜的支撑线，形成上升三角形。如图 4-28 所示。

　　一般情况下，上升三角形回升高点的连线趋近于水平，回档低点的连线逐步向上倾斜，而在整理形态的末端，伴随着攻击量能的增加，一般往上突破的机会较大。如图 4-29 所示。

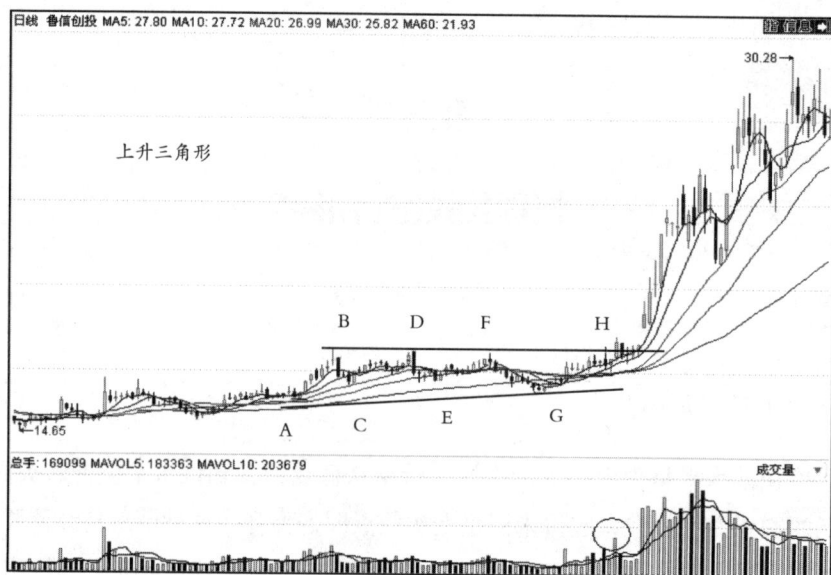

图4-28

图4-29

上升三角形在最初形成时，价格开始向上攀升。整个形态发生在两个月内，但并没有穿破 B、D 及 F 三点连成的压力线。而低位 A 点、C 点、E 点三个低点的连线，代表多方正在积聚力量，市况将会继续上升。在整个过程中，成交量比预期弱，但在 G 点成交量放大。然后价格反弹升穿阻力位 H 点。上升三角形形态确认后，市势将会持续上升。

上升三角形显示了买卖双方在该范围内的较量，买方的力量在争持中已稍占上风。卖方在其特定的股价水平不断沽售，每当股价升到理想的沽售水平便沽出，这样在同一价格的沽售便形成了一条水平的供给线。同时，市场的做多动能很强，多方不待股价回落到上次的低点，便迫不及待地买进，因此形成一条向右上方倾斜的需求线。另外，也可能是庄家有计划的市场行为，庄家有意把股价暂时压低，以达到逢低大量吸纳的目的。如图 4-30 所示。

综上所述，可知上升三角形属于整理形态，上升三角形在突破顶部水平的压力线时，会发出一个短期买入信号，此时须伴有大成交量。

值得一提的是，此形态虽属于整理形态，最后大多向上突破，但亦有可能朝相反方向发展，即上升三角形可能下跌。因此投资者在股价向下跌破 3% 时，应该暂时卖出；在向上突破时，假如没有成交量放大的配合，投资者也不宜贸然进场做多。

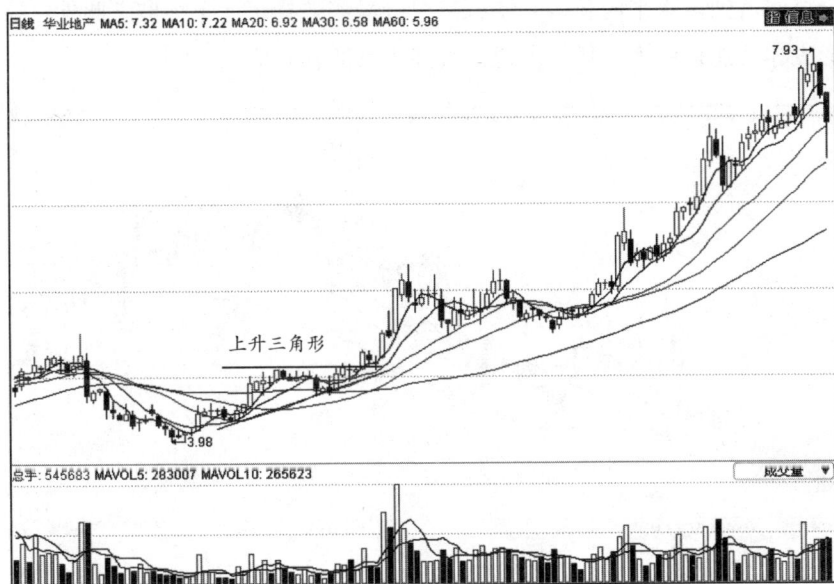

图4-30

二、下降三角形

下降三角形的形状与上升三角形恰好相反，股价在某特定的水平出现稳定的多方力量，每当股价回落至该水平便告回升，形成一条水平的支撑线。可是市场的空方却不断进攻，股价每一次波动的高点逐次走低，于是形成一条向左下倾斜的压力线。成交量在完成整个形态的过程中，一直十分低迷。

下降三角形通常在回档低点的连线趋近于水平，而回升高点的连线则向右下倾斜，代表市场卖方的力量逐渐增加，使高点随时间的演变越来越低，而下档支撑的买盘逐渐转弱，退居观望的卖压逐渐增加，在买盘力量转弱而卖压逐渐增强的情况下，整理至末端，则价格往下跌破的机会较大。

如图 4-31 所示，下降三角形在最初形成时，价格开始向下运行，但在 4 个月内没有穿破支撑线的 A 点、C 点及 E 点。而反弹的高位在 B 点、D 点和 F 点，代表市场主导力量逐渐看淡后市。在下降三角形形成的过程中，成交量的数值比预期弱，价格在最后上攻不成功后，随即回调并放量跌穿 G 点的支持位。下降三角形形态确认后，市势将持续下跌。

下降三角形是多空双方在某价格区域内较量的表现，空方不断地增强抛售压力，股价还没回升到上次高点便再卖出，而看好的一方坚守着某一价格的防线，使股价每回落到该水平便获得支持，但股价最终选择了向下突破。此外，这种形态的形成亦可能是庄家在托价出货，直到庄家清仓完毕。

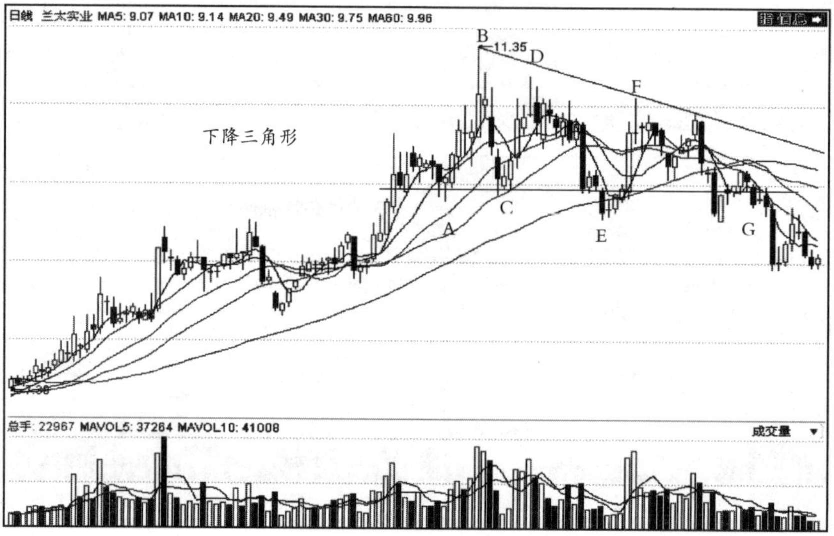

图4-31

综上所述，下降三角形属于整理形态。下降三角形在下降过程中出现，暗示股价有向下突破的可能，而且不必有大成交量来证实。下降三角形在突破下部水平支撑线时是一个短期沽出的信号，投资者要及时抓住机会出逃。

需要注意的是，此形态虽属于整理形态，有一般向下的规律性，但亦有可能朝相反方向发展，即下降三角形有可能向上突破，这里若有大成交量配合则可证实。另外在向下跌破时，若出现回升，则观察其是否受阻于压力线水平之下，若在压力线之下，说明仅仅是回抽确认压力线的阻力；若突破压力线3%，则下降三角形图形失败。

三、对称三角形

对称三角形由一系列的价格变动所组成，其变动幅度逐渐缩小，也就是说每次变动的最高价低于前次的水准，而最低价比前次水准要高，呈压缩图形，其上限为向下的斜线，下限为向上斜线，把近期高点和低点分别以直线连接起来，就可以形成一个相当对称的三角形。对称三角形的成交量，因越来越小幅度的股价变动而递减，然后当股价突然跳出三角形时，成交量随之变大，如图4-32所示。

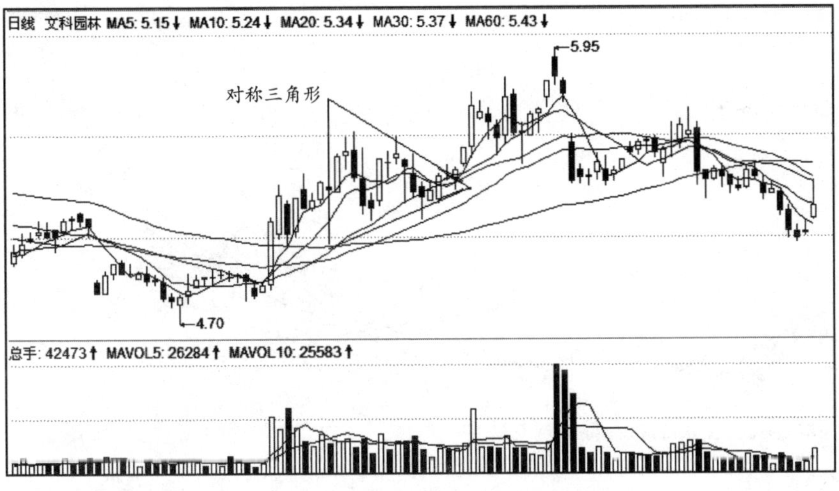

图4-32

对称三角形是因为多空双方的力量在该段价格区域内势均力敌，暂时达到平衡状态所致。股价从第一个短期性高点回落，但很快地便被买方所消化，推动价格回升；但多方的力量对后市没有太大的信心，股价未能回升至上次高点便掉头向下。在下跌的阶段中，那些沽售的投资者不愿以太低价贱售或对后市仍存有希望，所以回落的压力也不强，股价未跌到上次的低点便已告回升，买卖双方的观望性争持使股价的上下波动日渐缩窄，形成了对称三角形形态。

成交量在对称三角形形成的过程中不断减少，正反映出看淡力量对后市犹豫不决的观望态度，使得市场暂时沉寂。

对称三角形通常属于整理形态，即股价会继续原来的趋势移动。只有在股价朝其中一方明显突破后，才可以采取相应的买卖行动。如果价升量涨突破压力线，就是一个短期买入信号；若是放量跌破支撑线，便是一个短期卖出信号。

对称三角形的最少升幅量度方法是当股价往上突破时，从形态的第一个上升高点开始画一条和底部平行的直线，预期股价至少会上升到这条线才会遇上阻力。至于股价上升的速度，将会以此形态开始之前同样的角度上升，如图4-33所示。

在应用对称三角形进行行情分析的时候，要着重参考以下要点：

（1）必须要有明显的两个短期高点和两个短期低点出现，才可以确定一个对称三角形。

（2）对称三角形的股价如果太接近三角形顶点的突破即为失效，有效的突破通常在顶点距三角形底边一半或3/4处。

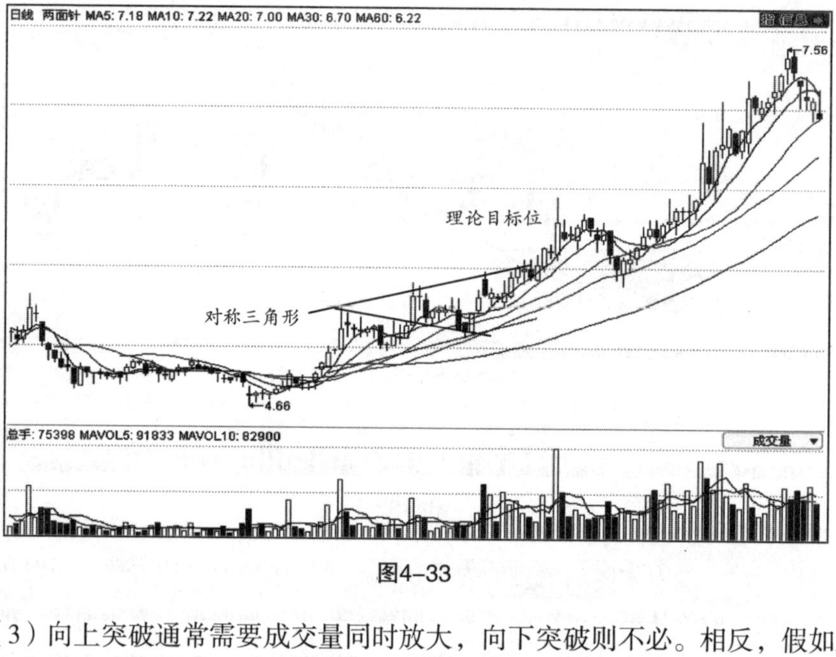

图4-33

（3）向上突破通常需要成交量同时放大，向下突破则不必。相反，假如对称三角形向下跌破时伴随极大的成交量，可能是一个错误的跌破信号，尤其股价在三角形的尖端放量跌破，假突破信号更为准确。

（4）通常情况下，对称三角形属于整理形态，不过也有可能在升市的顶部或跌市的底部中出现。投资者应该根据具体情况区别对待。

四、旗形

旗形走势的形态通常在急速而又大幅的市场波动中出现，股价经过一连串紧密的短期波动后，形成一个与原来趋势呈相反方向倾斜的长方形，这就是旗形走势。旗形走势又可分为上升旗形和下降旗形。

上升旗形是指股价经过陡峭的飙升后，接着形成一个紧密、狭窄且稍微向下倾斜的价格密集区域，把这个密集区域中的高点和低点分别连接起来，就可以划出两条平行而又下倾的直线，这就是上升旗形。上升旗形经常出现于急速上升的行情中途，此时，成交量逐渐放大，前期持股者开始获利套现，股价出现小幅下跌，不过大部分投资者对后市依然充满信心，所以回落的速度不快，幅度也非常小，成交量不断减少，反映出市场的沽售力量在回落中不断地减轻。经过一段时间整理，到了旗形末端股价突然急速上升，成交量亦大增，便形成了上升旗形。如图4-34所示。

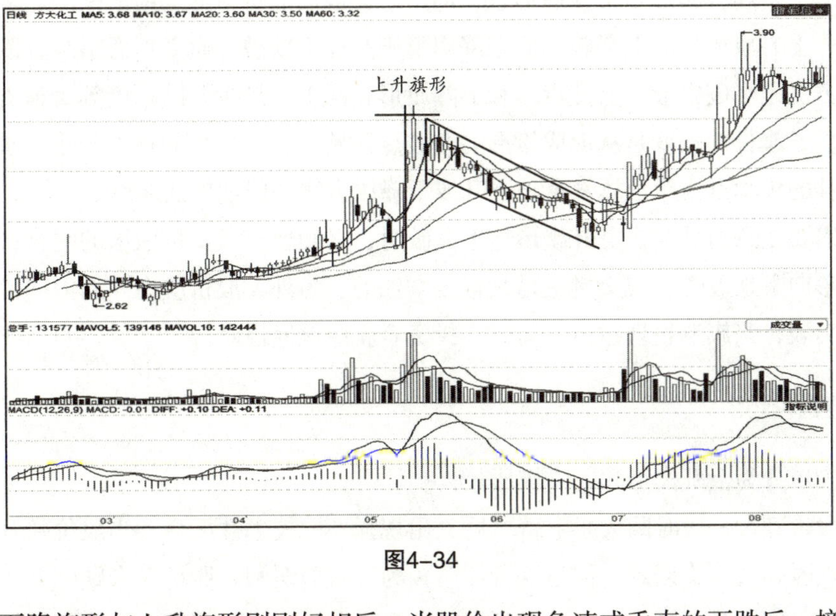

图4-34

下降旗形与上升旗形则刚好相反，当股价出现急速或垂直的下跌后，接着形成一个波动狭窄而又紧密，且稍微上倾的价格密集区域，像是一条上升通道，这就是下降旗形。在下跌时所形成的旗形，其形状为上升时图形之倒置。在急速的直线下降中，成交量放大，然后遇到支撑，股价反弹，不过反弹幅度不大，成交量减少，股价小幅上升，形成下降旗形。经过一段时间整理，到达旗形末端，股价突然急速下跌，成交量大增，股价续跌。如图 4-35 所示。

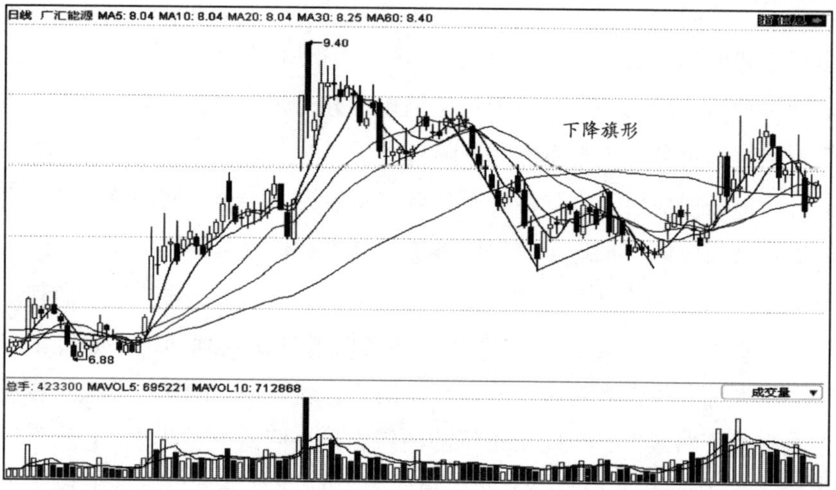

图4-35

综上所述，旗形是个整理形态，即形态完成后股价将继续沿原来的趋势方向移动，上升旗形将向上突破，而下降旗形则是往下跌破。旗形形态最少升跌幅的量度方法是突破旗形（上升旗形和下降旗形相同）后最少升跌幅度等于整支旗杆的长度，旗杆的长度是从形成旗形的突破点开始，直到旗形的顶点为止。旗形整理最佳的买卖点为旗形放量突破上升或下降压力线和回抽确认之时。

需要注意的是，当上升旗形往上突破时，必须要有成交量激增的配合；当下降旗形向下跌破时，成交量也是大幅度增加的。另外，股价应在 4 周内向预定的方向突破，当旗形整理超出 3 周时，投资者就应该谨慎对待。

五、楔形

楔形分为上升楔形和下降楔形。

股价经过一段时间大幅下跌之后，出现强烈的技术性反弹，当股价弹升到某个高点时，就掉头回落，但是这种回落较为轻微而缓和，股价在未跌到上次低点之前已得到支撑而转为上升，并且越过上次高点，形成一浪高于一浪的趋势。第二次的上升止于另一高点之后，股价再度回落。我们把两个高点和两个低点分别用直线连起来，就形成了一个上升楔形。如图 4-36 所示。

可见，上升楔形只是反弹，并不能改变股价下跌的趋势。因此，持筹者可趁反弹时卖出一些股票，进行减磅操作，而一旦发现股价跌穿上升楔形的下边

线，这时就不要再存幻想了，应立即抛空离场，以避免股价继续下跌带来的更大
风险。

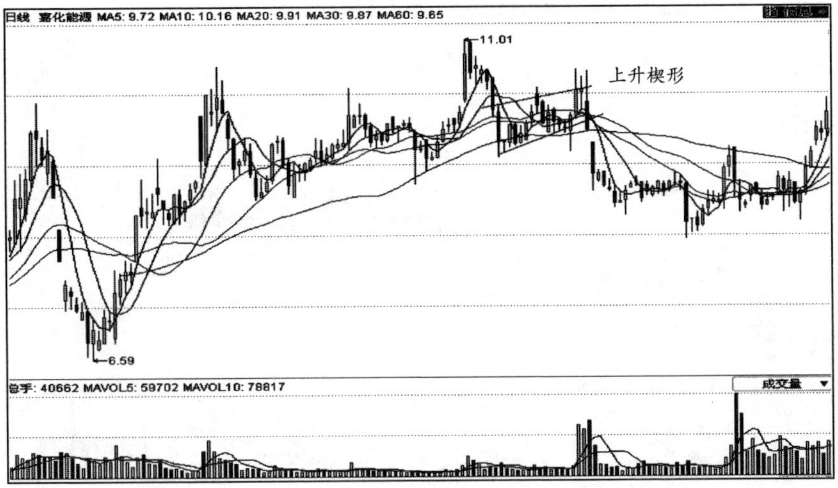

图4-36

　　下降楔形和上升楔形恰恰相反，它一般出现在长期升势的中途，股价经过一
段大幅上升后，出现强烈的技术性回抽，股价从高点回落，跌至某一低点即掉
头回升，但回升高点较前次为低，随后的回落创出新低点，即比上次回落低点要
低，形成后浪低于前浪之势，把短期高点和短期低点分别相连，形成两条同时向
下倾斜的直线，组成了一个下降楔形。

　　下降楔形其市场含义是指股价经过一段时间上升后，出现了获利回吐盘，虽
然下降楔形的底线往下倾斜，似乎说明市场的承接力量不强，但新的回落浪较上
一个回落浪波幅小，并且跌破前次低点之后，并没有出现进一步下跌反而出现回
升走势，抛压正在减弱，说明抛压的力量只是来自上升途中的获利回吐，并没有
出现新的主动做空力量进场，所以经过清洗浮筹后股价向上突破的概率很大。

　　下降楔形的最佳买点为突破上边线和突破之后反抽接近于上边线之时，如图
4-37所示。

六、矩形

　　矩形是指股价在两条水平的上下界线之间波动而形成的形态。价格上升到某
水平时遭遇阻力，掉头向下回落，但很快地便获得支持而上升，回升到上次同
一高点时再一次受阻，而跌落到上次低点时则再次得到支持。将这些短期高点和

低点分别以直线连接起来，便可以绘出一条通道，这通道既非上倾，亦非下降，而是平行发展，这就是矩形形态。

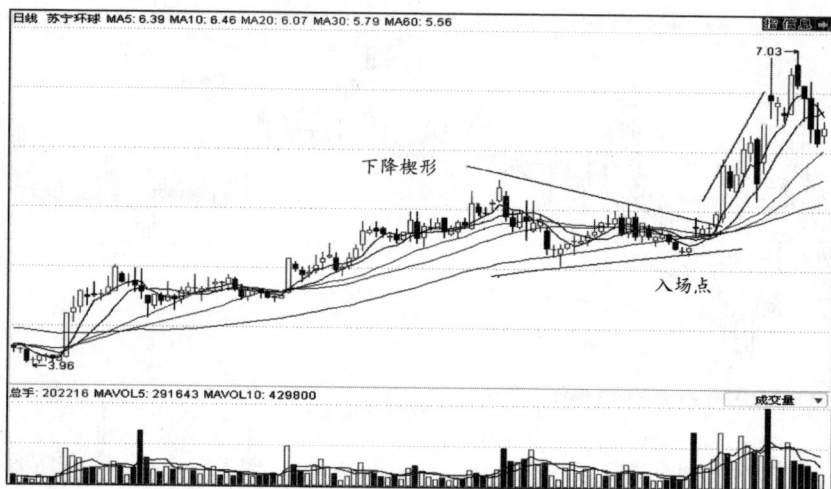

图4-37

当向上突破上限阻力时，就是一个买入信号；反之若往下跌破时，则是一个卖出信号，如图4-38所示。

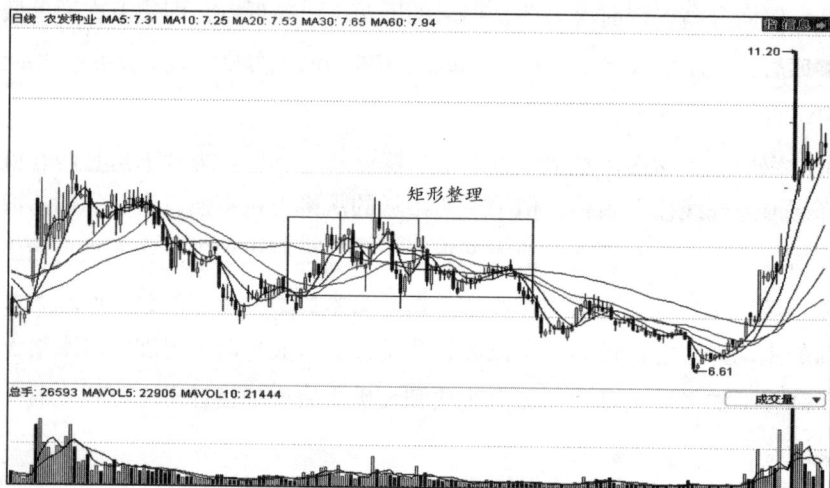

图4-38

从图中可以看出，矩形图形在一波下跌后开始形成，成交量也很小，最后，价格向下有效突破。

矩形为冲突形，是描述实力相当的争持双方的竞争情况。这种形态告诉投资者，多空双方的力量在该范围之内基本达到均衡状态。看好的一方认为其低点位置是很理想的买入点，于是股价每回落到该水平即买入，形成了一条水平的需求线。与此同时，另一批看淡的投资者对该股没有信心，认为股价难以升到其高点位置，于是股价回升至该价位水平，立刻套现，形成一条平行的供给线。从另一个角度分析，矩形也可能是投资者因后市发展不明朗，投资态度变得迷惘和不知所措而形成的形态。

矩形是整理形态，在上升趋势和下跌趋势中都可能出现，长而窄且成交量小的矩形在原始底部常出现。突破上下限发出明确的买入和卖出的信号，涨跌幅度通常等于矩形本身长度，即所谓的"横有多长，竖有多高"。

当股价突破矩形的上限，参照成交量的放大可以大胆买进，如图4-39所示。

一般情况下，矩形的突破方向大多与矩形形成前的趋势保持一致，如果原来的趋势是上升，那么经过一段矩形整理后，股价会继续原来的趋势，多方会占优势并采取主动，使股价向上突破矩形的上界；如果原来是下降趋势，则股价大多会突破矩形的下边，继续原有的下跌趋势。

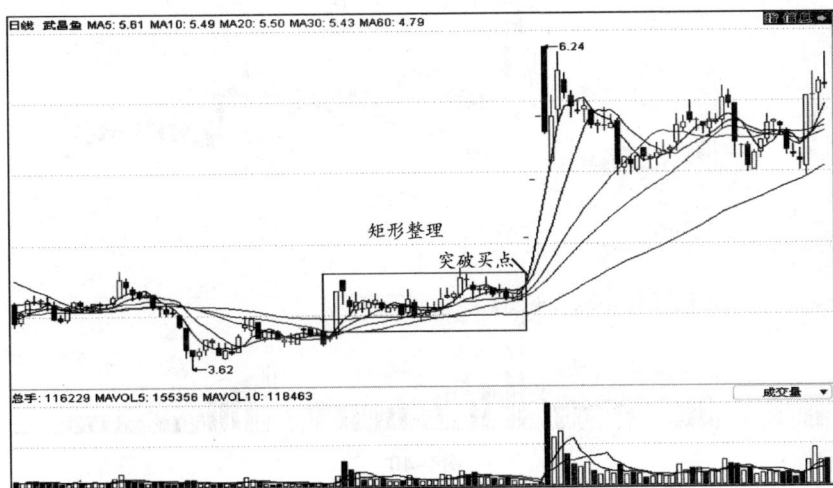

图4-39

需要注意的是，一个高、低波幅较大的矩形，较一个狭窄而长的矩形形态更具威力。

七、喇叭形

股价经过一段时间反复的上升和下跌后，上升的高点较上次高点高，下跌的低点较上次的低点低，整个形态以狭窄的波动开始，然后向上、下两方扩大，如果把上、下的高点和低点分别连接起来，这便是喇叭形。成交量方面，喇叭形在整个形态形成的过程中，保持着高而且不规则的成交量。

喇叭形是因为投资者冲动的投资情绪所造成的，通常出现在长期性上升的最后阶段，这是一个缺乏理性和失去控制的市场，投资者受到市场投机氛围和传言的影响，当股价上升时便疯狂追上，但投资者对股票的前景没有足够的信心，所以当股价一旦下跌时又盲目地加入抛售行列。他们盲目冲动和毫无计划的行动，使得股价不正常地大起大落。形成上升时高点较上次高，下跌时低点则较上次低的局面。至于不规则而巨大的成交量，正反映出投资者冲动的买卖情绪。

这种形态往往是大跌市来临的先兆，因此喇叭形一般可说是一个看跌形态，暗示升势将到尽头，可是形态却没有明确指出跌市出现的时间。只有当下限被跌破时，此形态才可以确认，这时投资者就该马上离场了。如图 4-40 所示。

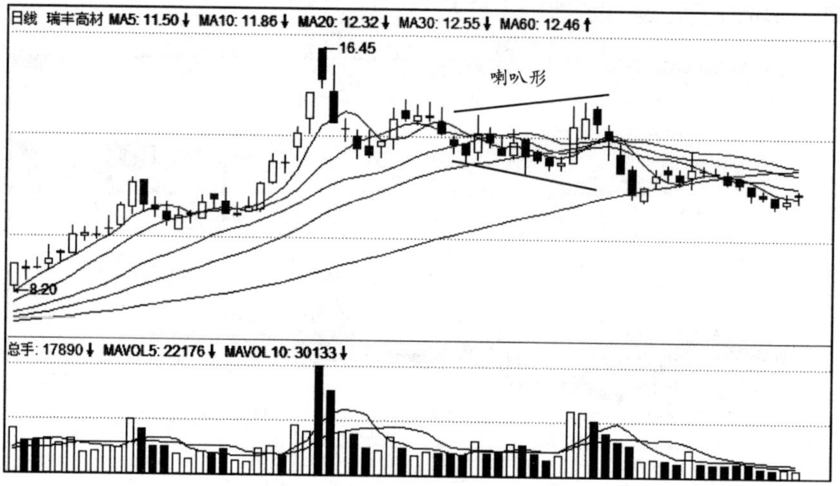

图4-40

要充分了解喇叭形的整理形态，投资者需要把握以下要点：

（1）一个标准的喇叭形应该有三个高点，两个低点。这三个高点一个比一个高，中间的两个低点则一个较一个低；当股价从第三个高点回落，其回落的低点较前一个低点为低时，可以假设形态的成立。

（2）这种形态并没有最少跌幅的量度公式来估计未来跌势，但一般来说，振幅都很大。

（3）这种形态也有可能会向上突破，尤其在喇叭形的顶部是由两个同一水平的高点连成时，如果股价以高成交量向上突破，那么此形态最初预期的分析意义就要修正，它显示前面上升的趋势仍会持续，未来的升幅将十分可观。这是因为当股价向上冲破时，激动的投资者情绪进一步扩大，投资者已完全失去理性的控制，疯狂地不计成本追高进场。

喇叭形是由投资者冲动和不理性的情绪造成的，它绝少在跌市的底部出现，因为股价经过一段时间的下跌之后，投资意愿薄弱，因此在低沉的市场气氛中，不可能形成这种形态。

八、菱形

菱形实际上是喇叭形和对称三角形的结合。它的左半部和喇叭形一样，第二个上升点较前一个高，回落低点亦较前一个为低，当第三次回升时，高点却不能升越第二个高点水平，接着的下跌回落点却又较上一个高，股价的波动从不断地向外扩散转为向内收窄，右半部的变化类似于对称三角形，如图4-41所示。

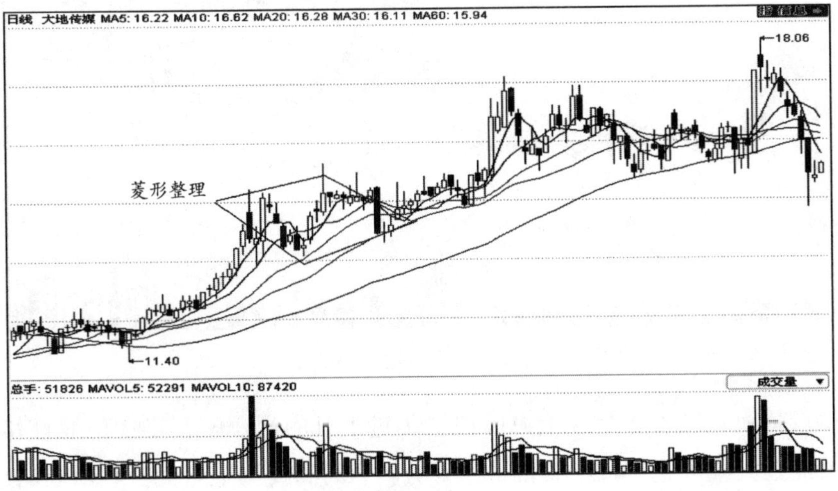

图4-41

当股价越升越高之际，投资者显得冲动和失去理智，因此价格波动增大，成交量也大量增加。但较短时间内投资者情绪渐渐冷静下来，成交量逐渐减少，股价波幅收窄，投资者从高涨的投资意愿转为场外观望，等待市场进一步的变化再做新的投资决定。

可见，菱形很少出现在底部，它常常出现在中级下跌前的顶部或大量成交的顶点，是个转向形态；当菱形右下方的支持被有效跌破后，就是一个卖出信号；但如果股价向上突破右方阻力时，而且成交量激增，那就是一个买入信号。菱形最小跌幅的量度方法是从股价向下跌破菱形右下线开始，量度出形态内最高点和最低点的垂直距离；其最小涨幅的度量方法是从股价向上突破菱形右上边线开始，量度出形态内最高点和最低点的垂直距离。

九、碟形

碟形的股价与成交量变动情形和圆弧底形态差不多，标准的碟形是以一连串的圆弧底的形态出现，每个圆弧底的平均价格要比前一个高，每一个碟形的尾部价格，要比开始时高出一些，股价重心逐渐上移，如图 4-42 所示。

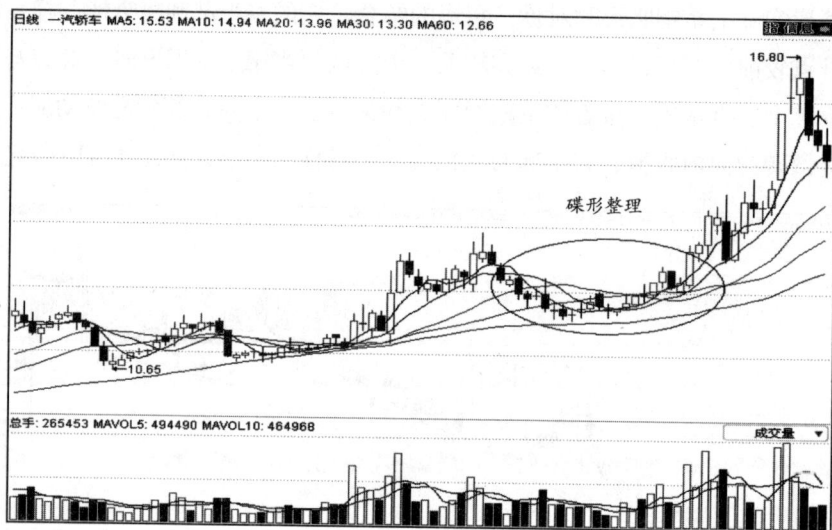

图4-42

碟形代表着股价正处于上升阶段，不过上升的过程中，步伐稳健且相对缓慢，并非是大幅快速拉升，股价每当升势转急时，便马上遭受获利回吐的压力，但回吐的压力并不十分强大，当成交量减少到一个低点时，另一次上升行情又重新开始，股价便如此这样反复地攀升上去。此形态告诉投资者，每一个圆弧的底部都是理想的买入点。

碟形整理形态向上变动时，一般情况下，股价从左端到右端增加幅度为 10%～15%，从碟形的右端到底部的增加幅度为 20%～30%，一个碟形形成所需的时间往往在 5～7 周左右，因此整个上升过程显得稳健而缓慢。

从该形态的成交量可见，大部分投资者都在股价上升时买入，此时成交量大增；但当股价回落时，投资者却又畏缩不前，观望为主，此时圆弧底成交量减少。所以，投资者应该在成交量相对低迷时跟进，在成交量相对放大时及时套现，因为碟形总是在跌势开始转急时企稳回升、升势开始转急时遇阻回落。

十、杯柄形

杯柄形是一种持续上升的形态，它处于上升通道并进行一段时间的整理。杯柄形态可分为两部分：杯及杯柄。股价经过下跌、圆弧底整理、上涨、横盘整理，最后形成杯柄形，此形态是一种在底部具有强烈支撑的整理形态。

当杯形形成后，短期的横盘整理，便是杯柄的形成期。股价由杯柄范围随后向上突破，并提供一个较强烈的上升趋势信号。一般情况下，杯柄回调的幅度越小，形成的上升趋势越可靠。当向上突破杯柄整理时，成交量明显放大，如图4-43所示。

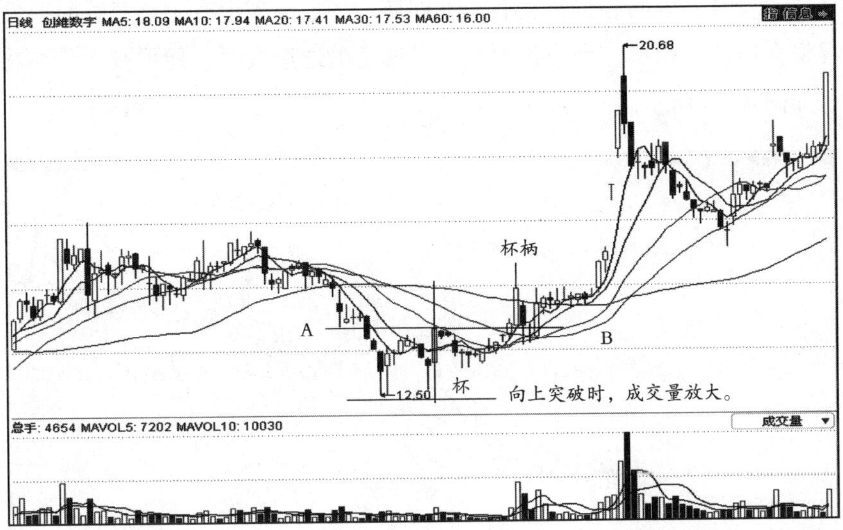

图4-43

股价在 A 点遇到阻力，然后一路震荡下跌，经过底部整理，股价再次盘升到与 A 点相同价位的 B 点位置，杯的形态已经形成。价格随后徘徊在一个相对狭窄的范围，然后穿破阻力位向上运行，确认了杯柄形。成交量在向上突破的时候同时放大，代表了大量投资者的涌入，确认了杯柄形的准确性。此时，投资者可以大胆跟进，获取股价上升带来的利润。

十一、价格通道

价格通道是延续图形，但从小级别图形上看，可以把它归结为整理形态的一种。它的斜度倾向上或向下，成交集中于上趋势线和下趋势线之间。上趋势线是一条压力线，而下趋势线则是一条支撑线。当价格通道向下倾斜时，便视为跌市；当价格通道向上倾斜时，则视为升市。

价格通道由两条趋势线构成，一条称为主趋势线，另一条称为通道线。主趋势线决定股价的运行趋势。上升主趋势线是上升通道的一部分，最少以两个相对的低点相连而绘出；下降主趋势线是下降通道的一部分，最少以两个相对的高点相连而绘出。

而通道线与主趋势线平衡。在上升通道中，通道线是一条压力线；在下降通道中，通道线则是一条支撑线。

当价格持续上升并在上升通道范围内波动时，市况便可看作牛市。当价格未能到达通道线时，说明趋势将会有短期回调。随后下破上升主趋势线时，便可确认市况将会逆转。相反，当股价上穿上升通道的通道线时，便可视为价格将持续上升。如图 4-44 所示。

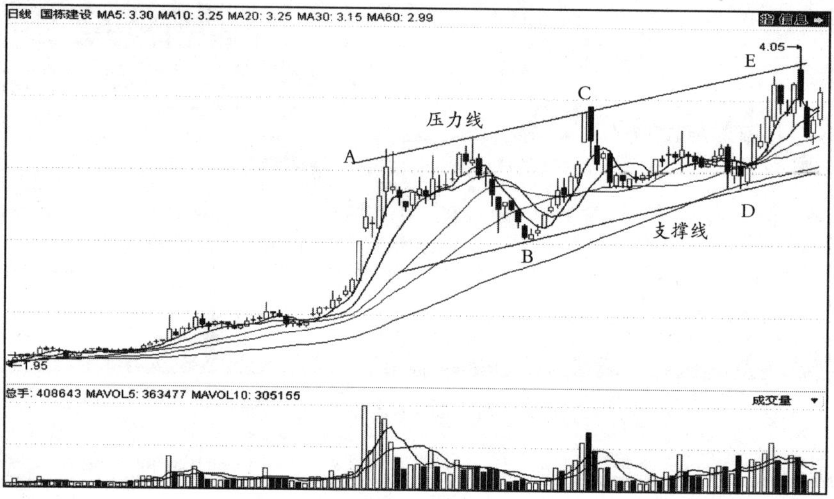

图4-44

图中价格处于上升趋势中，即一个上升通道中。在整个价格上升期间，由 B 点和 D 点组成上升主趋势线即支撑线，A 点、C 点和 E 点则组成通道线即压力线。当价格越不接近通道线（或支撑线），即表示发生趋势变动的可能性越大。如股价穿破支撑线，代表现时的走势将有变动；如股价穿破压力线，即代表行情将持续上升。

如图4-45所示。当价位运行在下跌趋势中，即下跌通道中。期间，B点、D点组成下降主趋势线即压力线，A点、C点和E点组成通道线即支撑线，最后，F点因太多买盘导致价格向上突破压力线。当价格越不接近通道线即支撑线，即表示价格趋势越可能发生变化。若股价穿破压力线，代表目前的走势将会突破向上形成上升走势。

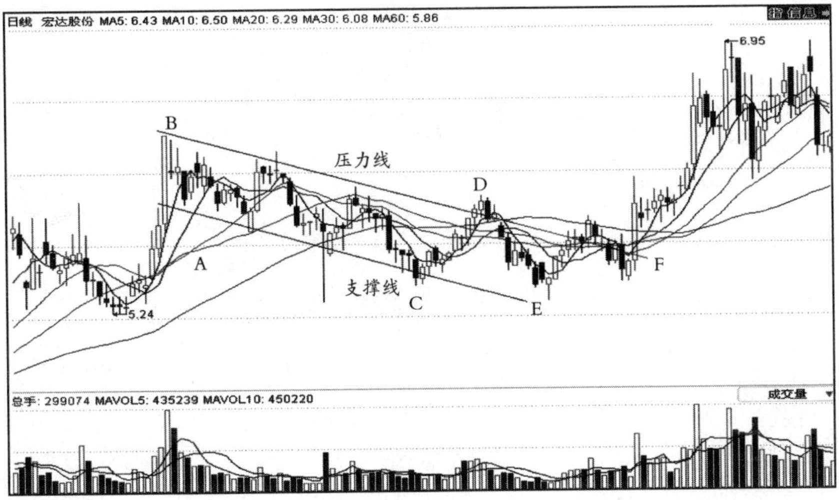

图4-45

本章操作提示

（1）反转形态主要包括底部K线组合形态和顶部K线组合形态。

（2）底部K线组合形态主要包括V形底、W底、头肩底、三重底、圆弧底、潜伏底、下岛形等。

（3）顶部K线组合形态主要包括倒V形顶、M顶、头肩顶、三重顶和圆弧顶等。

（4）整理K线组合形态主要包括上升三角形、下降三角形、对称三角形、旗形、楔形、矩形、喇叭形、菱形、碟形、杯柄形和价格通道等。

（5）在利用形态进行技术分析的时候，一定要结合成交量来进行分析。

第五章

K线形态透析庄家操盘全程

　　条条大道通罗马，炒股的方法也多种多样。炒股既要讲求战略性，又要讲求战术性。对普通投资者而言，笔者认为"永远跟庄走"不失为炒股的好方法。只要你在股市，跟庄可以说是炒股永恒的主题。跟庄的路线对了，散户投资者就可以享受主升浪带来的喜悦；跟庄跟错了，散户投资者就会亏损累累。跟庄的技术必须在实践中摸索提高，因为事物都是在不断发展和变化的，股市中的庄家操盘手法也是如此。那么，如何通过K线形态透析庄家的操盘全过程呢？

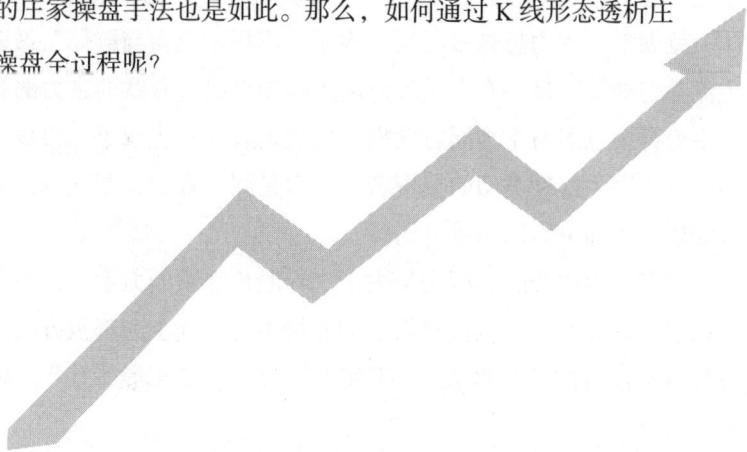

第一节

透过K线读懂主力的意图

投资者如果能够读懂单根 K 线及 K 线组合表象背后的市场参与者的心理、行为，并通过观察上升趋势或下降趋势的 K 线排列及上涨或下跌方式就能够读懂市场主力一段时间以来的意图、行为，那么什么时候买进、什么时候卖出，投资者就可以做到进退自如！

众所周知，每一只个股只要有主力运作，它的股价都会受到主力的影响，股价运行过程中所出现的主导性力量就是主力出于自身利益的考虑对股价的操控。

K 线是市场参与者心理行为的记录，那么 K 线在有主力运作的个股中应该是这样表述的："K 线是市场参与者中的主力与主力以外的投资者心理行为博弈的结果记录"。因为有主力的存在使 K 线分析、研究、判别更加复杂化，此时通过 K 线读懂主力的意图与行动，这是跟庄操作必备的功夫。因为主力控制了个股的大部分筹码，具有主导股价涨跌的能力，所以在有主力运作的个股里，市场上的主流参与群体就基本上是由主力一方决定，即主力想做空时，"市场主流参与群体"就做空，主力想做多时就代表了"市场主流参与群体"做多。这里的"市场主流参与群体"是持有大量筹码能主导操控股价涨跌的主力的替代者。当然，看清主力行动意图与主力同方向操作的投资者此时也属于"市场主流参与群体"里的成员。因为这种类型的投资者与主力是同一阵营，跟庄的最高境界就是与主力共安乐，不与主力同患难。

没有主力的个股，因为失去了主导股价涨跌的力量，市场参与者就会因为群龙无首而迷失方向，从投资收益的立场考虑，连主力都没办法吸引的个股是连投机价值都没有的"垃圾股"。事实上，可以说"无股不庄"，只是主力的实力有强弱之分。

K线既然是市场参与者的心理行为记录，那么市场参与者的心理变化、情绪波动也必然会包含在K线里面。投资者有必要通过K线看透市场主力的操盘过程，从而实现跟庄盈利的目的。市场主力操盘主要分为建仓、拉升、洗盘、出货四个主要阶段。接下来我们分别从这四个阶段的K线形态变化来透析庄家的操盘意图。

第二节

主力建仓之K线形态

主力调动巨额资金坐庄一只个股，不可避免会对这只个股的走势产生影响，主力建仓吸筹必须实实在在打进买单，吃进筹码，主力派货套现必须实实在在打出卖单，抛出筹码，主力巨额资金进出一只个股要想不在盘面留下痕迹是十分困难的。

一、主力建仓时K线形态的特点

一般来说，主力建仓留下的K线形态主要有以下三个特点：

1. 牛长熊短

主力建仓会使一只个股的多空力量发生明显的变化，股价会在主力的积极性买盘的推动下，逐渐走高。一般情况下，主力建仓是有计划地将股价控制在一个价格区域内，当股价经过一段慢牛走高之后，主力通常会以少量筹码迅速将股价打压下来，以便重新以较低的价格继续建仓，如此反复，在K线图上就形成了一波或几波牛长熊短的K线形态。

2. 红肥绿瘦

主力吸筹阶段为了在一天的交易中获得尽可能多的低位筹码，通常采取控制开盘价的方式，使该股低开，而当天主力的主动性买盘必然会将股价再次推高，这样收盘时K线图上常常留下一根红色的阳线。在整个吸筹阶段，K线图上基本上以红色的阳线为主，夹杂少量的绿色阴线，这样的K线形态通常称之为红肥绿瘦。

3. 窄幅横盘

一只个股底部区域表现出来的窄幅横盘的箱体，可以认为是主力吸筹留下的形态，通常个股的跌势只有在主力资金进场的情况下才能真正得到扼制。当下跌趋势转为横盘趋势，且横盘的范围又控制在一个很窄的幅度内，一般在股价的15%以内，基本上可认定主力资金已经进场吸筹，股价已被主力有效地控制在主力计划的建仓价格区间之内。

主力建仓留下的K线形态的三个特点，如图5-1所示。

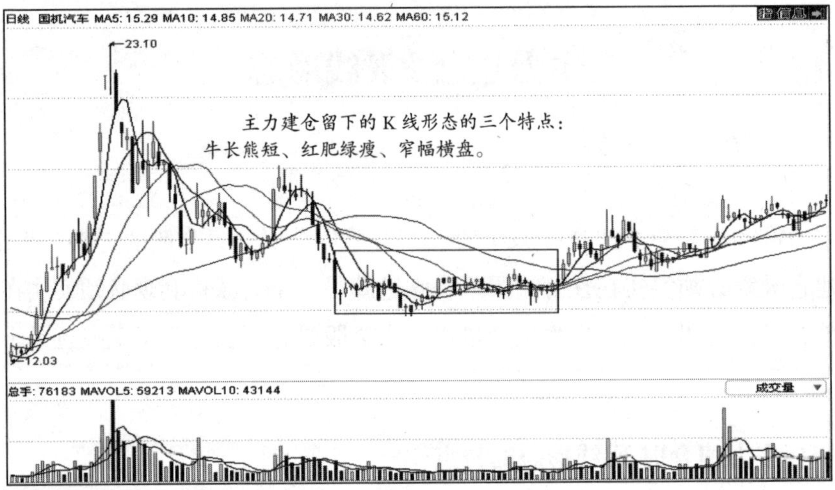

图5-1

庄家经常制造一些非实质性的利空题材，或借大盘走弱之机借势打压股价，制造空头陷阱，使持仓的散户割肉出场，而庄家自己却大量接盘。庄家建仓时，盘口会有一些明显的迹象：

（1）五档买卖经常有大笔卖单挂出，但当有买盘出现时，大笔卖单便迅速撤掉，或者所挂的卖单手数越来越少。

（2）在日K线图上，股价往往先跌破某一技术支撑位，但下跌幅度并不深。在本阶段末期，一般成交量会温和放大，但股价却未大涨或只是小幅上涨。分时走势图上常出现价跌量缩、价涨量增的现象。

（3）日K线经常在低位拉出小十字星或者小阴线或小阳线。K线组合在低位出现圆弧底、W底、头肩底、三重底、U形底、V形底等组合形态。

（4）技术指标经常出现底背离。

二、主力建仓的方法

主力建仓的方法主要有以下几种：

1. 隐蔽吸货，不露声色

采用隐蔽吸货式建仓的庄家大都会选择当前阶段的冷门股，这类股票会在相对于它过去价格的低位上进行箱形盘整，与大盘的趋势一致，成交量很小。因此在建仓阶段，庄家为了尽量不让人察觉有大资金介入，在操作上不能大手笔地买入，而必须将大资金拆分。所以，相对建仓时间会较长，这就要求庄家必须要有足够的耐心，因为只有在底部吸纳的筹码越多，其建仓的成本才会越低。通常情况下，在低位盘整时间越长，则股价未来涨幅越大。投资者可以把这类股票收集到自选股中，重点关注，等待其向上突破那一瞬间跟进做多，千万不要过早介入其中，而承受庄家盘整之苦，如图5-2所示。

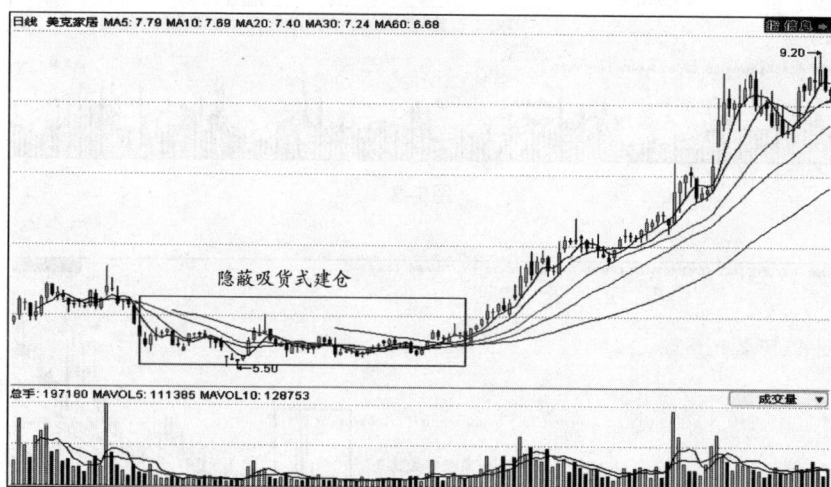

图5-2

2. 震荡吸货，上打下拉

由于底部的低点较难判断，同时大资金不可能全在最低点吸到筹码。一般情况下，大资金在股价进入底部区域后就开始分批建仓，股价越低买进量越大。庄家建仓过程中不可避免地会将股价抬高，但此时或是筹码尚未吸够，或是拉高时机没到，庄家会以少量筹码再次将股价打低，甚至打出恐慌盘、斩仓盘、止损盘。等到散户投资者心灰意冷离去的时候，便是大量吸筹的好时机。如图 5-3 所示。

3. 拉高吸货，哄抢筹码

当突发性重大利好公布或是股价已极度超值时，若某只股票尚无主力入驻、散户也正处于观望之时，庄家就会采取先下手为强的战术，在当日大量买入低位筹码，即使拉涨停板也在所不惜，往往在几天或几周内就可完成建仓任务。如图 5-4 所示。

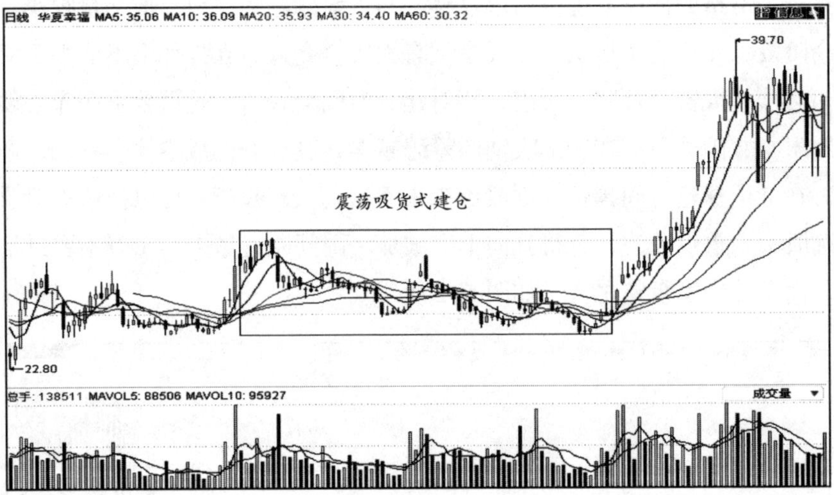

图5-3

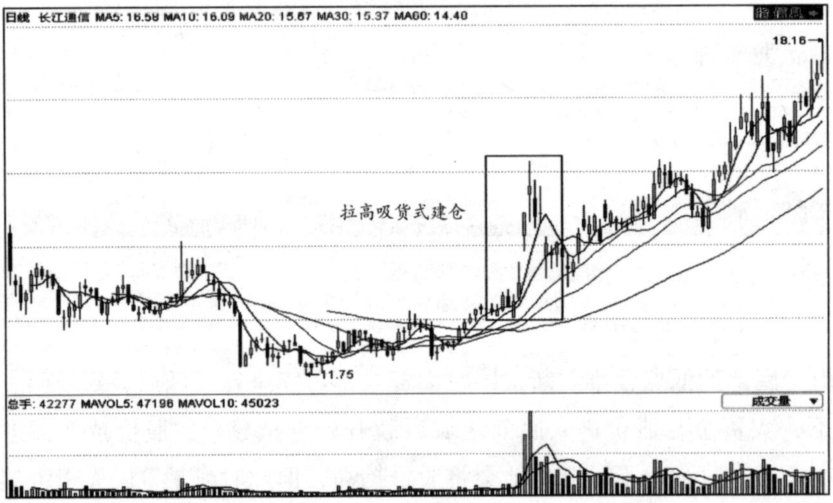

图5-4

三、大牛股在庄家建仓后期的特征

为了在建仓后期抓住牛股，投资者必须了解大牛股在庄家建仓后期出现的以下特征：

（1）其K线组合会构成一个明显的箱体，股价在这个箱体中波动的频率开始加大，通常股价上涨时成交量放大，而股价下跌时成交量明显萎缩。

（2）由于庄家持有大量筹码，在低迷的股市中股价会表现出一定的抗跌性，时常有下影线出现。

（3）从技术指标来观察，有底背离现象产生。比如，能量潮 OBV 曲线在底部横盘或已缓缓向上，而此时股价仅是横向波动甚至下跌。同时在周K线图上有一段 5 周以上的横盘K线组合，并且阴阳交错，RSI 或 KDJ 指标均出现双底或底背离现象。在建仓阶段，往往短期成交量 5 日移动平均线会逐步向上爬升，当向上交叉长期成交量 60 日移动平均线时则表示上档浮筹很少，多方已开始组织力量反击，买点随即形成。

（4）建仓后期庄家的任务是维持股价并等待合适的机会启动拉升。拉升的日期一般是庄家倒推算的，如上市公司合同签约日、中报年报出台日、股东大会召开日等，一般要在信息公布前后达到拉升目标位附近。

第三节

主力拉升之K线形态

拉升是指主力建仓基本结束，迅速拉升脱离成本区，是实现盈利的关键一环。该阶段一般为主升段，行情诱人且升幅可观。

一、主力拉升股价时的盘面特点

主力拉升股价时在盘面上会有以下特点：

（1）在拉升初期经常出现连续轧空的走势。

（2）经常走出独立于大盘的走势，一般发生在大势乐观之时。

（3）强调快速拉高，具有爆发性。

（4）经常呈现涨时放量、跌时缩量的特点，具有良好的技术形态。如均线系统呈典型的多头排列，主要技术指标处于强势区，日 K 线连续飘红收阳。

（5）在同一交易日开市后不久或收市前几分钟最易出现拉升现象。这主要是因为中小散户在刚刚开市时和闭市前并不知道自己所持的某只股票会上涨或下跌，成交意愿比较清淡，所以此时挂出的卖单较少。主力在这两个时刻只需动用很少的资金就可将散户的抛单统统吃掉，从而轻易达到拉升效果。另外，在尾市时拉升经常带有刻意成分，其目的主要是为了显示主力的实力，吸引散户注意和跟风，或者是为了做 K 线图欺骗散户。

二、主力拉升的过程

主力启动拉升股价，需要等待合适的机会，如果选择拉升的时机不当，往往事倍功半，不能够顺利实施坐庄的计划和操盘方案。大多数主力总是选择大盘处于上升趋势或即将开始上升的时候启动拉升股价；也有的主力喜欢在大盘指数虚弱时表现强势，以吸引大量的短线资金，从而轻松拉升股价。还有少数恶庄股经常欺骗散户，专门在大盘下跌的时候大涨，等到大盘走稳之后便逢高出货。主力从建仓完毕到启动拉升，再到目标价位，通常需要做几个波段，并且每一个波段处于不同的高低位置，也有不同的操作手法。

（1）第一波拉升，拉离主力建仓成本区。在日 K 线图上，股价从长期潜伏的底部突破向上；在周 K 线图上，价升量增，周成交量一般可以达到前 5 周平均成交量的 5 倍以上，而股价并不会上升太高。由于前期股价低迷、股性呆滞，此时在最初启动的 1 ～ 2 个小时内跟风盘极少，反而上面挂出的抛盘较多，主力只是连续买入，扫掉所有的抛盘。

主力对第一波的目标高度很多时候是随机决定的，所以普通投资者很难预料股价第一波的上升高度。长期底部横盘的股票在刚刚向上突破的时候，很容易吸引散户跟进，在随后的时间内，主力只需要在关键时刻，如当天均价位、60 分钟超买点、中长期移动平均线等处稍微拉升，就可以将股价拉出大阳线。此时主力会经常使用大手笔对敲，即先挂出几千手或几万手的卖盘，几分钟后一笔或分几笔买入，以达到放大成交量、吸引市场的注意或显示实力的目的。

需要注意的是，往往独庄股和多庄股的第一波拉升高度是有区别的。独庄股操作起来相对简单，只要没有意外情况出现，一般都能轻而易举地达到目标价位，即从底部上升25%～35%，此时主力的持仓量最多时可能是流通股数的60%以上。多庄股的情况就相对复杂一些，由于庄家相互之间的利益冲突，主力拉升时消耗的资金会更多一些，并且短期获利丰厚的庄家可能会独自套现，在这种相互牵制的情况下，第一波的幅度可能会低一点。有时在股价启动阶段，成交量会出现天量，股价以很陡的角度上升，这可能是多个主力在哄抢筹码的表现。

（2）经过充分调整，主力后续资金到位，启动拉升第二波。在这个阶段主力根据自己的持仓情况决定股价上升的速度。仓位重的拉升速度迅猛，仓位轻的拉升平坦，这时主力最关注的是拉升以后的出货空间。

根据投资者追涨的特点，主力根本不用担心没有跟风者。由于筹码被大量锁定，主力所要做的就是顺势而为，按照原计划进行操作。有的庄股走出的K线组合十分流畅，有的主力故意上打下拉，折磨持仓散户出局，吸引场外投资者进场，从而提高散户持仓成本。主力有时为了吸引散户的注意力，经常会采取逆势走高和顶风作案的操作手法。为了把股价拉升到自己的目标位，主力和上市公司会紧密配合。因为主力此时最害怕的是基本面突变，一旦基本面走坏，跟风资金就会急剧减少，出货操作将难上加难。另外，在这个阶段，上市公司为了配合主力拉升股价，会公布一些利好或利空消息，加大股价震荡力度。

从盘面上看，拉升行情开始的时候，股价通常呈现出大涨小回的走势，往往是涨3天，回档整理1天，再涨3天，再回档整理1～2天，如此反复，一个个波段便组成了一段上涨行情。在成交量方面，成交量随着股价的上涨不断增大，股价回调成交量就萎缩。当股价继续上升，成交量无法持续放大的时候，投资者就应该关注后市的走势，上升行情很有可能在近期结束。没有成交量的支持，股价的上涨只是虚涨。

总而言之，股价在拉升过程中会呈现出换手积极，量价配合健康，K线呈现出中、大阳线和中、小阴线交错分布等特点。在放量上涨时，如果股价沿着5日移动平均线上行，就可以放心持有；当股价下跌时，成交量萎缩，若能够在

10日或30日移动平均线处止跌企稳，当成交量再次放大可以继续跟进。直到有一天收出一根放量阴线，高开低走，可能标志着股价的头部即将来临。

三、主力的拉升手法

主力拉升股价经常会采取的手法有如下几种。

1. 夹板式

在当日股价上攻时经常在"买五"和"卖五"位置上同时挂出大单，之后把买、卖价位不断上移。与此同时，在分时曲线图上经常沿45°角的斜率上推。

2. 直拉式

主力经过充分建仓，开始打压股价进行洗盘，直到成交量极度萎缩。此时主力会出其不意，急速直线拉高股价，脱离主力成本区，表现在K线上，通常是连续涨停的跳空阳线，此类主力一般实力强劲，喜欢急功近利式的短线凶悍炒作。如图5-5所示。

图5-5

3. 台阶式

当主力不具备控盘的实力，或者由于关联单位涉及面广，无法保证绝对不走漏消息，故采用台阶式拉升手法，尽量减轻上行时的压力。表现在K线上，通常是一根大阳线拉高，之后数日的小阴、小阳K线进行整理。每隔一段时间股价就上一个台阶。如图5-6所示。

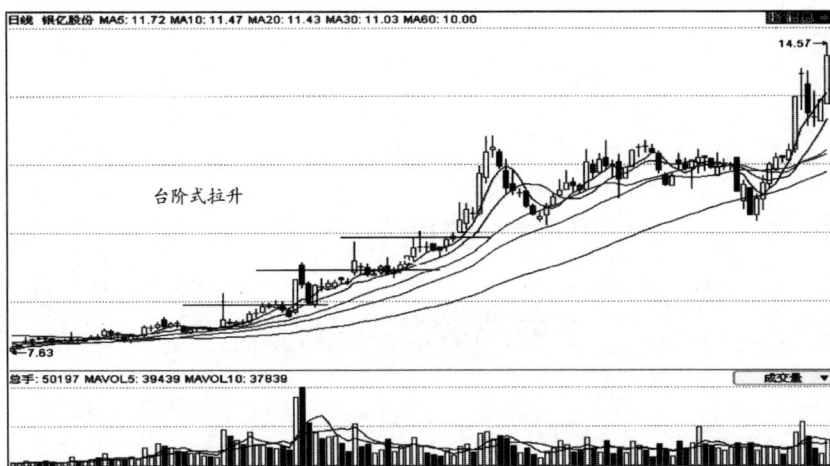

图5-6

4. 波段式

此类主力一般较具耐心，多为中长线坐庄，故采取循序渐进、稳扎稳打的手法。如图 5-7 所示。

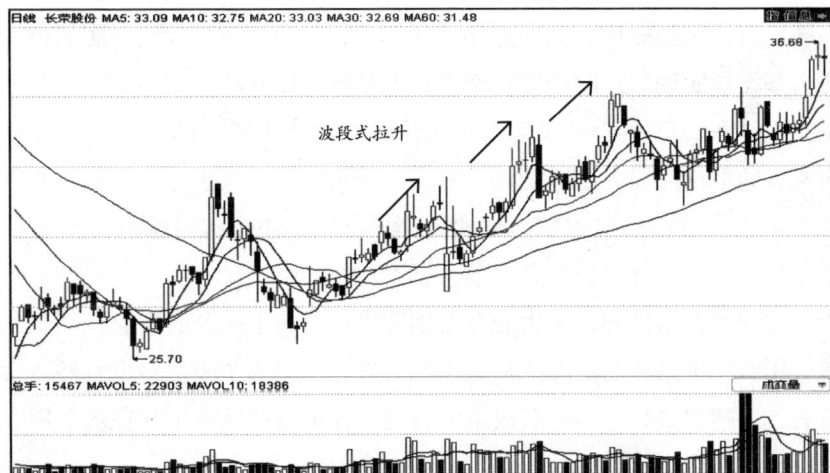

图5-7

由以上分析可以看出，主力在拉升股价的过程中，盘面会表现出一些常见的特征，比如常常会在通过前期某一阻力位时，通过震荡整理以消化该阻力的压力，而且突破之后将会展开一轮新的上涨行情。大多数情况下，在拉升股价过程中经常会出现跳空高开形成的上攻缺口，且短线不予回补。拉升过程中，经常在中、高价位区连拉阳线，加速上涨，吸引散户投资者跟风。

第四节

主力洗盘之K线形态

每一位投资者都希望自己买进的股票可以安全快速地实现盈利，然而，在实际操作过程当中却往往事与愿违。很多投资者本已选中了黑马，却因走势怪异而斩仓离场，然而离开后股价却又迅速拉升起来，错过了本来可以到手的利润。这种痛苦的过程相信大多数投资者都经历过。只有投资者领会了主力洗盘的操作手法，才可以避免这种现象的再次发生。主力建仓完毕后，掌握了大量的筹码，不可能一味地盲目拉高股价，因为这样操作的话，就会使散户投资者赚到市场中的钱，主力却无法赚到散户的钱，这在逻辑上是不能成立的。

基于上述理由，我们可以知道主力洗盘有两个主要目的：第一，可以垫高其他投资者的平均持股成本，把浮动筹码清洗出去，以减少进一步拉升股价的压力；第二，主力洗盘的过程中，通常是高抛低吸，主力也可赚取一段差价，以弥补其在拉升过程中付出的较高成本。

为了达到洗盘的目的，主力必然会制造出行情向下的盘面假象，甚至凶狠的跳水式打压，吓出信心不足的散户筹码。另外，主力为了吸引一批看好后市的投资者持股，以达到垫高平均持股成本的目的，在关键的技术位往往会动用资金进行护盘操作。

一、主力洗盘的主要方式

很多投资者在买进某种股票以后，由于信心不足，经常被主力洗盘出局，事后看着股价一直上涨又懊悔不已。投资者对于主力的洗盘技巧务必熟知，而主力的洗盘方式不外乎下面几种。

1. 震荡式洗盘

主力在阴阳交错的 K 线组合中洗盘，以大幅震荡的方式高出低进，迫使散户低出高进，反复多次以后，使盘中的浮动筹码减少。如图 5-8 所示。

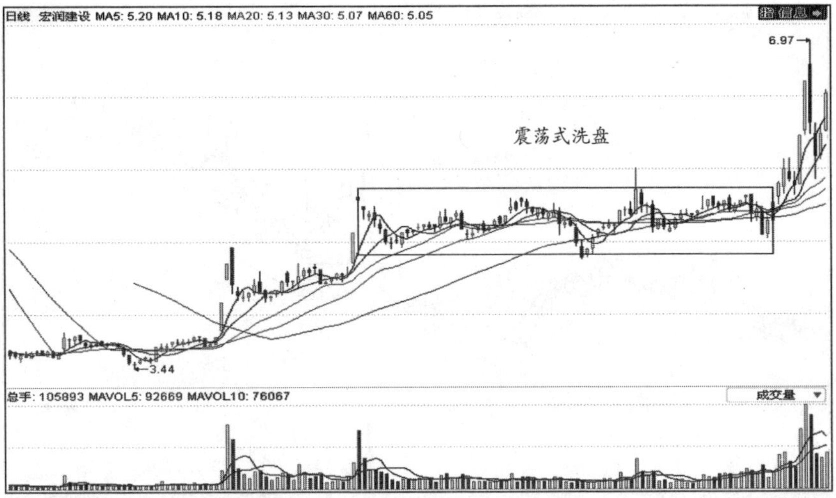

图5-8

2. 打压式洗盘

主力以凶狠向下的方式往下猛砸股价，做出一根大阴线，让散户投资者相信后市看空，从而抛售股票。然而这种跌势往往只是暂时的，股价并不会继续下行，而是很快翻转向上，让前期出逃者追悔莫及。如图 5-9 所示。

图5-9

3. 跌停式洗盘

股价出现跌停，引起持仓的投资者惊慌失措，胆小者更是割肉逃命，主力顺利达到震仓的目的。如图 5-10 所示。

图5-10

4. 高开巨阴式洗盘

股价跳空高开，然后一路下滑，主力将所有抛单尽收囊中，收盘在当天的较低价位，形成一根中阴线或大阴线。如图 5-11 所示。

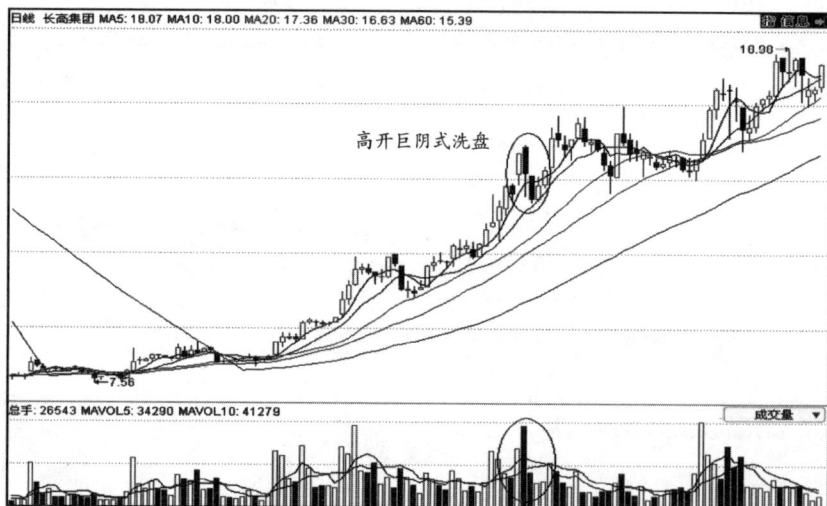

图5-11

5. 冲高回落式洗盘

主力把股价拉高后又使其回落，留下长长的上影线，制造出见顶的假象，使散户认为股价到顶，从而卖出股票。如图 5-12 所示。

洗盘阶段，从盘面上看，股价大幅震荡，阴线、阳线夹杂排列，也经常出现带有上下影线的十字星，市势不定甚至偏弱，股价一般维持在主力持股成本的区域之上，成交量较无规则，但有递减趋势。若投资者无法判断，可关注 10 日移动平均线，非短线客则可关注 30 日移动平均线；按 K 线组合的理论分析，洗盘过程即整理过程，所以图形上也都大体显示为三角形整理、旗形整理或矩形整理等形态。

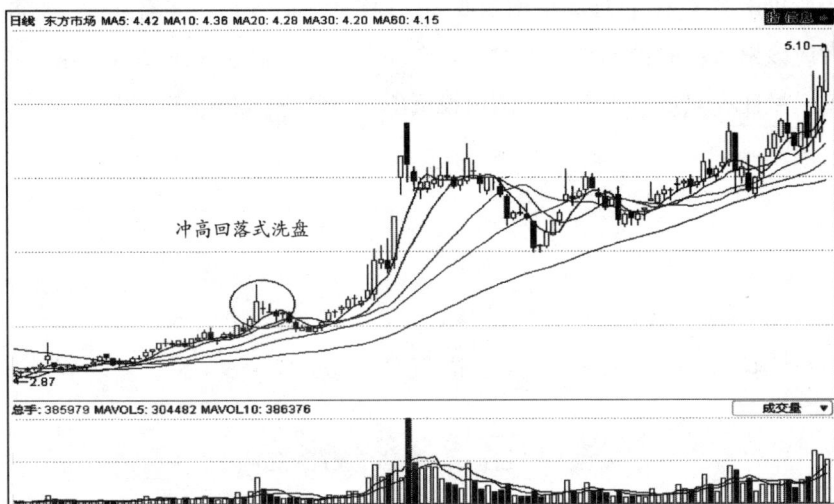

图5-12

二、主力洗盘的时机选择及操盘手法

介绍了主力洗盘时使用的各种手法，投资者还需要了解以下有关面对主力洗盘时的体会心得：

（1）主力经常借助投资者对大盘走势判断产生困惑时进行疯狂地洗盘。每当大盘经过底部整理，刚刚向上拉起时，市场中看空者仍占多数，大多数投资者的心态也还没有从前期股市下跌的恐惧中恢复过来，这时股价只要稍微向下，就很容易就把自己的宝贵筹码送给了主力，从而让主力轻松地完成洗盘的过程。

（2）主力经常使用利空消息顺势打压股价，让散户投资者在利空的恐吓下交出手中筹码。此时，主力只会动用手中少量的筹码，将股价向下打压，待散户投资者割肉出场，主力才会迅速拉高，收复失地。投资者只需细心观察成交量的变化，就可以判断出主力洗盘的伎俩。上涨放量，下跌缩量，绝不是主力真正的出货，而实际是在洗盘。

（3）主力经常利用散户对技术指标的理解，进行疯狂洗盘。随着股票知识的普及，大多数散户投资者都学习了许多的技术知识，主力就利用技术指标的指向功能，反其道而行之，常常将投资者的判断否定，让投资者总是卖在低点、买在高点。

（4）主力通过对倒等操盘手法，制造放量下跌的局面，将散户投资者恐吓出场。当股价砸破了 10 日移动平均线或 30 日移动平均线，并放出巨量，这时散户投资者应该思考：股价下跌过程中，是谁在股价相对高位大量接盘？除了主力对倒，就是换庄，只要有主力在，散户投资者就应该有信心持股待涨。

第五节

主力出货之K线形态

"会买的是徒弟，会卖的是师傅"，实际投资过程中，真正掌握卖出股票技巧的投资者并不多见。跑得快的股民惋惜捡了芝麻丢了西瓜，而跑得慢的股民又时常错过高价卖出的良机，甚至盈利变成亏损。除了因发生意外的利空消息或者受贪婪心理支配等因素造成投资失误以外，大多数的投资者是被主力在出货时刻意做出的骗线伎俩和放的烟幕弹所迷惑因而贻误战机。

一般情况下，主力出货之前都会通过媒体宣传，将个股的题材再次炒热，让散户投资者认为后市还有上涨空间。同时，主力将股价在此拉高，或做出向上突破的态势，让投资者确认自己判断正确。主力在悄悄设好陷阱之后，出货也就变得轻而易举了。

一、主力常见的几种出货方式

主力在进行出货操作时，通常使用以下几种手法。

1. 杀跌式出货

杀跌式出货是主力出货手法中最凶狠的出货方式，需引起投资者高度警惕。当股价前期已有较大的涨幅，主力已经有巨大的盈利时，为了回避突发式的风险，主力会采取这种出货方式，股价短期内就会出现大幅度的跳水走势，让来不及逃走的投资者蒙受惨重的损失。如图5-13所示。

图5-13

2. 拉高回落式出货

随着股价的逐渐走低，市场上的买盘逐渐减少，主力为了在高位出货，通常会先拉高股价，然后再采取杀跌的方式进行出货操作。如图5-14所示。

3. 高位横盘出货

主力为了在相对高位出货，经常会在股价相对高位维持横盘走势，悄悄进行派发。一般主力持筹较多，很难一次性出清。此种手法较为隐蔽且具有欺骗性。如图5-15所示。

4. 除权后出货

除权后出货是指主力在个股除权后，利用投资者贪恋填权行情的心理进行出货的一种操作手法。如图5-16所示。

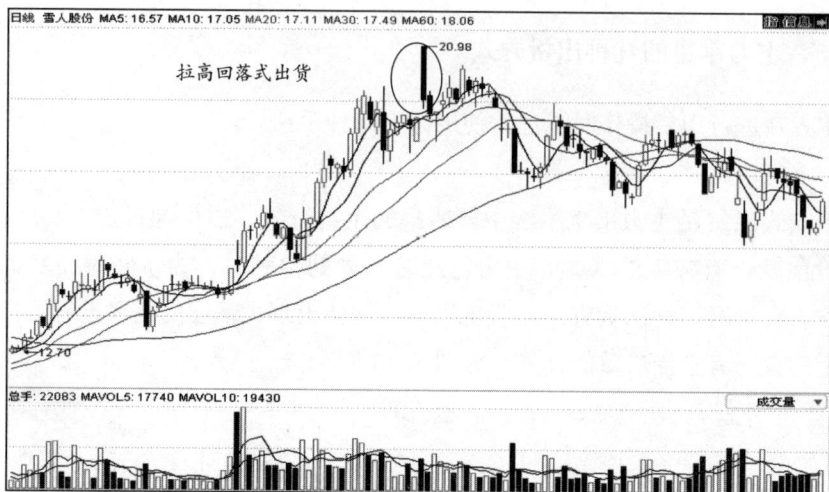

图5-14

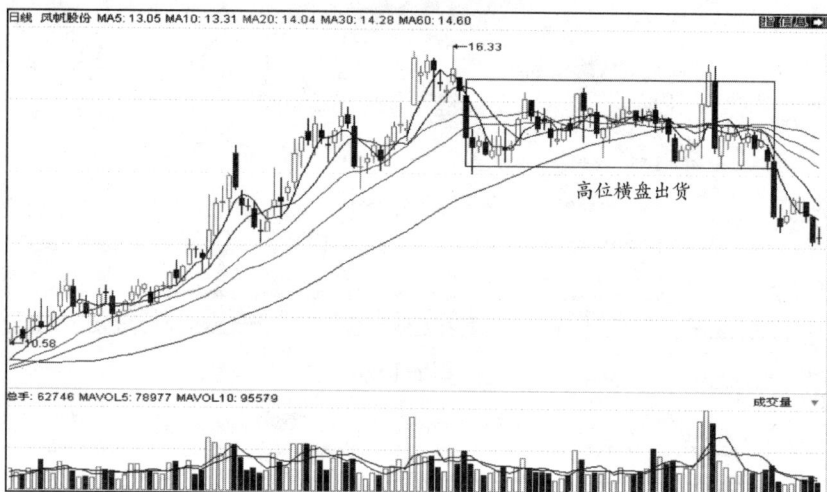

图5-15

5.涨停板出货

利用涨停板出货，即先用大买单封住涨停板以吸引散户追买，然后伺机突然撤单打开涨停板，把追涨的买单全部罩住。如图 5-17 所示。

从以上几种出货方式可以看出，在主力出货的时候盘面会表现出一些特征，如在高位接连拉出一些中、大阴线；K 线组合在高位呈现出阴阳相间的排列组合；经常出现高位放量拉大阴线、长上影线，缺口向上的十字星等 K 线形态；K 线图（及均线系统）在高位出现圆弧顶、三重顶、头肩顶、M 头、U 形顶、V 形顶等形态。

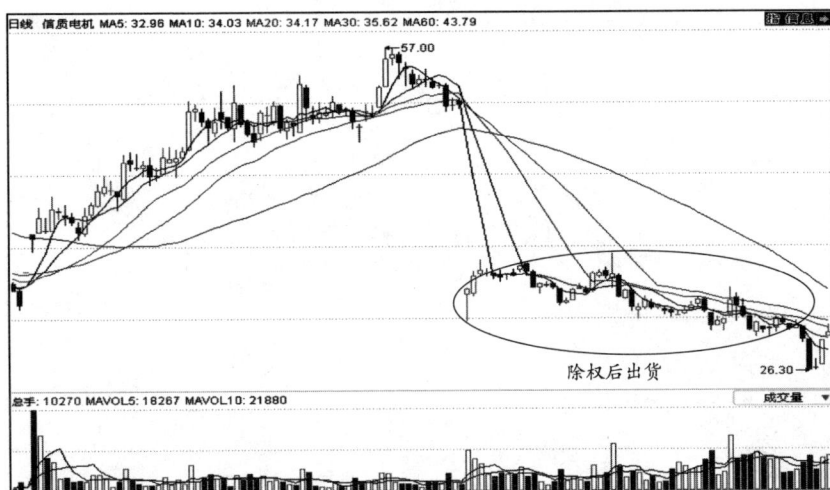

图5-16

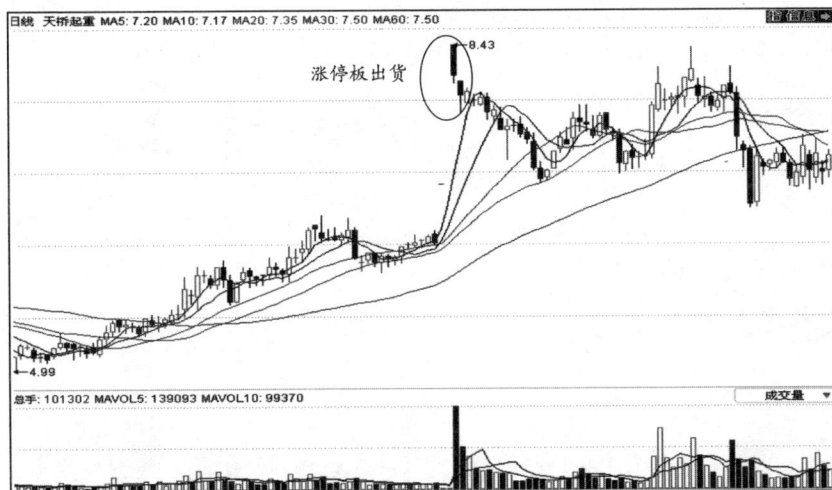

图5-17

二、出货与洗盘的区别

为了有效地识破主力洗盘和出货不同的操作手法，散户投资者必须了解洗盘与出货的区别（图5-18、图5-19）：

（1）成交量方面。洗盘时成交量明显萎缩；出货时成交量放大。

（2）均线方面。洗盘时移动平均线仍然向上呈多头排列；出货时多头排列已被破坏或开始向下。

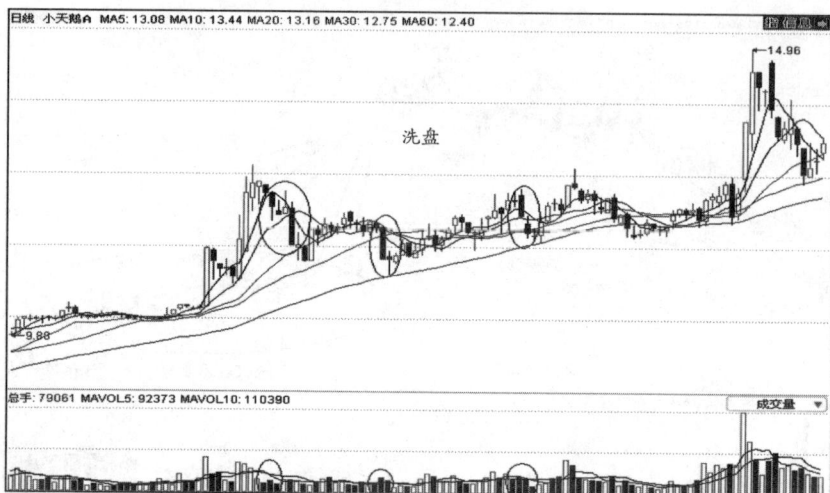

图5-18

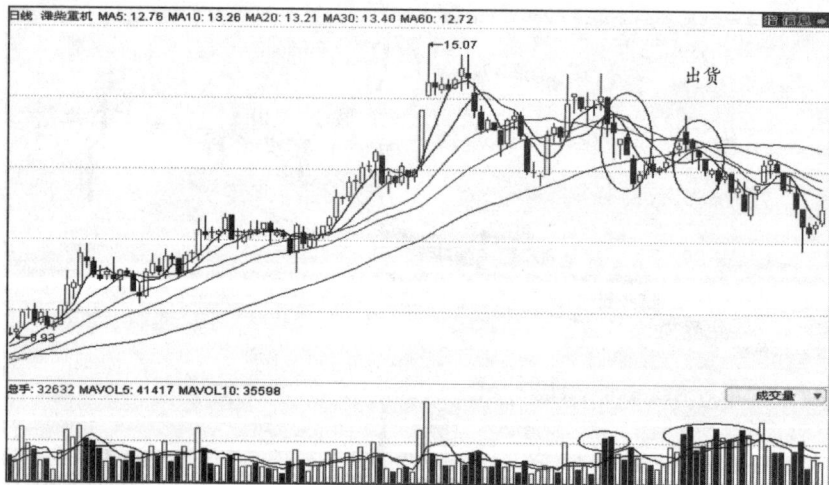

图5-19

（3）是否护盘。洗盘一般在中低价区不有效跌破 10 日移动平均线，在中高价区不有效跌破 20 日（或 30 日）移动平均线；出货时一般会迅速跌破 5 日、10 日等短期均线，且在高位出现 5 日、10 日、30 日移动平均线死叉。

（4）日 K 线方面。洗盘时一般不会连续出现大阴线，最多拉 2 ~ 3 根中、小阴线；出货时经常出现连续的中、大阴线。

（5）震荡幅度（即当日高低点之差价）。洗盘一般震荡幅度较小；出货一般震荡幅度较大。

（6）主力的获利空间。洗盘时主力获利一般小于20%；出货时主力获利一般大于50%，甚至100%。

（7）当天外盘与内盘成交量对比。洗盘时外盘与内盘成交手数差不多；出货时一般内盘成交手数大于外盘成交手数，且成交明细中常有大卖单出现。

―――――――― 本 章 操 作 提 示 ――――――――

（1）K线是市场参与者中的主力与主力以外的投资者心理行为博弈的结果记录。

（2）主力建仓留下的K线形态有三个特点：牛长熊短、红肥绿瘦、窄幅横盘。

（3）股价拉升过程中，换手积极，量价配合健康，K线呈现出中、大阳线和中、小阴线的交错分布。

（4）洗盘阶段，从盘面上看，股价大幅震荡，阴线、阳线夹杂排列，也经常出现带有上下影线的十字星，市势不定甚至偏弱，股价一般维持在主力持股成本的区域之上，成交量较无规则，但有递减趋势。

（5）正确区别主力出货和洗盘，实现与庄共赢。

第六章

大盘指数K线形态分析

上证指数凭借股票价格的波动，反映出股票市场的起落，以体现一国经济的盛衰。它是一种加权市值指数，以基期市值为100来衡量当期市值的相对指标，衡量当前市值相对基期市值的变动水平。由此可见，在操作个股的时候，一定要结合指数环境进行分析。只有正确分析了个股的指数环境，才能更加准确地把握好个股的进场和出场的有利时机。

一、指数缩量下跌分析

指数在下跌过程当中持续出现缩量说明了什么问题? 仔细观察可知, 这种现象一是表示资金已经完成了撤离; 二是投资者不认可当前的点位, 故没有入场做多的打算。在下跌过程中如果资金没有入场, 成交量便不会形成放大的迹象, 那么指数则难有上涨的动力。

许多投资者在指数下跌过程中产生亏损的主要原因就是投资者在指数缩量区间操作错误, 从而在后期的继续下跌过程中出现了亏损。这一点投资者一定要引以为戒。

下面主要以上证指数为例。图 6-1 为上证指数在 2018 年 1 ～ 8 月的走势图。

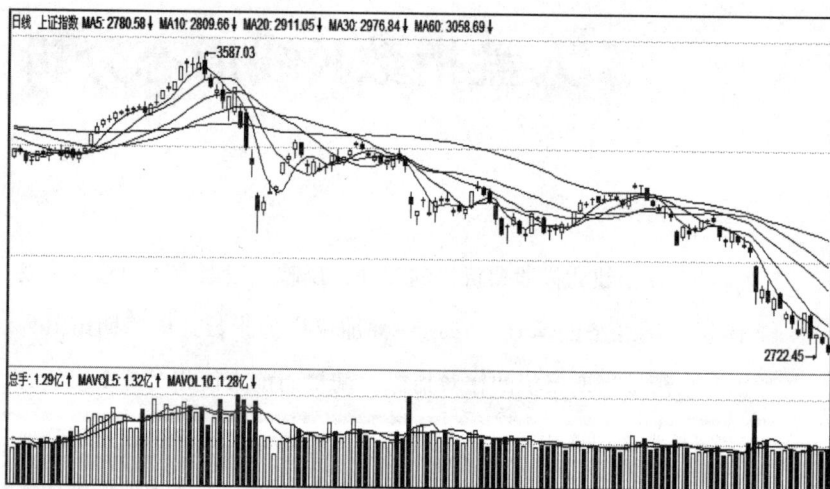

图6-1

从图 6-1 中分析可知:

(1) 已经形成指数大的下降趋势, 则低点区间不见足够的放量现象, 指数很难形成真实可靠的上涨。

(2) 指数在下跌过程中成交量持续呈现萎缩状态, 表示没有资金入场, 指数没有上涨的动力。

(3) 判断量能萎缩与否的标准是: 与前期波动时的成交量以及成交额进行对比。

(4) 在指数持续的缩量下跌区间不适宜持有股票, 被套的投资者要严格执行止损操作。

图 6-2 为上证指数在 2019 年 2 ～ 9 月的走势图。

从图 6-2 中分析可知：

（1）指数有前期出现了明显的顶部特征，在指数高点区间可以发现资金撤离的迹象。

（2）下降趋势一旦形成后，成交量会出现连续萎缩现象，在下跌过程中没有资金入场建仓的迹象。

（3）在指数下跌的初期阶段，成交量一旦出现萎缩的迹象，投资者需要及时地抛出持有的股票。

（4）进行止损操作的最佳时机是在量能出现萎缩的初期，指数没有跌出足够的空间，资金不会轻易入场。

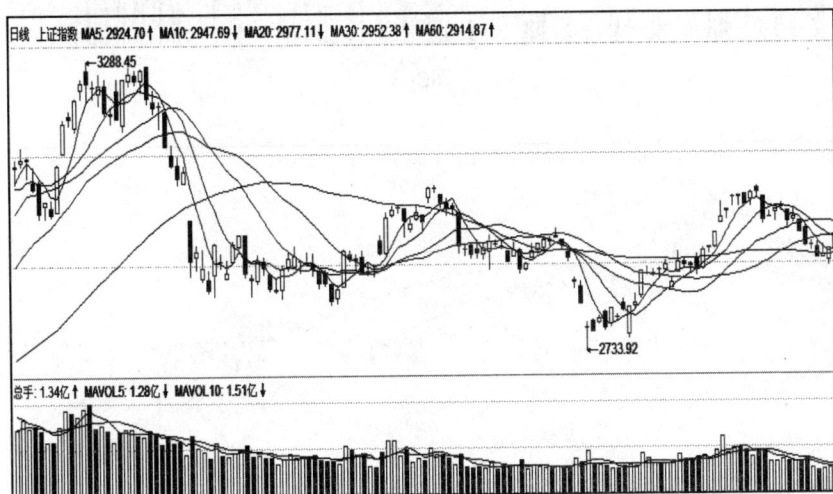

图6-2

图 6-3 为上证指数在 2019 年 11 月至 2020 年 5 月的走势图。

从图 6-3 中分析可知：

（1）指数配合利好展开了短线快速的上涨，而后高位形成放量滞涨现象，投资者对这种走势必须引起重视。

（2）在指数弱势向下震荡的时候，每当阴线出现成交量都会形成明显的放量迹象，这说明资金在盘中出货的迹象十分明显。

（3）破位后的下跌过程中，成交量依然呈现相对放大的走势，在下跌的低点区间资金仍然在积极离场，由此可见，在这个位置并不会形成真正的底部。

（4）出现放量下跌现象时，投资者应该尽早回避。

图 6-4 为上证指数在 2018 年 1 ～ 8 月的走势图。

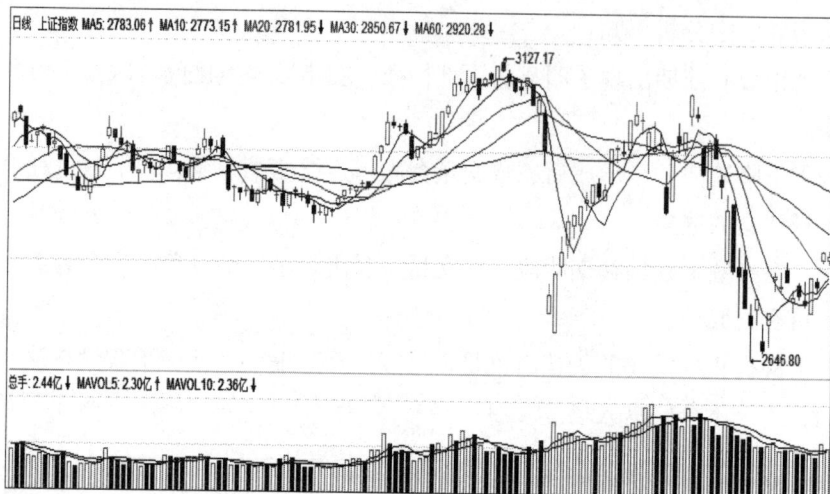

图6-3

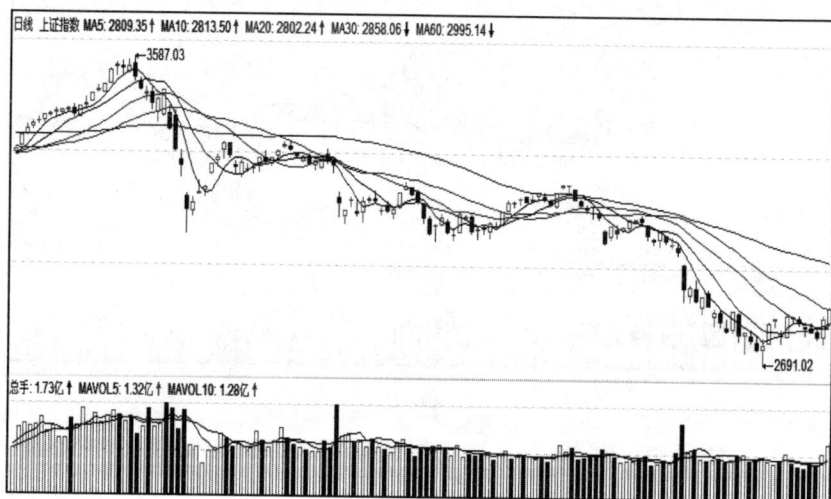

图6-4

从图 6-4 中分析可知：

（1）若在指数高点区间出现过一次放量阴线，则预示着风险的出现，高点区间出现放量阴线，虽然股价不一定马上下跌，但也应该引起投资者足够的重视。

（2）上涨行情宣告结束，指数行情开始出现短线暴跌，在下跌的期间，成交量明显放大，这说明资金出逃力度十分大，反之亦然，越是大力度的出货就越容易引起指数的暴跌。

（3）放量下跌说明抛盘巨大，若没有充分的做多资金与之抗衡，指数将会在后期持续下跌。

（4）投资者面对放量快速下跌的形态，虽然资金缩水严重，仍然必须及时撤资回避；否则，更长周期的后期下跌将会使资金出现更为严重的亏损。

二、高位放巨量风险大

当资金具有控制股价以及指数的能力时，这些资金就可以在底部来临之前完成建仓的操作。因此，这些资金也就对风险具有先知先觉的远见，当风险真正到来的时候，可以有效规避。而当这些资金集体出逃时，就造成了指数以及个股的下跌。

无论资金是出逃还是建仓，都会造成成交量的放大，不同之处在于建仓的量能放大处于低位，而出货的量能放大处于高位。如果投资者在上涨的高位形成了放量迹象时入场进行操作，就会被轻易套住。

图6-5为上证指数在2018年2～9月的走势图。

从图6-5中分析可知：

（1）在指数底部形成后出现反弹时，成交量处于十分温和的状态，而这种低位温和的放量将有利于指数在未来持续的上涨。

（2）指数上涨到前期高点的压力区间后，成交量创下阶段性天量，但投资者此时更应该分外小心，放量冲高常常是风险信号的预示。

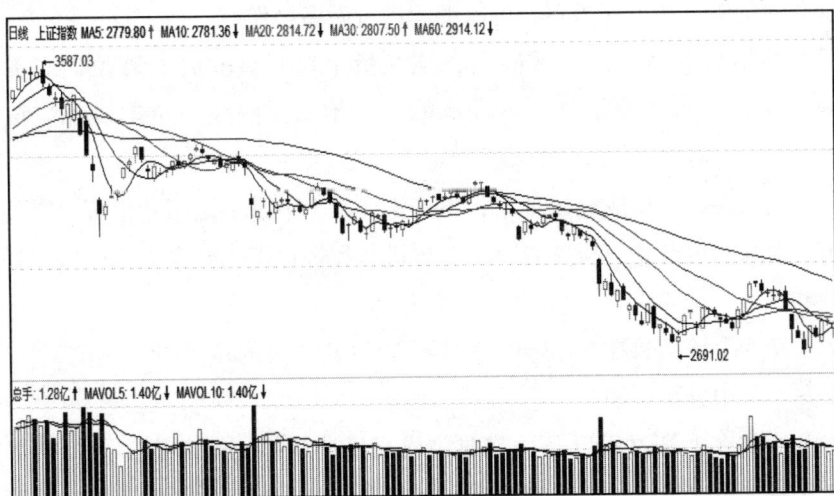

图6-5

（3）当放大的成交量不仅没有导致第二天指数的上涨，反而呈现大幅度下降的趋势时，这种走势更进一步预示着短线风险的来临。所以，不能简单地认为在短线反弹的高点区间出现放量就是好事，投资者若查看当时的盘面，一定会发现有大量个股出现高换手率。

图 6-6 为上证指数在 2019 年 8 ～ 12 月的走势图。

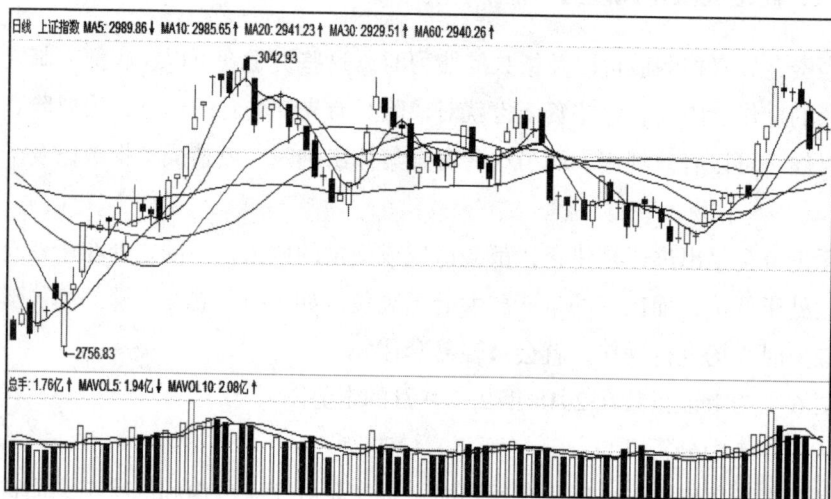

图6-6

从图 6-6 中分析可知：

（1）当指数处于上涨趋势时，通常量价配合十分完美，投资者面对上涨途中量增价升的走势不必十分担心，可以继续进行做多操作。

（2）当指数上涨到高位区间后，成交量呈现明显的放大迹象，应关注近期的成交量，一旦成交量创下近期高峰，则不管是阴线还是阳线都应该十分警惕。

（3）指数在高点形成放量现象，不一定会马上下跌，庄家的出货也需要时间与空间，但从高位开始，投资者就不要再进行积极地做多操作了，而应该择机减轻仓位。

图 6-7 为上证指数在 2018 年 12 月至 2019 年 4 月的走势图。

从图 6-7 中分析可知：

（1）指数在上涨过程以及反弹时，成交量持续稳定的走势，不管指数怎样涨，成交量都不改变温和放大这一规律，此现象表明，此时资金在盘中仍有做多的兴趣，资金还没有流出的迹象。

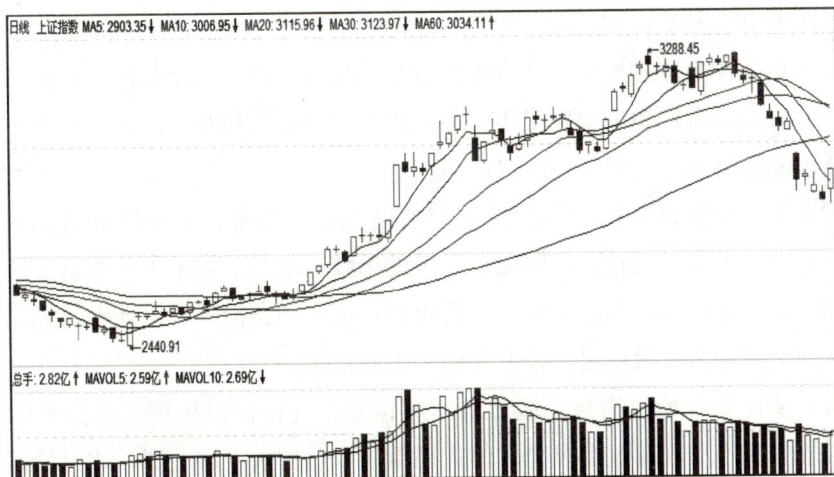

图6-7

（2）指数上涨到高位以后，末期的阳线就会呈现出放量迹象，而场中资金此时会借助上涨吸引来的人气悄悄出货，有明显分歧的资金操作引起成交量的不规则变化。

（3）阳线放量后，庄家会做减仓及出货的操作，指数位置与成交量成正比，这也和未来的风险系数成正比。

（4）投资者必须在高点形成放量时回避，即使将来还会上涨，也应该要耐心等到量价配合恢复到正常状态时再入场操作。

图6-8为上证指数在2019年11月至2020年3月的走势图。

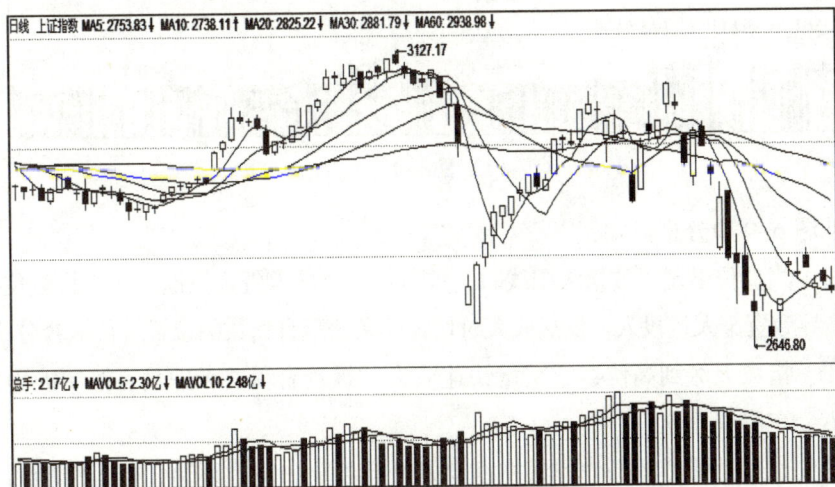

图6-8

从图 6-8 中分析可知：

（1）指数在上涨过程中，还有单根放量的现象出现，而指数的上升趋势十分明显，并且放量后调整的幅度很小，在这种放量而指数很难跌下来的形势下，当指数整体涨幅较小的时候，仍然可以做多。

（2）当指数上涨到高位区间并受到前期低点压力时，会导致成交量空前放大，同时这一天会出现较大的跌幅，巨量的下跌显示出了资金出货的真实意图。

（3）巨量下跌后的上涨又有可能是投资者在入场，但若后量低于前量，说明这个区间上涨还不是很稳定，投资者仍需小心。

（4）从巨量开始，指数会缓慢地形成顶部，高位巨量出现后若指数随之下跌，投资者很容易规避这类风险，但往往巨量以后指数继续上涨，此时最易迷惑投资者，必须三思而后行。

图 6-9 为上证指数在 2019 年 6 ~ 12 月的走势图。

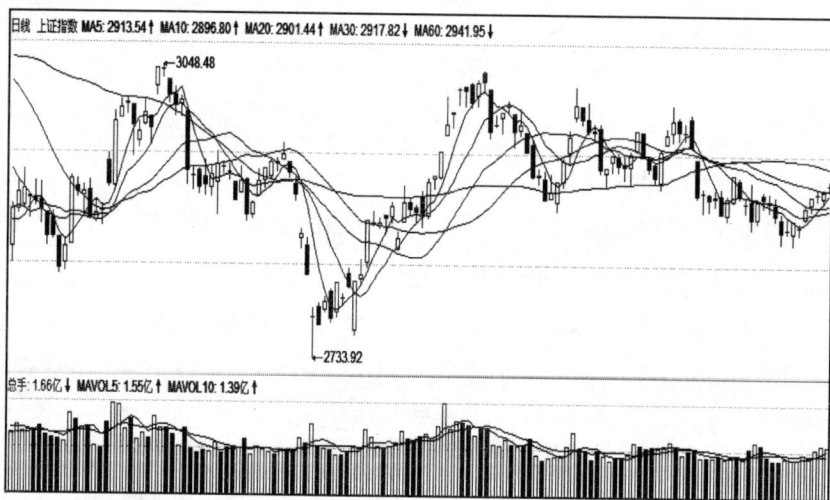

图6-9

从图 6-9 中分析可知：

（1）当低位出现了放量大阳线时，放量并非意味着资金撤退，由于指数位置的原因，导致资金大量投入。量能放大时切记要紧密配合指数的位置进行综合分析。

（2）指数上涨到高位，成交量快速放大，投资者需要考虑具有控制能力的资金会不会在高位建仓。

（3）普通投资者的操作方法往往会是低点不买，高点再追，但有经验的主流资金是不会这么做的，高点时放量会把低点的量能完全置换出来，低点时投进的资金将在高点顺利完成出货的操作。

（4）高位放量现象形成以后，如果成交量在后期出现萎缩现象，此时投资者一定要马上撤出，否则任何希望都会变成灾难。

三、无量反弹大阳线

在底部资金介入区间，大阳线通常会与成交量放大现象一起出现，这意味着资金此时正在盘中做积极的建仓操作；同时，在上涨过程中的成交量也会呈现放大的趋势，这表示场外资金做多的想法在不断上升，随着指数的上涨，许多投资者将介入其中。

在下跌途中，随着大阳线出现，投资者买入以后，指数却出现连续下跌，许多投资者会出现困惑，大实体的阳线也没有带来盈利的机会，反而再次亏损，原因究竟是什么呢？这是因为成交量出现变化所导致的。

图6-10为上证指数在2018年10月前后的走势图。

图6-10

从图6-10中分析可知：

（1）指数下跌到低点区间，会在前期反弹时形成较大的成交量，在量能放大指数上涨的区间适宜进场操作。

（2）通过短线调整，指数会再次上涨，然而，2018年10月第二轮的上涨却引起了后期破位走势的出现，投资者面对这种走势时，必须着眼于成交量的分析，虽然指数阳线的实体较大，但是成交量却没有和上涨指数同步进行，这表示资金并没有真正认可当前的上涨，这就大大限制了资金的入场，后量无法超过前量，从而指数也就不可能创出新高。

（3）量能放大与否是相比较的结果，而不仅仅是单一的数字，投资者必须把当前的放量与前期的放量相对比，只有通过对比才能判断出放量的真实性。

图 6-11 为上证指数在 2018 年 7 月前后的走势图。

从图 6-11 中分析可知：

（1）最容易吸引投资者的时机是在连续下跌后的大幅度反弹之时，首先缓解了解套的压力，其次又为短线盈利创造了机会。不过，投资者仍需谨记：指数的风险并不会体现在股价上涨之时。

（2）指数某一天反弹幅度很大，但是成交量与前期相比却明显地减小，若真是处于底部，资金为什么还不愿入场做多？由此可见，并不能迷信无量反弹的阳线。

图6-11

（3）投资者在较大下降趋势中，没有必要关注阳线的具体涨幅，而要对成交量的变化多加分析，量能的大小预示着资金入场是否积极，如果在下跌途中入场的资金有限是没有办法扭转下降趋势的。

四、成交量低于 20 日均量线

指数于下跌途中反弹形成的高位放量是一个有争议的问题，即放量形成后会持续放量上涨多长时间，如何才能判断出哪一天的量才是最大的量呢？本节将为投资者进行详细讲述。

　　主流资金借助放量完成出局操作以后，成交量回归到正常的缩量状态，这里就会有一个切入点。按照这个思路，不难找到解决的方法，即当成交量柱体萎缩在 20 日均量线下面的时候及时离场，这样可以较好地回避风险。

　　图 6-12 为上证指数在 2019 年 6 月前后的走势图。

图6-12

　　从图 6-12 中分析可知：

　　（1）指数在反弹走势形成时，成交量会出现持续放大的迹象，并且成交量柱体连续保持于 20 日均量线以上，只要成交量柱体没有萎缩到 20 日均量线下方，投资者就可以继续做多。

　　（2）反弹高点出现放量现象后，指数停止了上涨，此时，资金的出货操作基本完成，成交量也回归于正常状态，量能柱体开始下降到 20 日均量线以下。

　　（3）当成交量柱体下降到 20 日均量线下方时，意味着资金又没有了做多的热情，量能回归到持续萎缩状态中，此时投资者必须停止继续做多的想法。

　　图 6-13 为上证指数在 2020 年 2 月的走势图。

　　从图 6-13 中分析可知：

　　（1）指数处于上涨途中，成交量柱体一直位于 20 日均量线上方，这表示量能放大有效，对应指数上涨的区间可以积极操作。

　　（2）指数见顶初期形成了放量下跌，虽然量能柱体仍位于 20 日均量线上方，但是放量下跌却是极为可怕的，千万不要以放量下跌站稳于 20 日均量线为理由而持股。

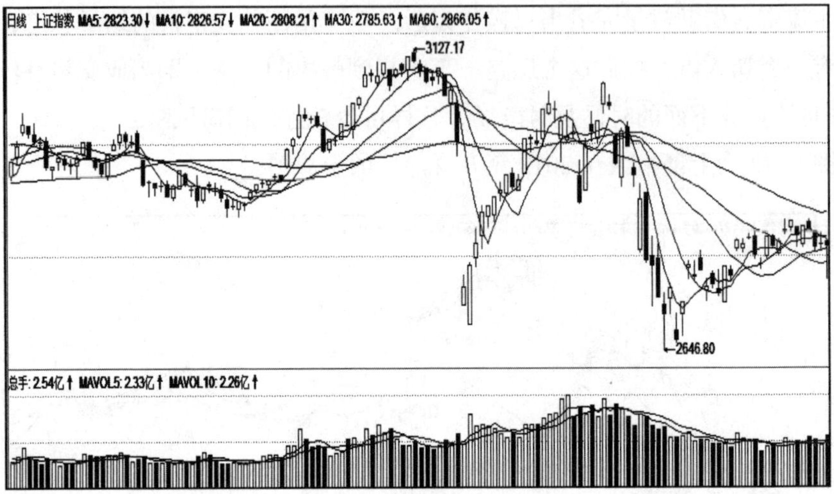

图6-13

（3）下跌过程中，成交量渐趋平稳，量能柱体缩于 20 日均量线下方，这意味着成交量即将持续萎缩，投资者应及时撤离，从而规避风险。

五、下跌中单日放量

在指数上涨的情况下，成交量会相应处于放大的状态，并且呈现连续且密集的放量形态。而在指数下跌的过程中，成交量通常也会出现放量的现象，应该注意的是下跌途中的放量和上涨过程中的放量并不相同，其区别在于上涨过程中的放量是密集又持续的，而下跌途中的放量却不然，而且下跌过程中的放量还很容易引发新一轮下跌的出现。

在下跌过程中进场操作的资金大部分为游资，它们的特点就是赚一点就出场，仅需三四天甚至更短时间就可完成一轮操作，资金运作速度十分快。在它们的影响下，成交量放大，但是，没有持续入场的资金就不会对下降趋势有大的改变，所以，投资者必须对单日放量现象加倍小心。

图 6-14 为上证指数在 2018 年 3 月前后的走势图。

从图 6-14 中分析可知：

（1）在下跌的过程中，成交量长期呈现萎缩的状态，只要量能没有连续放大，投资者就不宜进场操作。

（2）量能的萎缩也不总是呈不变的规律，而是常常有突发性的单日放量现象，这种突发的单日放量常常轻而易举就吞没了投资者的资金，成交量不能密集放大表明资金入场是不持续的，没有连续的推动力，指数依然会延续下跌趋势。

（3）面对单日放量，投资者必须要有好的心态，只要多给指数几天时间就可以把盘面的性质看得很清楚，单日放量如果是真实的资金入场，成交量在后期仍会继续放大，反之，第二天就会出现缩量，从而证明放量只是虚假现象。

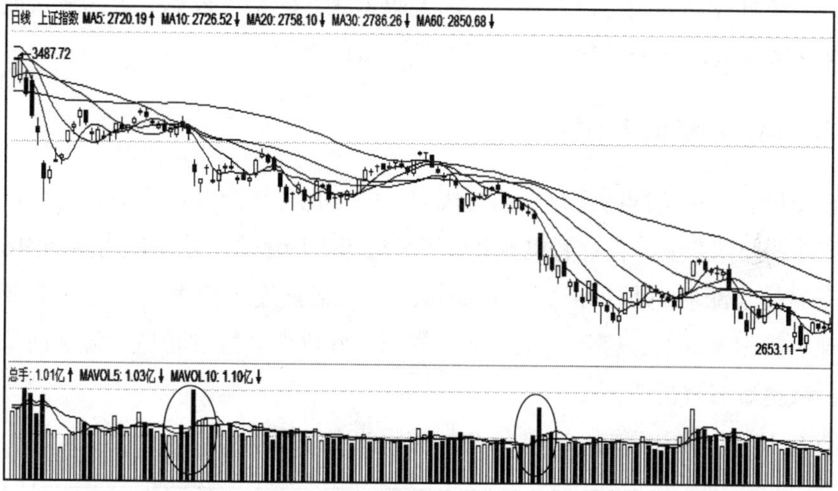

图6-14

图 6-15 为上证指数在 2018 年 7～9 月的走势图。

图6-15

从图 6-15 中分析可知：

（1）指数在下跌过程中，大部分成交量均处于 20 日均量线以下，这表明资金并没有真正建仓操作。主流资金不入场，散户投资者也应该随之空仓操作。

（2）在下跌的反弹初期，成交量并没有出现预期的放大，而在反弹的高点出现了单日放量，投资者结合指数所处的位置，就可以认定资金的操作性质是逢高减仓。

（3）单日放量即使可以对应当天的大幅上涨，但是，仅靠一天的放量或一根阳线无法改变大的下降趋势，投资者必须慎重操作。

六、高位后量低于前量

成交量有多种不同的变化，通过成交量的变化再结合 K 线形态，可以推导出资金当前的操作态度，投资者也就知道了是应当入场做多，还是应当离场回避。

完美的上涨形态是：指数不断创新高，成交量连续放大。凡是在上涨过程中出现走势相违背的，都不会是投资者盈利的好机会。特别是后量低于前量的时候，指数更难有好的表现。

图 6-16 为上证指数在 2019 年 9 月前后的走势图。

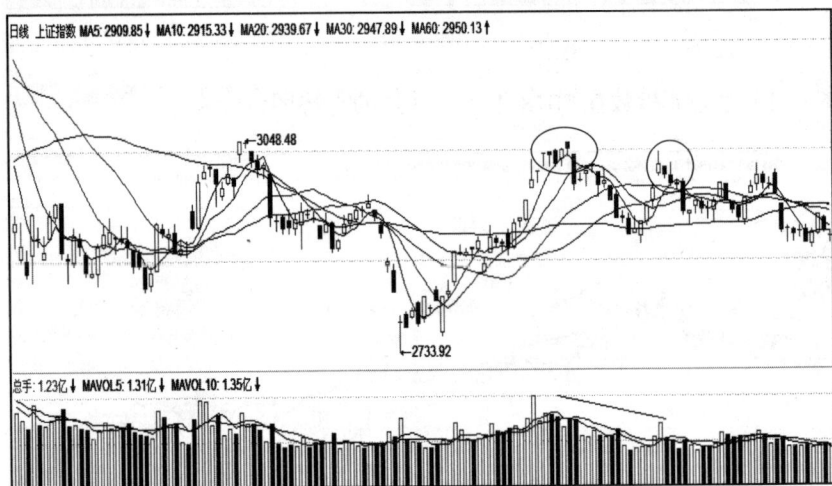

图6-16

从图 6-16 中分析可知：

（1）指数下跌到阶段性的低点区间后，出现了第三次反弹的走势，前两波成交量比较看好，指数第二轮的成交量超过了第一轮上涨的成交量，后量超前量时应该入场进行操作。

（2）而第三轮的上涨，与前两轮上涨时的量能相比，投资者可以很明显地发现成交量较前期出现了萎缩，即后量低于前量，这说明资金对第三轮的上涨并没有真正认可。

（3）后量低于前量表现出两个问题，其一就是表明资金在前期高点已经完成了离场的操作；其二是当前的上涨资金没有了做多的热情。无论是哪一种情况，都对做多操作不利。

图6-17为上证指数在2019年4月前后的走势图。

图6-17

从图6-17中分析可知：

（1）在上涨过程中，指数的成交量和K线走势一直保持着高度的完美配合：指数创新高，成交量与之相配合创下天量，上涨保持不变。

（2）上涨到顶部区间后，虽然指数连续创下新高，但此时成交量却不再与指数进行完美的配合：在指数创新高时，成交量却不再像前期一样随之创下天量，却呈现后量开始低于前量的现象。

（3）后量低于前量，证明市场资金做多的积极性正在减弱，动力减小了，上涨的速度就会随之下降。

七、下跌中利好巨量

在下跌过程中，可以理解投资者盼望市场出现利好消息的心情，似乎是配合投资者的这一心情，在每一轮大幅下跌途中，往往有各种利好消息出现，但让人遗憾的是，下跌过程中市场往往会淡化利好，而放大利空，除了股改与汇改的利好是在指数低点区间推出的，其他下跌行情中的利好消息都没有起到好的作用，甚至会对后期更加凶猛的下跌起到推波助澜的作用。

图 6-18 为上证指数在 2018 年 7 月的走势图。

从图 6-18 中分析可知：

（1）指数在大幅下跌以后，因利好消息出现促使短线快速反弹，当天指数大幅上涨，与指数相匹配的是成交量急剧放大，这引起了投资者追涨的热潮。

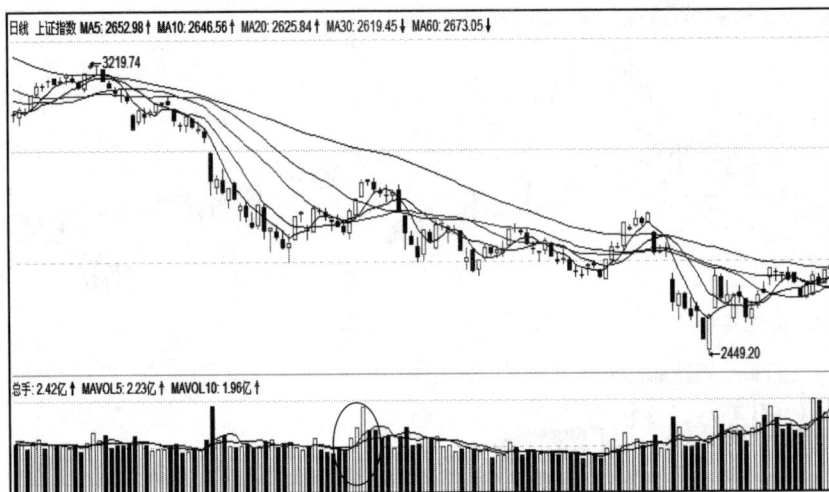

图6-18

（2）成交量的快速下降出现在指数放量后的第二天和第三天，只要用心思考一下，就会明白，资金如果是在做真实的入场，就不可能出现成交量萎缩的现象，而场外的资金也不可能仅在两天时间里就完成了全部的建仓。

（3）不可否认，利好推出对指数短线的走势确实起到了一定作用，但这种利好行情无法转变大幅下跌的走势，相反，却在后期又导致了新一轮的暴跌。

图 6-19 为上证指数在 2020 年 3 月前后的走势图。

从图 6-19 中分析可知：

（1）指数经过连续下跌以后，利好消息相随而来，指数更是呈现大幅跳空高开的走势，当天也基本上以涨停收盘，历史再一次重演。

（2）虽然成交量在利好推出以后会连续放大数日，但是指数却无法在量能放大的情况下相应快速地上涨，相反，却产生了放量滞涨。

（3）在放量仅持续了较短的数日后，量能便再一次陷入了长期的低迷状态，指数也随之在后期回补缺口后再度创下新低。

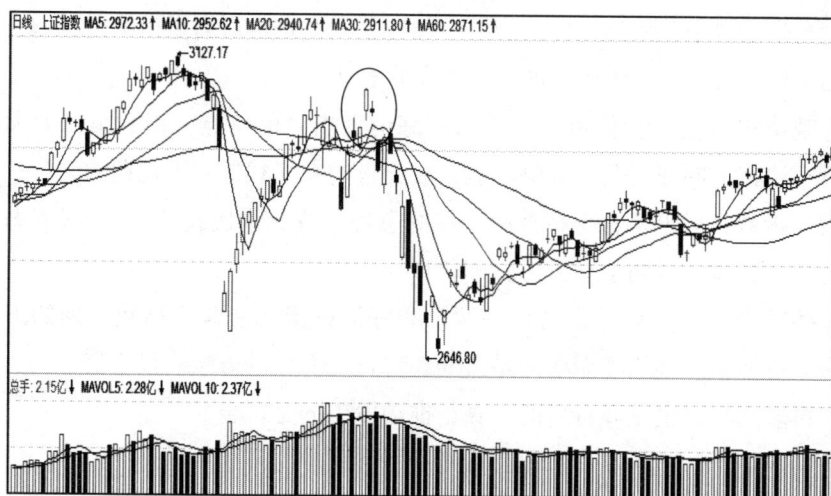

图6-19

图 6-20 为上证指数在 2020 年 3 月前后的走势图。

图6-20

从图 6-20 中分析可知：

（1）在利好推出的第二天，便出现了跳空高开的现象，指数在盘中上冲力度强劲，从表象来看，似乎一切都是美好的，但让人始料不及的是，上涨的结果却是回落的上影线，成交量也形成了标准的单日放量，到底放量长上影线涨的机会大，还是跌的可能性大呢？

（2）第二天指数调头向下，成交量也明显下降，由此可知，利好消息的推出不但没有带动资金积极地入场，相反，却给了一些资金逢高撤出的机会。

（3）投资者往往扩大牛市的利好，淡化弱市的利好。

纵观历史行情，我们可以总结出利好消息出台的特点：指数第二天大幅高开；盘中快速上冲或者几乎涨停收盘；成交量的突飞猛进创下近期的天量；利好推出后，指数在后期不再保持连续上涨的态势；成交量快速萎缩；K线形态出现标准的长上影线，说明上冲无力。

这些特点明显告诉投资者：一两个利好的推出无法改变指数长期的下跌趋势，只有资金积极地入场做多才是改变趋势行之有效的方法。没有资金的大规模入场，再多的利好也是没有用的，真正推动股市的是资金。

八、高位大阴线要小心

在上涨的高位区间收出大实体的阴线是指数最经典的风险信号之一，它往往表明当前区间占绝对主导地位的是空方，多方的力量已经出现衰竭，趋势将随大阴线的出现而逐渐转变。

高位大阴线只是比对的结果，并不涉及具体的跌幅，与近期指数上涨时的阳线相比，若阴线的实体比近期上涨过程中的平均涨幅大，这些阴线就叫作大阴线。若前期指数平均涨幅是2%，而高点指数出现了跌幅3%的阴线就可以称之为大阴线。通过这种对比方式，可以衡量盘面中多空双方的力度。

图6-21为上证指数在2019年7～9月的走势图。

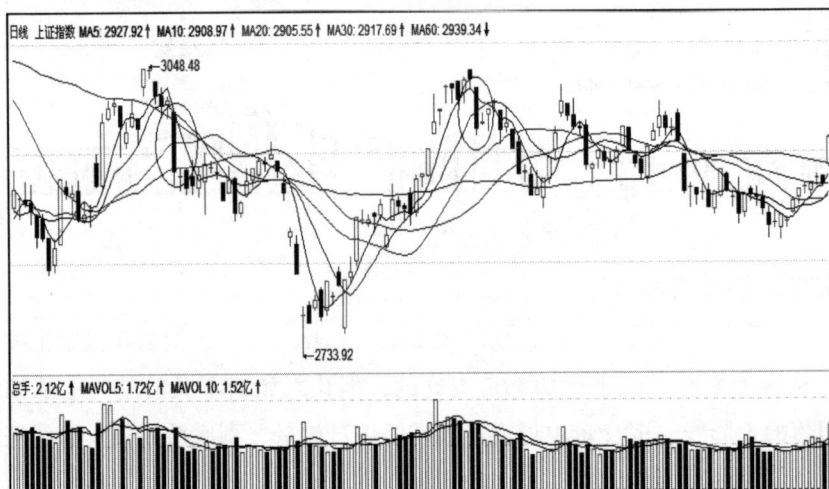

图6-21

从图 6-21 中分析可知：

（1）指数在上涨过程中出现调整时的阴线幅度比较小，这表明上涨途中的做空力度较弱，只要多方仍然有力度促使行情上涨，就不妨继续做多。

（2）股价上涨到高点以后，K线图上出现一根实体较大的阴线，这一天产生上涨以来最大的跌幅，并且成交量出现放大，这一根阴线就被称为高位放大阴线。这往往是风险来临的信号。

（3）在这一根大阴线出现以后，指数后期便产生震荡下跌的趋势。

图 6-22 为上证指数在 2019 年 4 月前后的走势图。

从图 6-22 中分析可知：

（1）指数在上涨过程中出现了两次大实体的阴线，但每次阴线过后指数都快速修复了趋势，而正是上涨途中出现的大阴线，使投资者忽略了真正的高位大阴线，直到受骗之后才追悔莫及。

（2）在高位区间，指数连续在短期内两次收出实体较大的阴线，此阴线在一定程度上抑制了后期的反弹，促使了指数顶部的形成。

（3）指数位置越高，越应当对大阴线进行重视，面对随时可能出现的风险，多一些谨慎没有错。

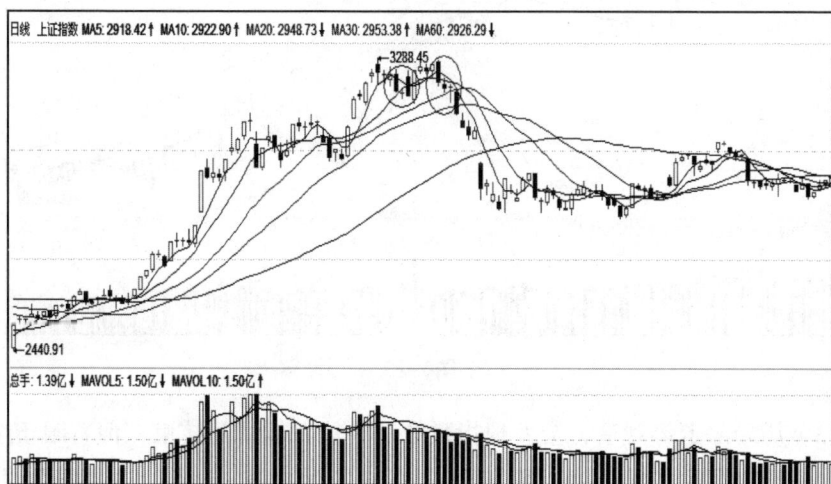

图6-22

九、指数慢拉快跌分析

主流资金在出货的途中，将引起指数的K线形态出现多种变化，这些不同的K线形态大部分是为了迷惑投资者而人为做成的，千万不要上当。最明显的一种波动形态就是：慢拉快跌出货法。

在小幅度缓慢而连续的上拉作用下，投资者会产生一种错觉，认为会展开一轮新的上涨行情，当场中积累了足够的资金买盘以后，庄家便会在后期进行大量的出货操作，从而导致急剧下跌的行情。缓慢的上拉是为"养"，快速的下跌是为"杀"，形态一旦完成，主流资金便可全身而退。

图6-23为上证指数在2018年5月前后的走势图。

从图6-23中分析可知：

（1）指数在经历了一轮下跌以后，进行震荡筑底，而后展开新一轮上涨的行情，指数在上涨途中，呈较慢的速度，阳线的实体普遍较小，通过K线特征不难明白，指数虽在上涨，但做多的力度已经开始减弱。

（2）上涨到高位以后，指数出现大幅度的下跌形态，下跌速度十分迅猛，结合前期的涨势，构成了明显的慢拉快跌走势。

图6-23

（3）从局部走势观察，会发现指数像是一轮新行情的结束，但着眼于全局，就会发现慢拉快跌实际上是为资金更有效的出货做准备，试想，如果指数没有经过深幅下跌，资金又如何会真正地发动一轮做多行情？

十、压力区间有风险

牛市上涨行情是不断化解压力、突破压力，并不断受到支撑的走势；相反，熊市下跌则是不断化解支撑、向下击破支撑，并不断受到压力的走势。在熊市中，投资者在指数或个股面临阻力位的时候，因抑制不住贪心而实施了买入操作，而在随后受到压力回落的过程中就不可避免的产生了亏损。

当投资者面对压力时通常会产生这样一种念头：此时若抛出股票，一旦指数突破压力不就亏了？但实际情况并不是这样，即使处于牛市行情中，遇到压力卖出也是正确的选择，一旦突破压力，再买回并不会造成多大损失，尤其在弱市状态下遇到压力先卖出更是正确的选择。

图 6-24 为上证指数在 2020 年 2 月前后的走势图。

从图 6-24 中分析可知：

（1）指数在连续下跌以后，收出第一根大阳线，而后指数继续下跌，出现一根跳空大阳线，这根 K 线将会对后期的走势起到压力的作用。

（2）指数经过后期两次短线反弹，都没有突破压力，面对压力而无法突破，后期就可能会延续前期的下跌走势。

（3）当指数面对压力区间时，投资者的最佳操作方式应是先抛出股票，等到形式明朗后再进行新的操作。

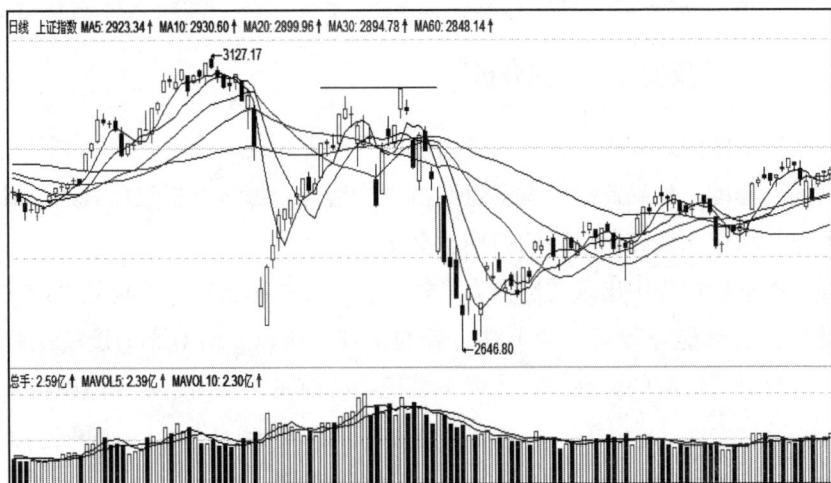

图6-24

图 6-25 为上证指数在 2019 年 10 月前后的走势图。

从图 6-25 中分析可知：

（1）指数随着利好消息的推出而出现短线上涨的走势，虽然指数放量大涨，但也应该找出上方的阻力位，以便在理论上明确指数涨幅。

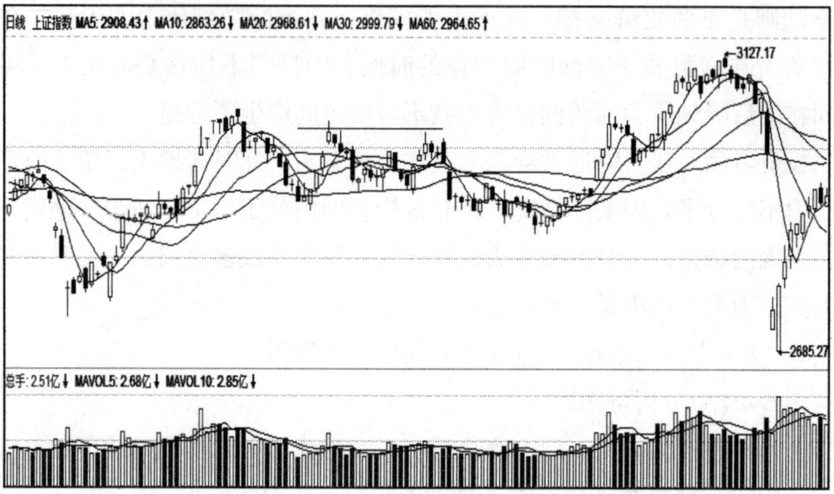

图6-25

（2）指数上涨至前期小平台区间时，通常会停止上涨，3月中旬的平台区间起到了压力的作用，当压力一出现，投资者应该马上抛出股票。

（3）即使指数将来能突破该压力，但面对压力，至少也会出现短线的震荡走势，所以，最佳选择还是先退出场外。

十一、指数反弹无力区间分析

在指数下跌的过程中，从其反弹力度的大小不难观察出近阶段场中资金做多意愿的强烈程度，如果此时的做多意愿占主导地位，那么，指数在后期形成的反弹幅度也会相应比较高，反弹的周期也会比较长。

如果在下跌过程中出现的反弹力度较弱，那么，指数在后期也就难以连续上涨，并且还有可能导致新一轮下跌走势的出现。所以，面对无力度的反弹，投资者一定要保持清醒的头脑：这非但不是机会的前兆，反而是新风险即将来临的预警。

图 6-26 为上证指数在 2019 年 7 月前后的走势图。

从图 6-26 中分析可知：

（1）面对反弹的出现，投资者应该先看量，然后关注具体涨幅，以此顺序分析，可以防止很多假反弹的干扰。

（2）指数反弹形成时，成交量十分低迷，下跌途中的无量上涨最终将导致破位下跌的现象。

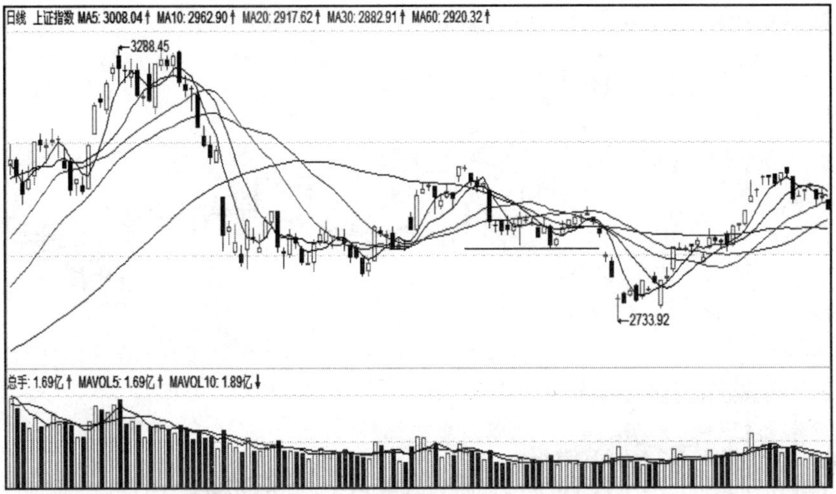

图6-26

（3）指数反弹上涨时，虽然连续几天收阳，但是反弹的整体涨幅十分小，此现象进一步证明多方无力，面对始终无法涨上去的行情，投资者必须小心应对，回避风险。

（4）一旦在反弹无力区间进行了错误的操作，一定要在指数破位向下时马上止损出局。

十二、阴吞阳K线形态易亏损

对于大级别波动的形态，必须使用较复杂的一些分析方法才能判断出场中资金操作的真实意图。对于小级别的波动形态，投资者只使用一种方法就可以轻松地区别出指数后期会不会继续下跌，这个方法就是阴吞阳。

指数在下跌途中收出阳线后，于很短的时间里大阴线便将阳线全部吞掉，即阴吞阳。这种走势一旦形成，则意味着指数在后期还会继续下跌。

图6-27为上证指数在2019年4月前后的走势图。

从图6-27中分析可知：

（1）指数在下跌途中连续3天出现反弹，如果阴线一直不能吞没这个反弹区间，则说明投资者可以在场中继续做多，反之则一定要做空。

（2）指数结束了3天反弹，马上收出了一根大实体的阴线，这根大阴线吃掉了所有的阳线，出现了典型的阴吞阳，这种走势一旦形成，意味着上涨的结束和新一轮下跌的开始。

图6-27

（3）如果阴吞阳走势形成，投资者必须在阴线形成初始就及时抛出手中的股票，不然，后期持续下跌的风险将无法回避。

十三、空方炮 K 线组合分析

利用空方炮形态分析短线行情，能够简单有效地回避风险，但往往越是简单有效的方法，就越容易被投资者忽略。

若空方炮出现在关键位置，那么它就更能起到决定趋势方向的作用，因此，投资者对于在指数高位、将要破位创新低、明确的下降中途等区间出现的空方炮，必须要给予足够的重视。

图 6-28 为上证指数在 2018 年 8 ～ 10 月的走势图。

从图 6-28 中分析可知：

（1）指数在下跌过程中也会出现空方炮，这表明目前的下降趋势还在持续，不管指数在前期跌了多少，只要空方炮出现，短线持续下跌则是必然。

（2）指数在下跌过程中多次出现空方炮的走势，而每一次空方炮的出现，都将导致指数在后期产生不同程度的下跌，如果投资者简单地认为指数跌了许多，下跌空间已不大，这一看法必然会导致其亏损的幅度扩大。

（3）空方炮形成时，阴线的实体越大，阳线的实体越小，那么，指数下跌的概率也将越大。

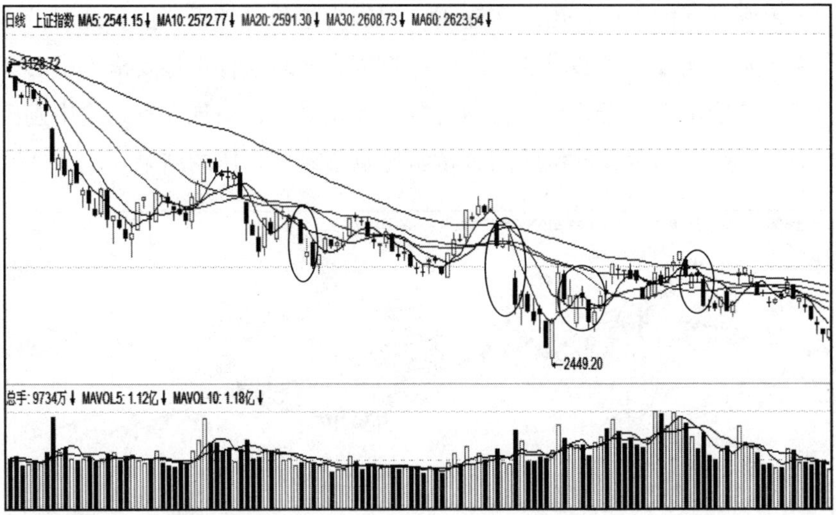

图6-28

十四、K线高位多连阴分析

从阴线的数量上可以判断做空力量的积极性与持续性,下跌波段中的阴线数量就远多于阳线数量。而阴线数量越多,阴线实体越大,则表明场中资金做空势头越强。

由此我们可以得到一个基本的分析思路,即指数在连续收出阴线的时候,特别是高位一旦出现多条阴线,投资者就应该注意回避风险,千万不可以连续收阴为由而搏反弹,如果空方占据了完全的主动,在没有形成足够深的跌幅时,指数要想形成有效的反弹是很难的。

图6-29为上证指数在2018年2月前后的走势图。

从图6-29中分析可知:

(1)面对连续阴线的走势,投资者首先要明确指数所处的位置,如果指数处于低位或者上涨的初期,连续的阴线将会给投资者提供逢低买入的机会;如果指数处于高位,那么连续出现的阴线只会导致指数后期的下跌,位置的不同,连续阴线的性质也截然相反。

(2)指数在底部震荡区间产生多连阴的走势,而且阴线的实体一根比一根大,但较低位置表明,此时出现多连阴是一种震仓行为,庄家此时可能正借着阴线的掩护悄然地建仓。

（3）上涨到高位以后，出现多连阴，但因为指数已处于高位，此时的多连阴一定是由于资金连续出货形成的，所以，投资者面对这种走势要格外小心。

（4）多连阴出现在指数高位区间时投资风险最大，出现在下跌途中则会导致下降趋势的延续，出现在低位区间，常常是资金刻意打压的结果。

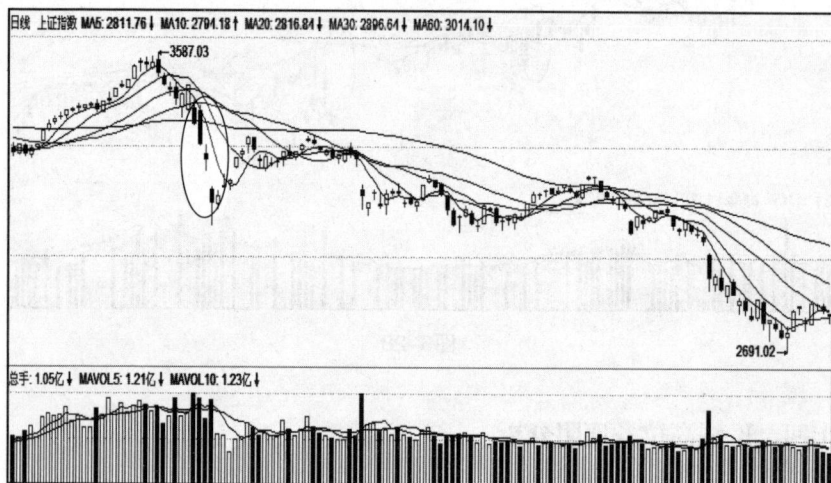

图6-29

十五、下跌中十字星 K 线形态

十字星不管在什么行情中都可能产生，可以说是一种十分常见的走势，但在实际分析过程中，由于十字星的实体非常小，无法体现出多空的力度，因此，在趋势比较明确的形态下，常常可以忽略。

但是，在弱市行情期间，投资者就必须对下跌过程中的十字星给予必要关注。在熊市中对下跌途中出现的十字星进行分析时，投资者不应单一地仅对十字星进行关注，而需结合后期的走势来进行综合分析。

图 6-30 为上证指数在 2018 年 2 月前后的走势图。

从图 6-30 中分析可知：

（1）传统分析认为，十字星具有企稳的特征，但十字星的出现，只在当天表明是企稳的，并不能说明后期也一定会企稳，当多空双方达到暂时平衡以后，就必然会选择方向，因此将十字星看作是等待选择方向时的临时停顿走势更合适。

（2）十字星出现的位置越是敏感，投资者就越应该关注后期走势的变化，一旦明确某种方向，一定要顺势而为。

（3）指数在创新低时，先收出了一根十字星，第二天又收出了一根阴线，这表示市场中指数向下的方向已明确。

（4）如果指数出现十字星后并未下跌，而是收出了阳线，那么投资者可以伺机进行短线操作。

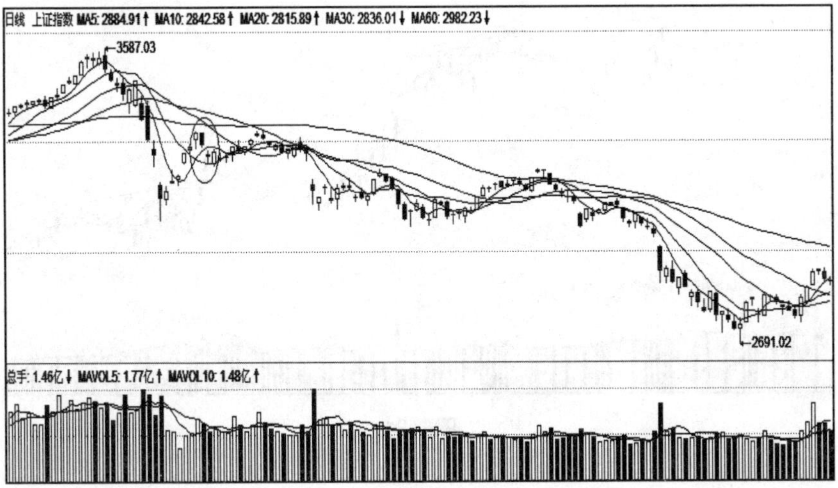

图6-30

十六、下跌双星K线形态

在下跌过程中，除了阴吞阳的K线形态可以警示投资者风险仍将延续以外，下跌双星K线组合也可以起到相似的作用。

指数收出一根阴线以后，又于收盘价附近出现了两根十字星K线即下跌双星。下跌双星一旦形成，虽然不能说明指数一定会下跌，但总结以往的经验，下跌的概率还是十分大的。所以，投资者应该了解这种经典的风险K线组合，尤其在处于弱市情况时，更应该多一分小心。

图6-31为上证指数在2018年7月前后的走势图。

从图6-31中分析可知：

（1）指数创下新低以后，收出了下跌双星的走势，这种K线形态似乎具备短线企稳的迹象，但实际上并未引起上涨的出现。

（2）面对下跌双星，投资者的正确思路应该是：把双星出现看作是弱势反弹，指数连续两天没能形成有效的上涨，这说明做多的力度还很弱，那么，即将来临的就会是下跌。

（3）下跌双星只是下跌途中短暂的休整走势，很少会有结束下跌、促使反弹的能力。

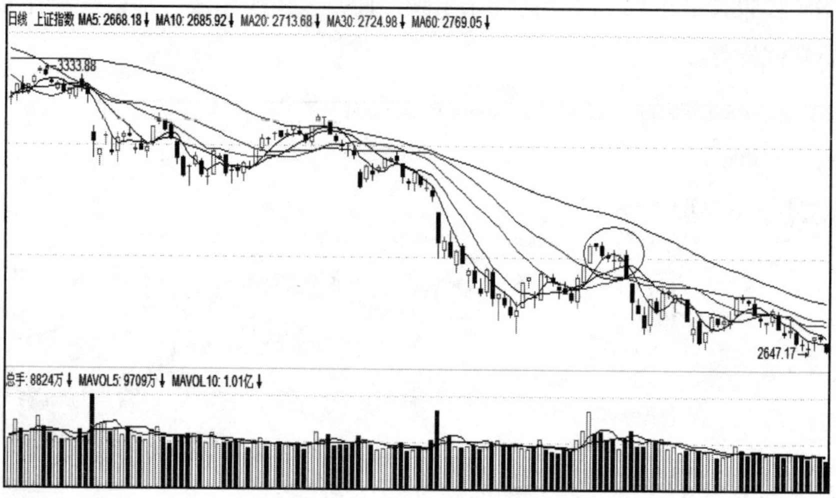

图6-31

十七、下跌中 K 线的下影线

投资者认真观察下跌途中的各种短线底部形成时的技术形态，可以发现指数短线底部的最后一根 K 线经常会带有长长的下影线，面对这种形态，许多投资者会把下跌途中的长下影线看作是企稳的信号，从而入场做多。但实际上，实战的操作结果却不尽如人意。

不过，带有长下影线的 K 线在指数大幅下跌以后，有时确实会促进底部的形成，但是，这种情况的出现需要许多其他技术条件的支撑，不能仅仅通过 K 线形态出现下影线就认定底部已经到来。假如指数在下跌幅度不是很深、市场中整体个股的跌幅并不是很大的状态下，长长的下影线只会导致下降趋势的延长。

图 6-32 为上证指数在 2019 年 5 月前后的走势图。

从图 6-32 中分析可知：

（1）当指数的 K 线形成长下影线的时候，一定要清楚指数所处的位置，结合指数所处位置来分析盘面整体个股的跌幅情况，若指数位置非常低，个股整体跌幅也足够大，带长下影线的 K 线才有可能是见底的信号。

（2）指数开始下跌的时候，出现了长下影线 K 线，通过指数位置可以看到，在大幅度下跌形成之前，指数真正的上涨很难展开，即使出现临时反弹，也是为更好地下跌做准备。因此，投资者不应把下跌初期阶段形成的带有长下影线的 K 线看作是底部形成的征兆。

（3）带长下影线的 K 线出现后，投资者如果不能对当天的走势准确把握，就应该等到第二天再进行操作，若形成真实的底部，指数则必然会连续上涨，反之，若第二天收出阴线，则表明下跌将持续。

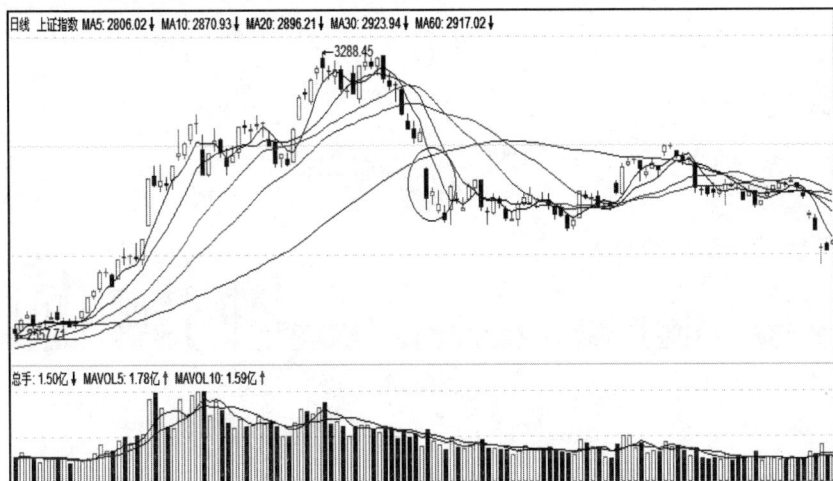

图6-32

十八、高位 K 线长上影线

在指数进入高点区间以后，常有一些标志性的风险信号出现。现在，介绍一种典型的高点风险 K 线形态——高位长上影线。

上影线的形成是资金在高点抛售的结果，抛售的力度越大，上影线也就相应越长，随之导致的风险也就会越大。特别是在弱市中，在指数反弹的高点区间，一旦形成长上影线，则指数后期的回落几乎是不可避免的，投资者一定要分外谨慎。

图 6-33 为上证指数在 2019 年 3 月前后的走势图。

从图 6-33 中分析可知：

（1）长上影线一旦出现，倘若指数状态为弱势，则很容易形成回落走势，若指数状态为强势，下跌或调整则一般不会马上出现，但近期会出现震荡走势。

（2）多方想重新做多，但遭遇空方有力的打压，K 线的形态体现为在当前区间做多力量还暂时不能和做空力量相抗衡。

（3）一旦长上影线出现，若指数后期出现震荡的高点，此时借助高点进行减仓或清仓比较适宜；如果指数马上下跌，投资者一定要及时离场，待指数走势稳定下来再伺机操作，切不可急功近利。

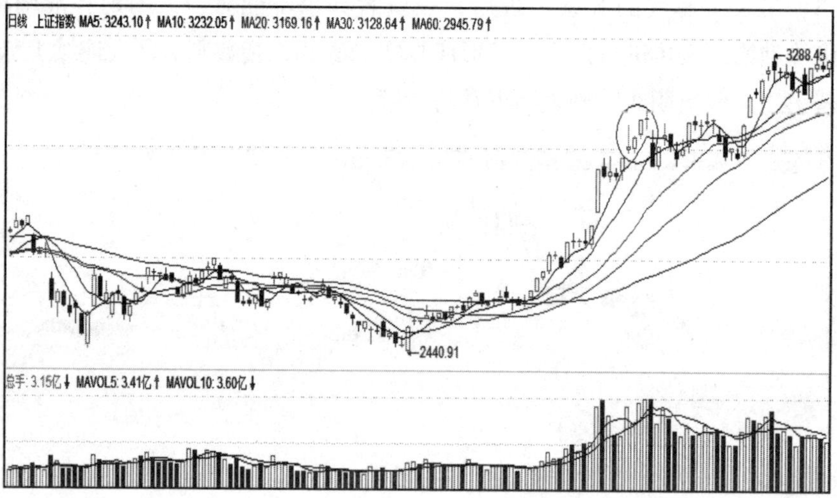

图6-33

本章操作提示

（1）股指是一种相对的衡量指标，不仅要看变动的点数，还要看变动的相对幅度，即股指相比昨日（或上周、上月）上涨或下跌的幅度，这样分析才有意义。

（2）需要说明的是，大盘指数的涨跌与个股既有关又无关。有关是因为它是市场上所有股票共同作用的结果，而市场上的股票通常会同向波动，影响个股走势；无关是因为大盘上涨，但个股可能涨跌不一，有可能指数涨了，但个股却下跌；或者指数跌了，但个股却上涨了。

（3）随着股指期货的推出，指数的参考意义有所改变，在操作个股的时候，要轻指数，重个股，千万不能本末倒置。

（4）在进行指数 K 线图形分析的时候，一定要结合政策面、消息面与成交量进行综合分析。

第七章

K线实战技法

　　K线作为股票投资市场中最基本、最重要的实战武器，投资者不但要熟练掌握，而且要做到运用灵活，只有这样，才能够在茫茫股海之中游刃有余。投资者要想提高实战技能，就必须明白有关实战过程中K线本身所蕴含的相关信息。同时，还要做到在正确选股的基础上，精准地把握K线的买卖点。

第一节

K线实战相关理论

一、隐藏在 K 线背后的多空搏杀

单从表面上看，K 线就是对市场价格记录的一种图表，其中主要包括开盘价、收盘价、最高价、最低价四个价格。但 K 线绝非如此简单，投资者只有抛却静态的眼光，以动态的思维去研究和分析 K 线，才能从表面的现象中洞察到 K 线内在的本质，从而掌握 K 线的精髓。

市场存在的根本，是因为多空之间的交易不断进行。任何一笔交易，它的背后都存在着一个做多和做空的交易双方，多空之间的较量始终贯穿在股价运行中。不同的交易结果显示出不同的价格，价格仅仅是交易过程的一个表现而已。而行情的发展也是一个轮回又一个轮回，在这上上下下的波动之中，财富已悄然被重新分配，市场也物竞天择地决出胜利者和失败者即赢家和输家。由于多空搏杀隐藏在 K 线的背后，包含众多市场因素，从而变得更加错综复杂，多空搏杀的过程和结果也主宰着 K 线的形成和演变。

日 K 线是记录多空双方在一个交易日里激烈搏杀的过程与结果。通过日 K 线，投资者可以看到一个交易日里多空双方力量的对比状况，进而去分析股价在今后的运行和演变趋势，以正确把握股价的运行规律。由此可知，多空搏杀是 K 线的本质，投资者在学习 K 线时应有效地运用 K 线，绝不能仅仅将 K 线看作一纸静态的图表或死的符号，而必须以一场多空双方赤身相搏的残酷争斗来对待，只要市场交易没有结束，这场"战争"就会一直进行。

表现在盘口上，多方就是买单，空方就是卖单。每一笔交易，在抛出的同时一定会有买入与之呼应，即多方和空方彼此对立又同时存在，缺一不可。有买、有卖，有多、有空才是市场的本质，才能促进市场的进一步发展。

在具体操盘过程中，一般中小投资者对K线背后的多空搏杀也许没有深刻的体会，但对于做盘主力的主操盘手来说，却会经常碰到这些问题。控盘主力在进场之前就把所有的除自己之外的其他资金锁定为对手盘，无论是中小投资者，还是中小机构，都是自己的潜在对手。为了顺利完成自己的操盘计划，主力操盘手时时刻刻都在关注盘面所表达的每一个信息，这样才能对盘中突然涌入的大笔买单或大笔抛单应付自如。一般情况下，主力在建仓完毕后，2/3以上的资金已经变成了筹码，不会预留下太多的资金，他们所要做的主要是利用手中已有的筹码进行对敲拉升，当然也可以利用手中的筹码进行再融资。但总的来说，建仓完毕的庄家就如同一头已经吃饱的狮子，很容易也很害怕受到攻击，要想在险象环生的市场中生存并取得可观的盈利，控盘主力必须学会以变应变，利用手中的资金达到自己的操盘意图。所以，多空双方在盘中的搏斗是相当残酷和激烈的，是综合实力的竞争，智慧、勇气、胆略、资金、信息等方面都会成为决定多空双方交战胜负的重要因素。

具体来说，多方和空方在K线图上分别以阳线和阴线来表示。当多方强势时，股价就上涨；当空方强势时，股价则下跌。在股价长期下跌后，遭遇强大的多方力量进场时，便会形成底部；在股价长期上涨后，空方力量大肆出逃时，就会形成头部。因此，股价的上涨和下跌，见顶和见底，完全取决于多空力量的对比状况。投资者通过对K线的详细观察，不难分析出多空力量的状况，从而研判股价运行的上涨或下跌，做出买入和卖出的正确决策。

二、K线的相对位置理论

在实际看盘中，投资者常常会发现一个问题，有时一模一样的K线，传达的信息却大相径庭，想弄清楚这个问题，就需要了解K线的相对位置理论，即处在不同位置上的K线，其含义对后市的指引作用会截然不同。K线所处的位置，对于研判K线是极为重要的。

K线的相对位置理论包括以下两重含义：

（1）相对位置的高低。K线所处的位置没有绝对的高点和低点，其位置的高低只是相对而言，这取决于个人对行情高度的判断，是需要投资者具备一定的经验和悟性。为了方便理解，我们将K线位置一般分为相对高位、相对低位和半山腰三个位置，如图7-1所示。

因为高点和低点只是相对来说的，所以，也就没有必要过分苛求准确的高低定位，只要给以相对位置的区别就行了。

（2）K 线相对位置所处的趋势，一般分为上升趋势、下降趋势和盘整趋势三种，或叫上升通道、下降通道和横盘整理。如图 7-2 所示。

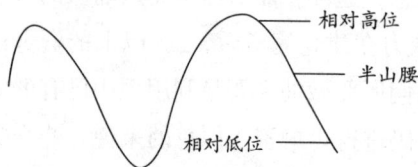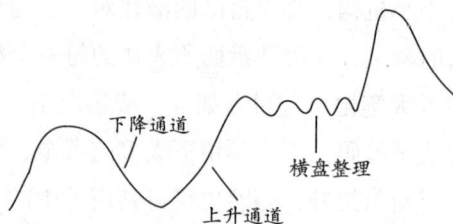

图7-1   图7-2

了解了 K 线所处相对位置的高低和所处的趋势种类之后，投资者在解读和研判 K 线时就会有明显的区分和相对准确的定位。

例如，同样是一根大阳线，假如出现在相对低位，那么就有可能是做多力量进场建仓；如果出现在上升途中，则可能是拉升过程；如果在相对高位出现，则很可能是庄家拉升出货的信号。如图 7-3 所示。

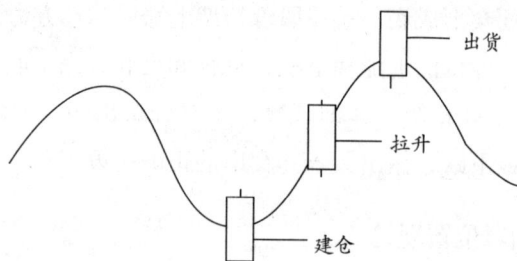

图7-3

如图 7-4 所示的长盈精密（300115），该股经过一段时间的横盘整理之后，主力机构于 2019 年 12 月 5 日拉出了一根放量的大阳线，这是典型的建仓行为。此后，该股进行震荡盘升，随后在 2020 年 2 月 25 日，该股又拉出了一根大阳线，还创出了 27.56 元的新高。此时，该股的股价涨幅已高达 71%。这根处于相对高位的大阳线，正是主力典型的拉高出货的行为。如果投资者不关注这根 K 线的相对位置，一味认为大阳线就是主力建仓和拉升，进行盲目跟进做多的操作，就必将会犯下致命性的错误，造成极大的损失。该股拉出大阳线后的第 3 天，股价冲高后便一路下跌。

　　再如，同样的一根锤头线，出现在不同的相对位置，其含义就会截然相反，甚至连 K 线名称都截然不同。比如，它出现在上升途中，就无太大意义，只是一般的 K 线而已，但若锤头线出现在相对高位，则可能成为"上吊线"，这是一种警示性见顶信号。如果在下降趋势的末端出现，则可能成为一根见底回升的 K 线，其对后市有明确的指引作用。可见，投资者在研判 K 线的时候，一定要考虑 K 线所处相对位置的高低，这样才能真正理解 K 线的含义。

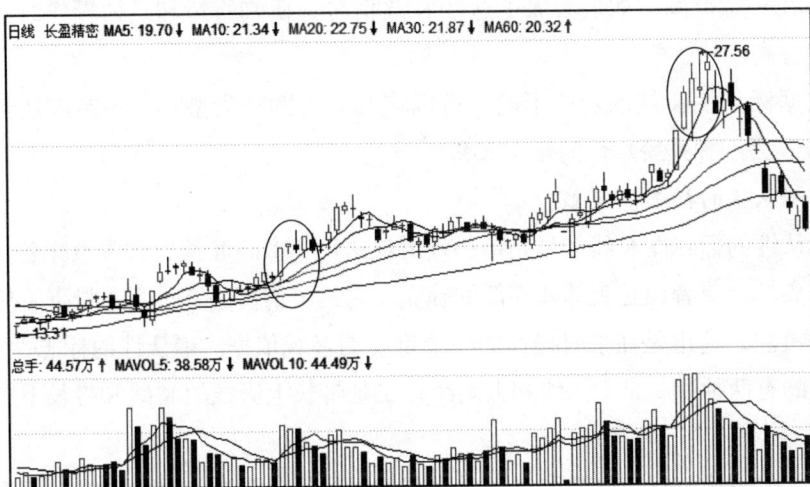

图7-4

三、K 线的标志性信号理论

　　投资者在面对纷繁复杂的技术图形和形态各异的 K 线时，关键在于能否有效剔除市场上的杂音、准确定位多空双方态度转化和强弱酝酿过程中的那根核心 K 线。大部分的 K 线都是中性的，没有太大的解读价值，只有决定后市方向和酝酿趋势变化的 K 线才值得投资者重视。

　　普通投资者看到一根根 K 线，往往看不出有什么特别之处，也很难找到关键性的、有价值的、与众不同的那根 K 线。而一个职业操盘手可以在形态各异的 K 线当中准确找出关键性的 K 线形态。

　　要想真正掌握 K 线精髓，投资者在看 K 线图的时候，就必须明白哪些 K 线是关键性的、是具有重要操作意义的。只有将这些关键性的 K 线烂熟于心，才可能在操盘实战中做出正确的选择。特别对一些发出明确见底、警示性见底或见顶、警示性见顶等重要的交易信号的关键性 K 线，必须要牢记在心并熟练应用到实战中。

如图 7-5 所示，图中的两组 K 线，都是标志性的 K 线组合，但它们发出的信号的含义却完全不同。前面一组，预示着股价多头力量进场，可以适当建仓，在相对低位是一种抄底的信号。后面一组 K 线表明股价还要继续下跌，应及时卖出股票或及时止损，将风险控制在一定范围。如果看懂了这些 K 线信号，研判行情和具体操作时胜率就会大大提高。

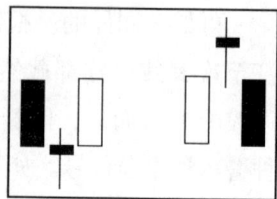

图7-5

根据标志性 K 线的功能不同，可以将其分为两种类型：一种是确认性的标志 K 线；另一种是警示性的标志 K 线。

1. 确认性的标志性 K 线

确认性的标志性 K 线信号是指一旦出现这种类型的 K 线，常常意味着主力的进场和离场，或者说是头部和底部的确立。它的可信度通常很高，投资者应给予必要的关注，这也是在平时操作的一个重要的客观依据。确认性的标志性 K 线，最常见的有两种：一是大阳线和大阴线；二是带长上影线的 K 线和带长下影线的 K 线。

（1）大阳线。在临盘操作过程中，图表中最为显眼的就是大阳线，但真正能够重视它、弄得懂它的含义，并能深入了解它的内涵，而且能按照它的意图去操作的投资者却寥寥无几。阳线代表着做多的力量推动股价上涨，相对低位的大阳线则意味着主力大举进场，这样的 K 线标志着阶段性底部的到来，这就是一个确认性的信号。投资者可以在大阳线当天或在其以后回调到低位时逐步分批进场，密切关注主力的行踪，跟随主力随后的拉升。

如图 7-6 所示的 TCL 科技（000100），该股在 2020 年 4 月 30 日，放量拉出了一根大阳线。这根大阳线明确地告知投资者，主力机构在当天进场，投资者应抓住机会及时进场。后来，该股一路震荡上扬，走出了一波慢牛行情，股价由当初的 4.37 元上涨到 7.13 元，涨幅达到 63%。

（2）大阴线。大阴线在图表中也非常显眼，让做多的投资者看了之后不寒而栗，因为大阴线代表强大的做空力量。相对高位的大阴线意味着大量筹码获利变现，即主力机构在抛售筹码。

如图 7-7 所示的 TCL 科技（000100），在 2020 年 2 月 26 日，出现了一根大阴线，阶段性头部由此确立。

图7-6

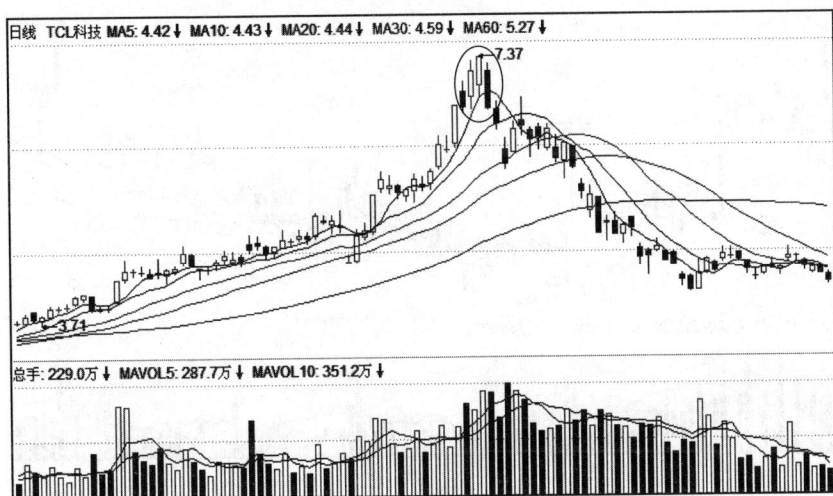

图7-7

应该注意的是，无论是主力机构的进场建仓还是出货离场都是需要相当长的时间，有时候，投资者会因为看到相对低位的大阳线出现之后，股价还会有所下跌以及相对高位的大阴线出现以后，股价还会有所冲高，而感到迷惑不解。其实那些是庄家所用的诱空建仓和诱多出货的骗线手法。

还有一种特殊情况，在弱势市场中，庄家拉出一根阳线进场，但随后市场环境突然变坏，主力无法按照既定计划拉升股价，不得不再次减仓，从而引起股价下行，但即使如此，投资者也有足够的时间在以保本为原则的前提下做离场操作。在强势市场中，庄家为了清洗筹码，会故意做出一根大阴线，这时候大多数散户投资者往往难以判断，此时最好的策略就是暂且退出这段调整行情，待股价重新启动时再跟进。

（3）低开大阳线。股价处于下降趋势中，某日突然以跌停板开盘，而后迅速拉升，甚至由跌停拉到涨停。这样形成的 K 线，叫低开大阳线，又被称作"送礼线"。这一般是股价底部到来的先兆，表明股价即将展开一轮快速拉升的行情。

如图 7-8 所示，特锐德（300001）在 2020 年 4 月 14 日低价开盘后迅速拉升，以一根低开大阳线启动一波飙升行情。

（4）高开大阴线。股价运行在上升途中，个股在相对高位大幅度跳空高开后，股价开始大幅下跌，直到收盘时收出一根高开大阴线，开盘价即当天的最高价，这样的 K 线，称之为"英雄纪念碑"，而在当天追进的投资者将成为套牢一族。

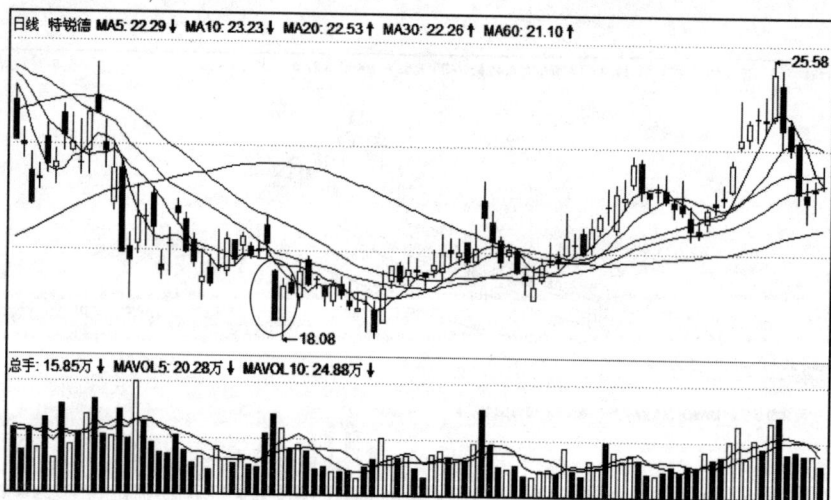

图7-8

如图 7-9 所示的以岭药业（002603），该股处于高位盘整中，于 2020 年 4 月 17 日，以一根巨量大阴线将股价从涨停砸下来，似在高高的山峰上竖起的一座"英雄纪念碑"，致使当天追进的投资者全部深深被套。

在确认性的标志性 K 线中，除大阳线、低开大阳线，相对高位的大阴线和高开大阴线之外，还有一种形态特殊的 K 线，即带较长上影线的 K 线和较长下影线的 K 线，这也是最容易让投资者犯错误的一种标志性 K 线。

（5）长上影线。面对带长上影线的 K 线，一些投资者会以为，长上影线意味着抛压盘很重，上档有阻力。其实，在面对带长上影线的 K 线时，投资者应该分别对待。投资者首先要找出这根K线出现的相对位置。根据K线的相对位置理论，我们把长上影线的标志性K线分为两种：一种是相对低位的长上影线，我们称为"仙人指路"；另外一种是相对高位的长上影线，我们称为"天打雷劈"。

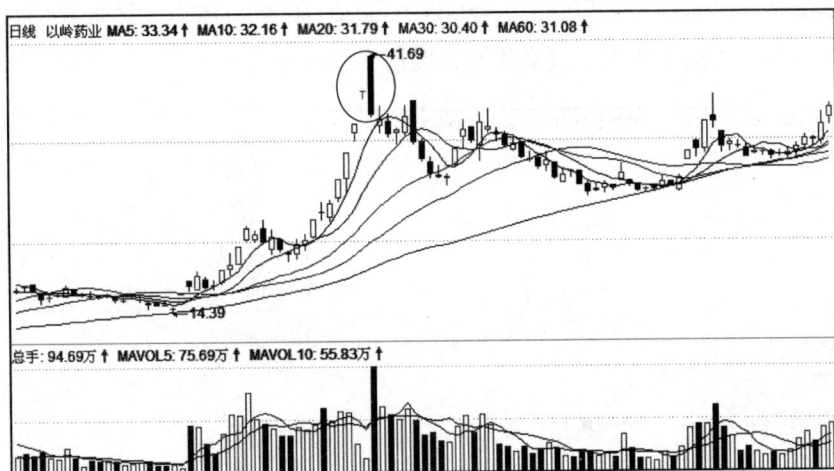

图7-9

①仙人指路。相对低位的长上影线一般具有向上指引的作用。通常是主力向上拉升，试探上档抛压的轻重所形成的试盘K线。这种K线，常常意味着后市股价会出现大幅上扬，是一种确认性的买进信号，所以称为"仙人指路"。

如图7-10所示，溢多利（300381）经过长期横盘整理，在2020年2月24日收出了一根"仙人指路"，显示主力在试盘，时隔不久，一波升浪便展开。

图7-10

②天打雷劈。相对高位的长上影线，往往预示着主力机构将大幅拉高出货。股价当天即大幅下跌，盲目追进者将被高位套牢。这种 K 线信号，一般暗示着头部的到来，是一种确认性的卖出信号，故称为"天打雷劈"。

如图 7-11 所示的国药股份（600511），2020 年 4 月 16 日，该股在相对高位留下了一根长长的上影线，此后出现了漫漫下跌的走势。

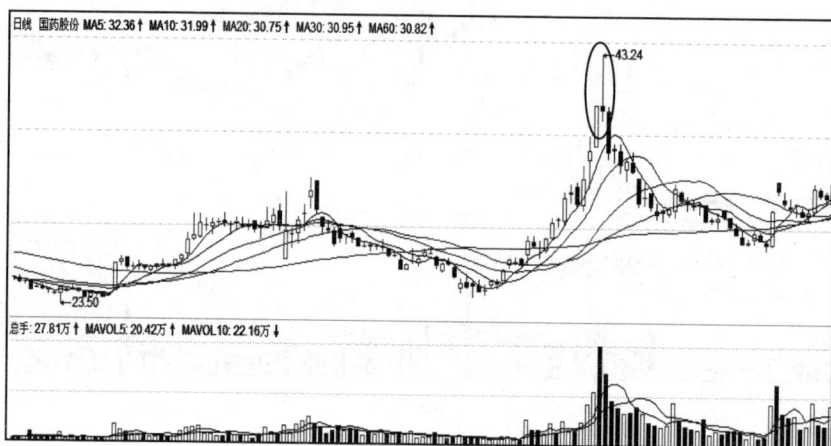

图7-11

（6）长下影线。根据 K 线相对位置理论，投资者把处于相对低位的长下影线，称为"定海神针"，这是股价见底的确认性信号。把处于相对高位的长下影线，称为"探水竹竿"，这是股价即将大幅下跌的确认性信号。

①定海神针。相对低位的长下影线，一般是做多力量大规模进场形成的。这表明主力进场了，股价将进入拉升阶段。这样的 K 线是一种买进信号。

如图 7-12 所示，日海智能（002313）经过一波下跌后，于 2020 年 4 月 28 日在相对低位出现了一根长下影线，此时意味着主力开始进场，不久股价便展开了一轮升势。

②探水竹竿。相对高位的长下影线，一般是主力护盘无力形成的，而不是投资者所认为的强支撑。这样的 K 线往往具有向下指引的作用，是做空力量出逃所导致，是一种卖出信号。

如图 7-13 所示，同方股份（600100）在 2020 年 2 月 25 日收出了一根带长下影线的 K 线。大多数投资者没有觉察出这个主力出逃前的征兆，反认为其支撑强，从而纷纷抢进。其实，这根高位的长下影线已明确地预示了主力机构已经在拉高出货了。

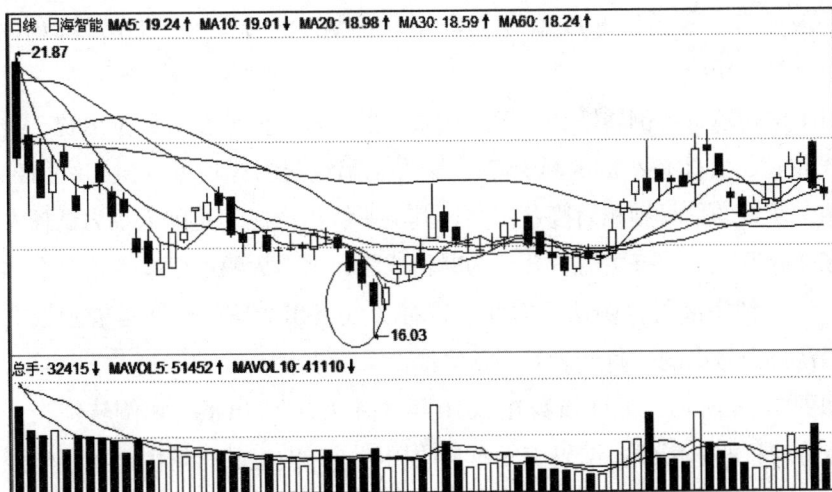

图7-12

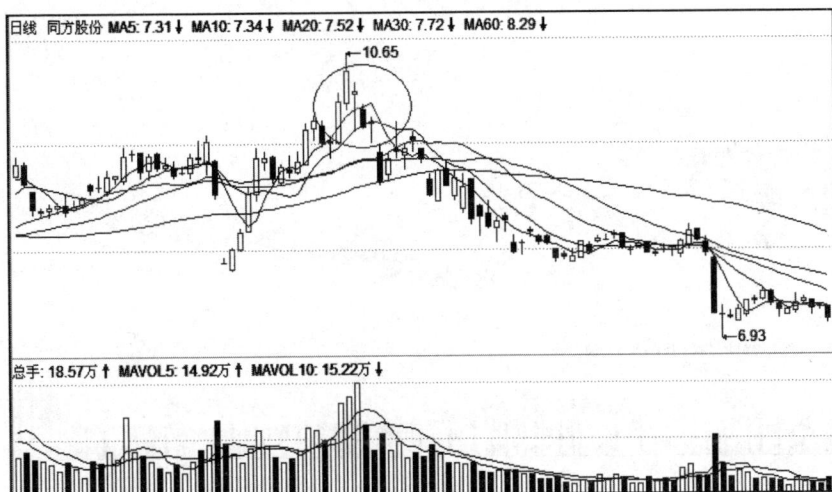

图7-13

2. 警示性 K 线信号

警示性 K 线信号，是标志性 K 线的另外一个重要组成部分。一般来讲，这种信号的发出在大盘或个股发出见顶或见底的确认性信号之前，起到警示机会或风险即将来临的作用。但是，警示性 K 线信号，仅仅是起提示和提醒作用，投资者切不可当作确认性信号来使用。警示性 K 线信号结合 K 线相对位置理论及具体的市场环境，能够及时提醒投资者趋势的变化，从而警示投资者提前做好准备以应对千变万化的股市。

一般而言，警示性 K 线信号主要分为五类：倒转锤头、上吊线、十字星、连续十字星、孕线。

（1）倒转锤头。倒转锤头一般在股价下跌一段时间的相对低位出现，是一种上影线较长，实体较小的 K 线形态。该形态阳线与阴线均可，但阳线信号更强烈一些，阴线的信号则相对隐蔽一些。其上影线的形成，是因为主力试探性小规模进场建仓所致。一旦主力资金认为时机成熟，就会大幅度建仓，这时会出现一根大阳线，使底部得以确认。因此，这种 K 线发出的信号只能是警示性的，而一旦确认性信号出现，投资者就应该大胆介入做多。

如图 7-14 所示，上证指数在 2020 年 3 月 23 日收出了一根倒转锤头，并且 K 线带着较长的上影线。结果，大盘连收阳线，一波上涨行情由此轰轰烈烈地展开了。

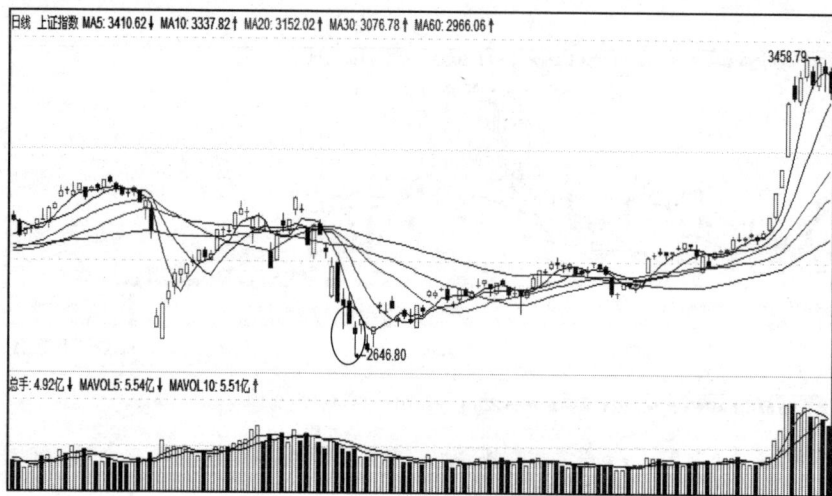

图7-14

不难看出，倒转锤头这一 K 线信号十分敏锐，且比较准确。但由于它的欺骗性比较强，几乎收于最低的股价和较长的上影线，而这种信号，投资者一般会误认为股价仍要大幅下跌，而没有意识到底部会到来，这是值得投资者注意的。

（2）上吊线。所谓上吊线，是指在相对高位，特别是在大幅拉升后，拉出一根带有下影线的实体较小的 K 线，这条 K 线可以是阳线，也可以是阴线。一般情况，拉出的阳线比阴线更可怕。该形态的形成是主力机构诱多拉升所致，一方面留有下影线表示空方仍有机会；另外一方面，实体较小说明上升动力衰竭。因此，这种上吊 K 线的出现，警示着股价有见顶的可能。

图 7-15 所示，威尔泰（002058）在 2020 年 1 月 17 日收出了一根上吊线后，股价出现了连续下跌的走势。

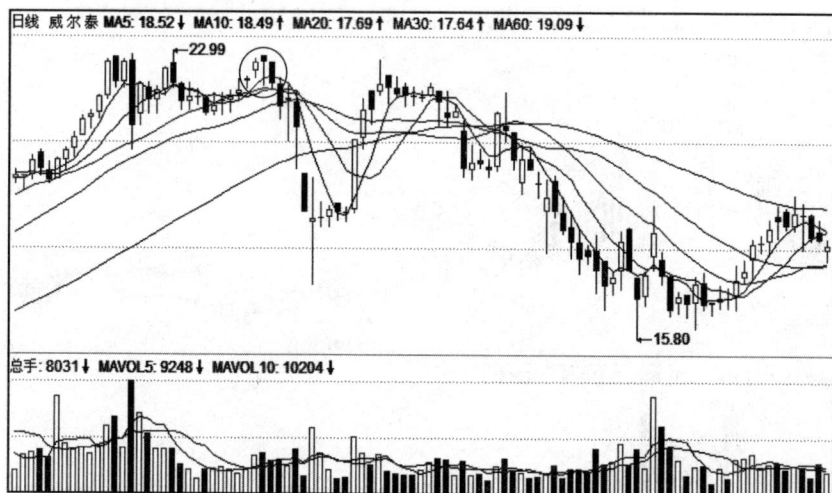

图7-15

由此可见，上吊线这样的标志性 K 线，显示出主力机构是凶狠无情的，让不明真相的散户投资者受骗后损失惨重。

（3）十字星。出现在下降或上升途中的十字星，只说明股价将短时间停留与休整，还不能称作警示性见顶或见底信号。倘若出现在相对高位或相对低位，就说明趋势会发生变化，投资者必须给予高度警惕。而其后一旦出现一根大阴线或一根大阳线，则头部或底部便可确认。如果投资者能够很好地理解相对低位和相对高位十字星的警示性作用，就可以做到成功抄底和逃顶，从而有效规避风险，实现盈利最大化。

如图 7-16 所示，软控股份（002073）经过一轮大幅上涨之后，于 2020 年 3 月 11 日报收一根高位十字星，随后股价展开了一轮下跌走势。

如图 7-17 所示，太阳纸业（002078）经过一轮跌势之后，在 2020 年 4 月 29 日收出一根低位十字星，随后股价展开了一轮上涨走势。

（4）连续十字星。连续十字星是十字星的一种特殊形式，也是一种强烈的警示性变盘信号。既然一根十字星说明多空双方力量达到均衡，那么，连续的十字星则意味着多空双方力量僵持时间已经相对较长，暂时的均衡可能会马上被打破，一轮迅猛的行情即将展开。

如图 7-18 所示的阳光电源（300274），该股在 2020 年 2 月 24 日，于相对

高位连续收出多根十字星，股价在窄幅的空间内徘徊，变盘即将发生。但一部分
投资者依然幻想着个股向上攻击。此后，该股出现了漫漫下跌的走势。

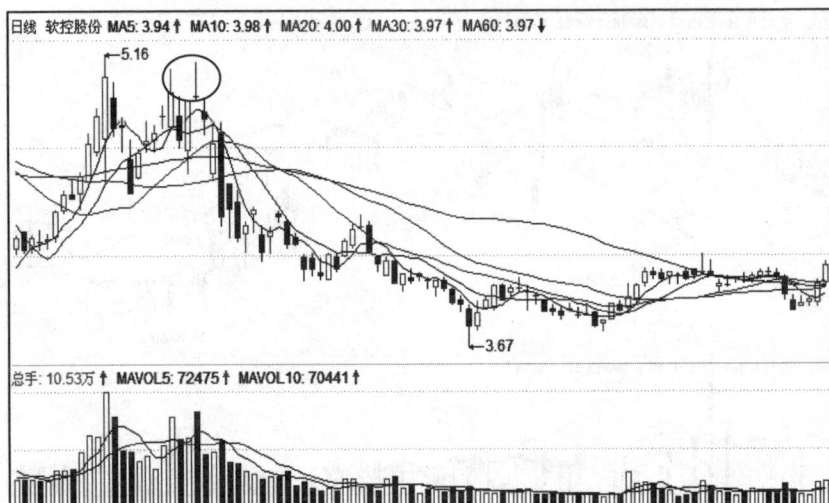

图7-16

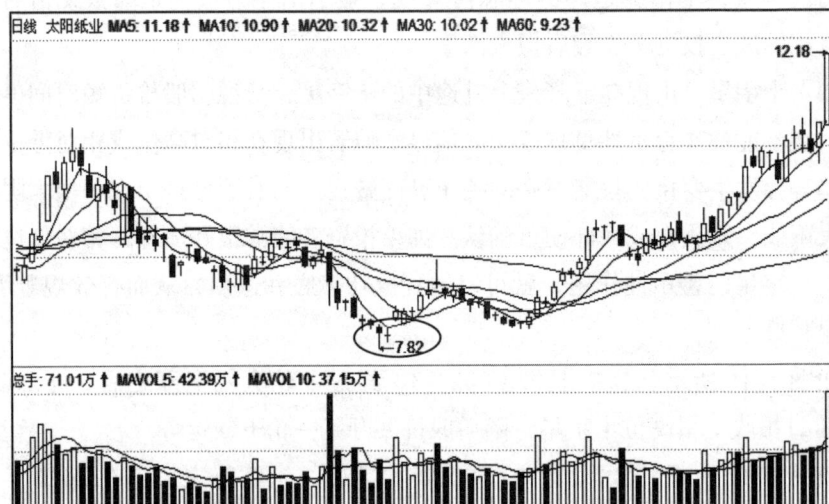

图7-17

如图 7-19 所示，安洁科技（002635）股价出现止跌企稳。在 2020 年 4 月
28 日和 29 日的相对低位接连收出了两根十字星，上下波动幅度非常有限，此时，
一部分投资者看到即将死叉的均量线和空头排列的均价线而恐慌性斩仓出局。随
后一根大阳线拔地而起，确认了连续十字星的变盘信号。

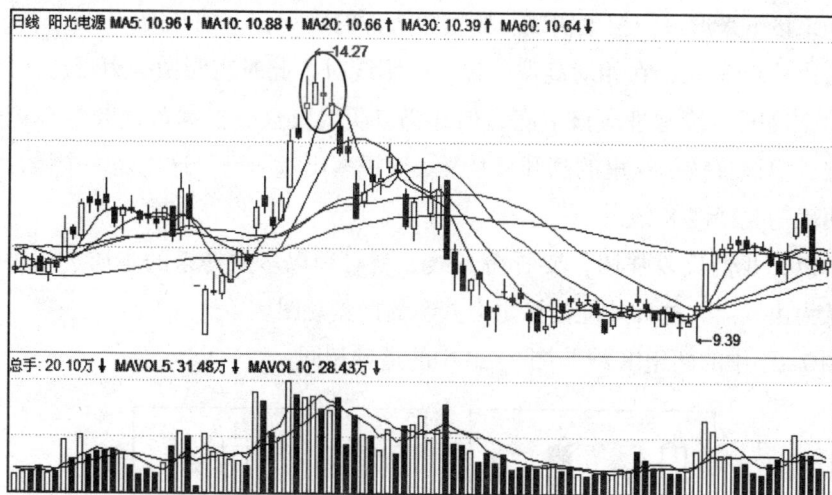

图7-18

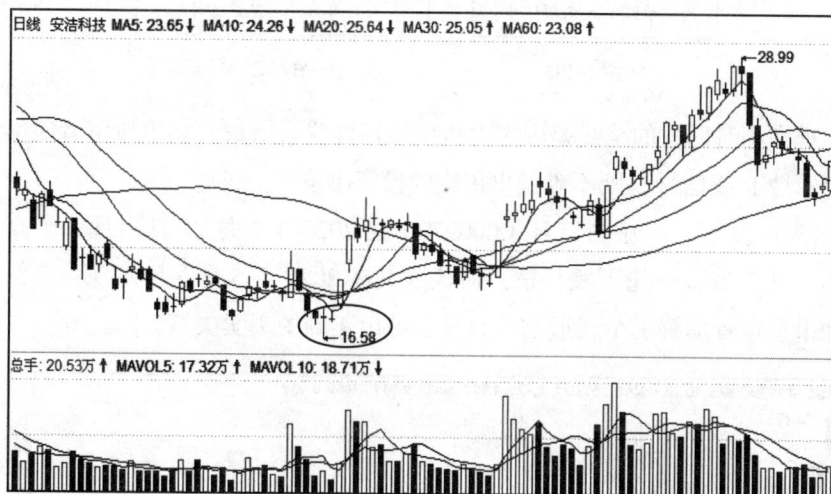

图7-19

（5）孕线。孕线顾名思义，即前一日的K线包含着次日的K线。通常，有两组孕线是非常重要的警示性信号。如图7-20、图7-21所示。

图7-20中，左边一组K线若在相对高位出现，则为警示性见顶信号。前日以大阳线报收，按正常走势次日应该高开，但次日开盘却走低，而且以阴线报收。由黄金K线理论可知，该涨不涨，应该看跌，这是一个警示性见顶信号，主力很有可能已在前一交易日中的拉升途中出货。次日的低开使追高进场的投资者根本没有获利离场的机会，但仍心存侥幸地以为是正常的调整，上涨还会继

续。如果接下来形成一根大阴线，则宣告头部的确立，下跌开始。

右边一组 K 线，在相对高位收出一根阴线时，此时表明做空力量已在出逃，次日跳空高开，按常理应该上涨，但却仍以阴线收盘。根据黄金 K 线理论，该涨不涨，应该看跌，这里的高开只是又一次诱多出货而已。这也是一个操盘意图非常明确的关键性 K 线。

所以，我们反复强调，要看懂 K 线，就必须以多空搏杀的本质、相对位置的确认为出发点，这样才能读懂主力真实的操盘意图。

图 7-21 中的两组 K 线与图 7-20 中的道理相同。

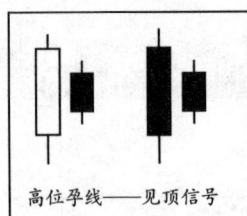

图7-20

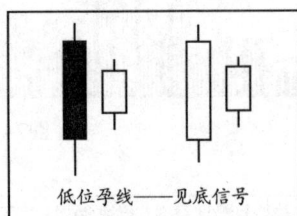

图7-21

出现在相对低位的孕线是因主力机构试探性建仓所致，如果投资者能够读懂这根警示性 K 线信号，则不难做出正确的投资决策。

如图 7-22 所示，中科三环（000970）在 2020 年 2 月 28 日出现一个高位孕线形态，从此展开一轮下跌行情。而该股又在 2020 年 5 月 6 日出现一个低位孕线。如果投资者理解了孕线形态，自然会做出正确的买卖决策。

图7-22

四、K线的缺口理论

一般情况下，K线的运行呈连续状态，缺口的出现让K线运行出现中断，出现这种当日K线与前日K线之间的中断就是跳空缺口。这种情况在K线的运行过程中，是一种特殊而又十分重要的信号。

缺口，通常是主力资金或先知先觉的投资者在次日坚决买进或果断抛出所导致的。由于开盘的价格较上一个交易日的最高价高出许多，或较上一个交易日的最低价低出许多，从而导致K线出现中断缺口，这往往是资金大量做多或大量做空引起的。主力资金通常为了快速脱离底部而做出跳空缺口，让前一日割肉的投资者没有机会买回，或将股价急剧打压，远离头部区域，让高位接盘的投资者深度被套而不忍割肉。再者，在重要的阻力位或支撑位附近出现缺口，有时做向上的跳空缺口，从而快速突破前期的阻力位，使抛压减轻；或迅速向下做突破缺口，击穿支撑位，让误以为有支撑的投资者在措手不及下丧失正确判断的能力。

一般情况下，缺口的分类方法有以下三种。

（1）按照缺口所处的趋势方向可以划分为上升缺口和下降缺口，通常把上升趋势中的缺口叫作上升缺口，把下降趋势中的缺口叫作下降缺口。如图7-23、图7-24所示。

（2）按照K线的周期不同可以划分为日K线缺口、周K线缺口、月K线缺口和年K线缺

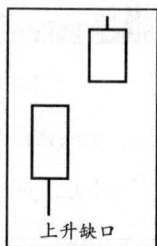

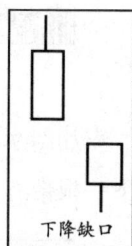

图7-23　　　　　图7-24

口等，一般情况下，年、月、周K线中的缺口并不常见。周K线中的缺口对中长期走势有较好的指导作用，但投资者更重视贴近市场主力资金运作意图的日K线，所以，平时研判行情主要以分析日K线缺口为主。

（3）由缺口在单一趋势中所处的位置来划分，缺口被分为突破缺口、持续缺口和竭尽缺口。这三种缺口对于一轮上涨行情或下跌行情的分析与研判有着非常重要的指导意义。

①突破缺口：突破缺口是指在行情开始之初，出现的第一个跳空缺口。这个缺口表明一轮行情上涨或下跌的开始，是一个十分重要的标志性K线信号。由于缺口是因为大规模资金集中做多或做空所引起的，因此，一旦出现向上的突破缺口，常常说明一轮较大的行情即将开始；如果出现一个向下的突破缺口，常常

说明一轮较大的跌势即将开始。突破缺口是 K 线理论中的一个确认性信号，是判断行情见顶或见底时一个十分有价值的依据。

如图 7-25 所示，2020 年 7 月 6 日，中恒集团（600252）出现跳空高开，随后迅速脱离底部盘整区间，一轮轰轰烈烈的上涨行情就此展开。

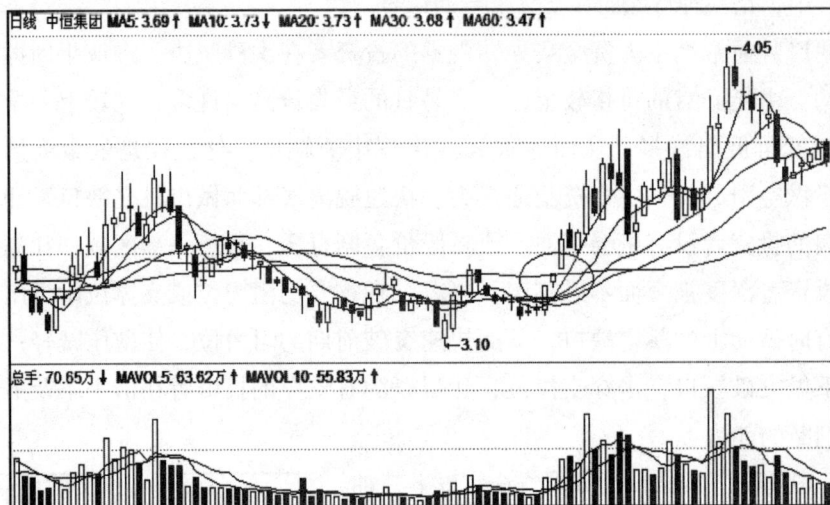

图7-25

如图 7-26 所示，2020 年 3 月 9 日，三安光电（600703）跳空低开，并且留下一根带有实体的大阴线，宣告一轮跌势的展开。

图7-26

如果投资者能在出现向下突破缺口时及时离场，那么便可以避免长期被套所带来的资金损失与精神折磨。

可以说，在缺口理论中，最重要的就是突破缺口。投资者应在发现向上的突破缺口时跟进，在发现向下的突破缺口及时离场。

②持续缺口：持续缺口又称度量缺口，因为持续缺口有一个独特的作用，即量度作用。在一轮较大幅度的上涨和下跌行情中，持续缺口比较难把握。

缺口理论中有句名言叫"三跳空，气数尽"。通常情况下，无论是大盘还是个股，三个跳空缺口之后，都会有一个修正原来趋势的过程，即向上趋势的行情中若出现三个缺口，通常会见顶或出现调整；向下趋势的行情中若出现三个缺口，通常会见底或出现反弹。

持续缺口的量度方式是持续缺口与突破缺口之间距离翻一倍上去就是本轮行情的高点。根据市况不同，度量的高点位置稍有差异，强势行情中会超过预期点位一点，而弱势行情中则会低于预期点位。建议投资者根据不同的市场环境做出买卖决策。

如图7-27所示，新农开发（600359）在2020年5月7日向上突破缺口，5月8日，股价向上跳空开盘，出现了持续缺口，股价随即展开了一轮升势。

这一轮行情刚好涨到11.85元，此后便出现了长达两个月之久的调整期，需要指出的是，股价预测并非要求算出精确的点位，而是寻找一个相对准确的区域位置。

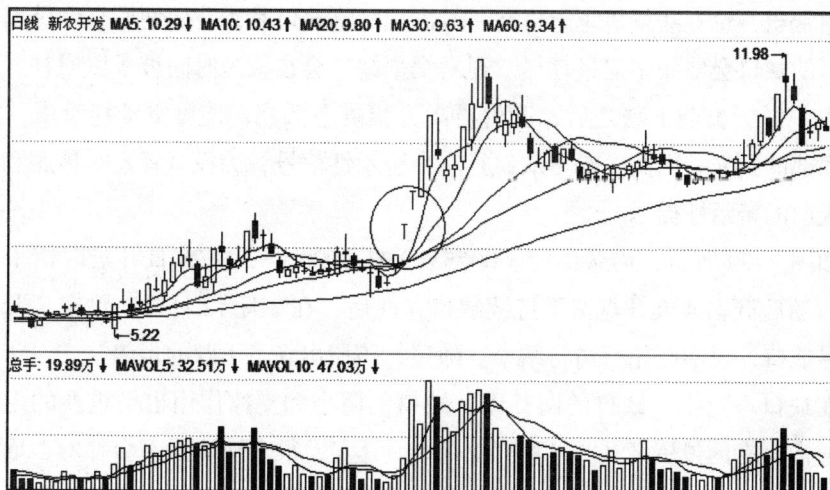

图7-27

如图 7-28 所示，2020 年 3 月 25 日，上证指数开盘时留下了向上的突破缺口，4 月 7 日大盘再次跳空高开，留下了持续缺口。根据持续缺口的量度方法，再根据黄金 K 线的标志性 K 线信号进行操作，准确率则较高。

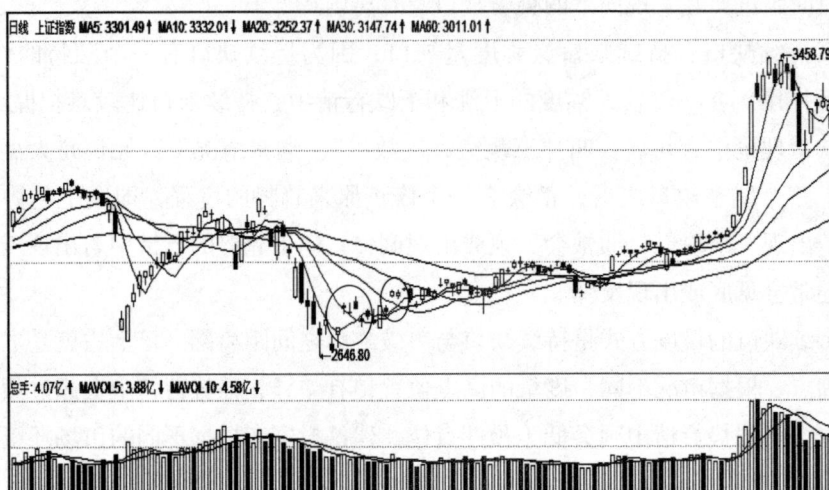

图7-28

对于持续缺口的量度方法应当灵活运用，不能死搬硬套。其意义只是提醒投资者在那个区域附近应注意可能的调整或反转。

③竭尽缺口：有些时候，在一轮行情之中仅有突破缺口和持续缺口，竭尽缺口根本就不出现，但有些行情只有竭尽缺口。

通常当一轮上涨行情越走越高，又出现跳空缺口时，我们便要高度警惕，往往此时的缺口会使做多能量耗尽。通常竭尽缺口会在较短时间被予以回补。下跌行情也一样，长期下跌之后，股价再次大幅跳空低开，使做空动能衰竭，从而导致底部的到来。因此，竭尽缺口是一个警示性信号，为投资者及时抄底和逃顶做出提前的警示性提示。

如图 7-29 所示，尚荣医疗（002551）在 2020 年 2 月 28 日开盘时留下突破缺口，随后调整 4 天开盘留下持续缺口，此后，在 3 月 12 日再次跳空高开，留下竭尽缺口，说明此轮行情将结束。随后，该股出现了下跌的走势。

在缺口理论中，缺口的回补以及缺口的阻力和支撑作用也是重要的组成部分。通常，有的投资者认为"缺口必补"，其实，很多缺口是不会补的，而一旦回补缺口之时，缺口应该起到重要的阻力或支撑作用。

如图 7-30 所示，佳云科技（300242）出现跳空高开，留下一个跳空缺口，其后近 3 周的时间，股价每次打到缺口附近都会被拉起。

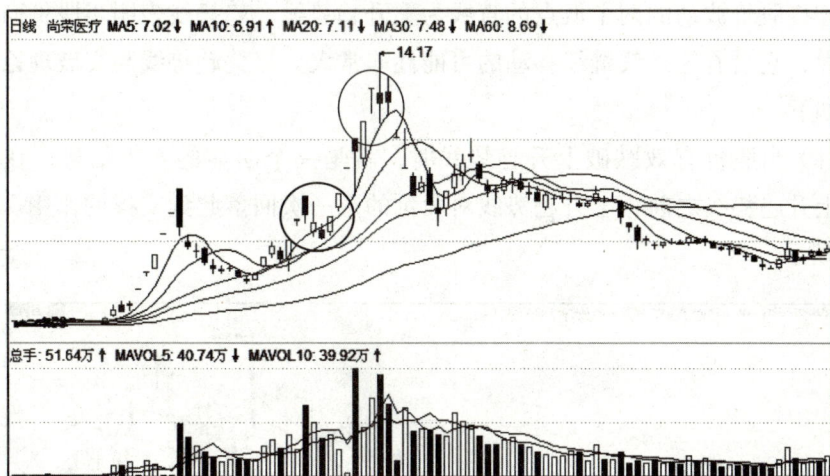

图7-29

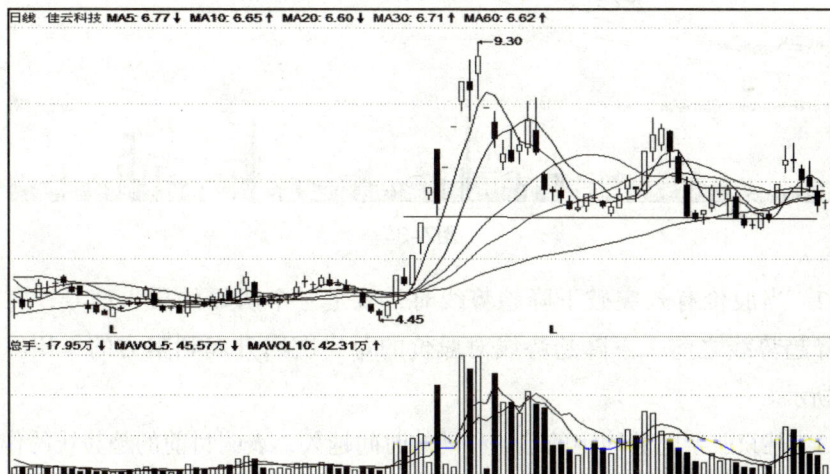

图7-30

　　值得注意的是，缺口理论是 K 线理论中的一个重要组成部分，对股价的运行有着重要的指导作用，投资者在使用的时候，不可拘泥于条条框框之中，而应根据具体情况加以灵活运用。

五、趋势线与突破理论

　　趋势线根据方向不同，可以分为上升趋势线和下降趋势线。股价处于下降趋势中，连接股价波动的两个高点的直线为下降趋势线；股价处于上升趋势中，连接股价波动的两个低点的直线为上升趋势线。趋势线表明当股价向前方移动时，它沿着这条线继续移动的可能性非常大。有关趋势线与突破理论要点总结如下。

（1）当股价有效跌破上升趋势线时，就是一个明显的卖出信号；在没有跌破上升趋势线之前，上升趋势线对股价的每一次回落起到支撑的作用。如图7–31 所示。

图7–31

（2）当股价有效突破下降趋势线时，就是一个明显的买入信号；在没升破下降趋势线之前，下降趋势线对股价的每一次回升起到阻力的作用。如图7–32 所示。

（3）某只股票随着固定的趋势移动的时间越久，表明目前的趋势线的作用越可靠。

（4）在长期上升趋势中，成交量会随着股价的上升逐渐放大，当有非常高的成交量出现时，便可能成为中期趋势结束的信号，随之而来的将是回调趋势。

（5）在中期变动中的短期波动结尾，出现高成交量的频率增多，顶部比底部出现的情况更多。在顶部，庄家故意拉抬股价，制造牛市气氛，散户盲目大量抢进，庄家趁机脱手，成交量明显放大；而在底部，庄家故意打压股价，股市经过一段恐慌大跌，无知散户信心动摇，见价就卖，而此时实已到达长期下跌趋势的最后阶段，于是机构或庄家开始大量买进，形成高成交量。

（6）每一条上升趋势线，需要两个明显的低点才能确定；每一条下降趋势线，则需要两个明显的高点才能确定。

（7）趋势线与水平所成的角度越陡越容易被一个短的横向整理所突破，因此趋势线与水平所形成的角度越小，越具有技术性意义。

（8）股价的上升与下跌，在各种趋势之末期，都会出现加速上升与加速下跌的现象。因此，在市场趋势反转的顶点或底部，股价一般都远离趋势线。

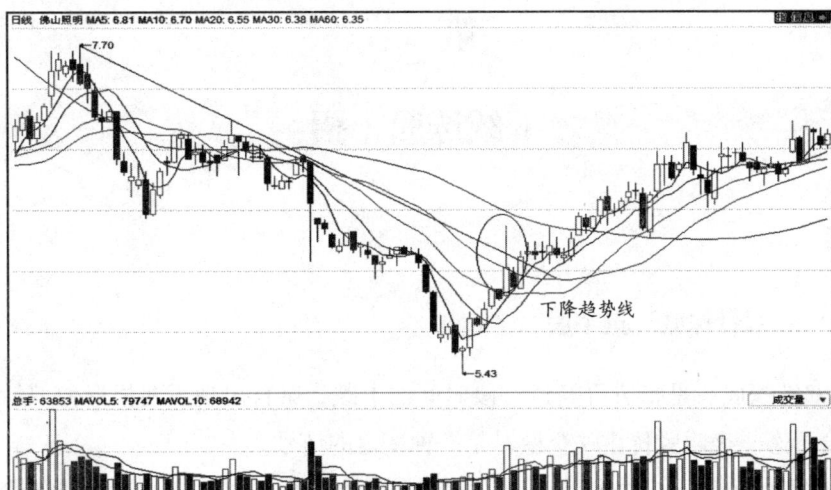

图7-32

（9）趋势线也会角色转换，并且十分有效。如图 7-33 所示。

（10）一条有效趋势线被突破，股价离开趋势线的距离一般和趋势反转之前价格交点到趋势线的竖直距离相等。

（11）当股价突破趋势线时，可从下列三个方面来判断突破的可信度：

①如果股价在一天的交易时间里突破了趋势线，但收市价仍处于趋势线之内，这并不是真正的突破，这条趋势线仍然有效。

②如果收市价突破了趋势线，再关注幅度是否超越 3%，只有超越了 3% 才可以信赖。

③股价在上升冲破下降趋势线的阻力时，要有成交量放大的配合。而向下跌

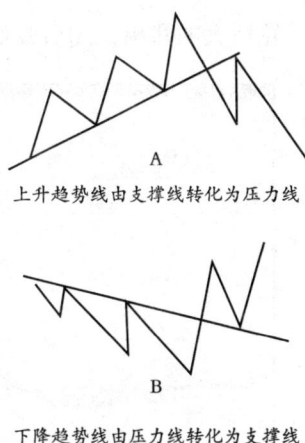

A

上升趋势线由支撑线转化为压力线

B

下降趋势线由压力线转化为支撑线

图7-33

破上升趋势线支持时则不用如此。一般情况下，在股价向下突破上升趋势线的当天，成交量并不增加，在突破后的第二天才会有成交量增大的现象。

第二节

K线选股十招

一、"双针探底"选牛股

"双针探底"是指股价经过一段时间的下跌，某日出现了两根形似双针的 K 线组合形态，表明股价止跌企稳，是一种变盘的信号。

如图 7-34 所示，主力为了清洗散户和其他中小机构出局，借助利空消息进行跌停板打压股价，然后利用两根长下影线进行洗盘，同时配合着成交量的放大。之后该股再次缓慢地爬出上升通道，形成"双针探底"，暗示该股日后将有一轮巨大的涨幅，随后股价最大涨幅达到 214%。

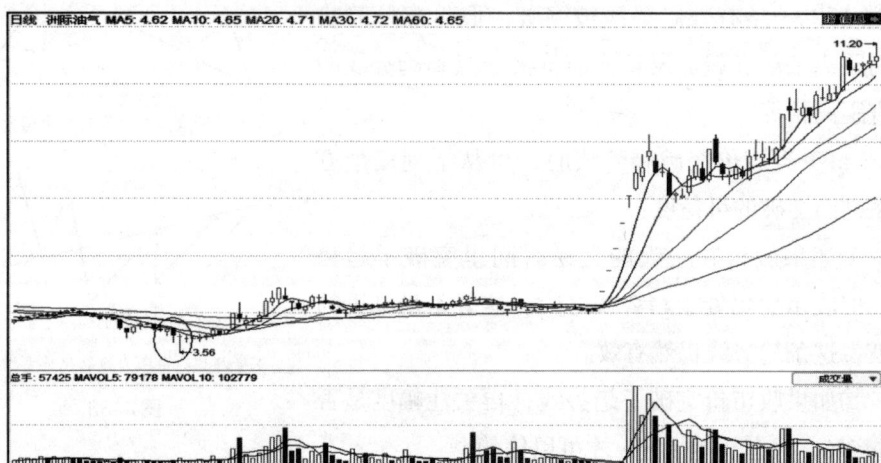

图7-34

二、"炮坑洗盘"选牛股

"炮坑洗盘"是主力在拉升股价之前的一种凶狠的洗盘手法，在K线图上看似一个炮弹轰炸出来的"炮坑"。短线投资者可以选择止损出局，待股价企稳后再介入。

在经过平台整理后，庄家进行了拉升前的洗盘动作，利用在这样的平台中轰炸出来的"炮坑"，投资者可以寻找到理想的中线黑马牛股，同时结合个股的基本面情况去甄别牛股，成功率非常高。如图7-35所示。

图7-35

炮坑洗盘是拉升之前的洗盘，持仓投资者可以选择止损出局，在其止跌之后，等待再次突破向上时，再选择介入。如图7-36所示。

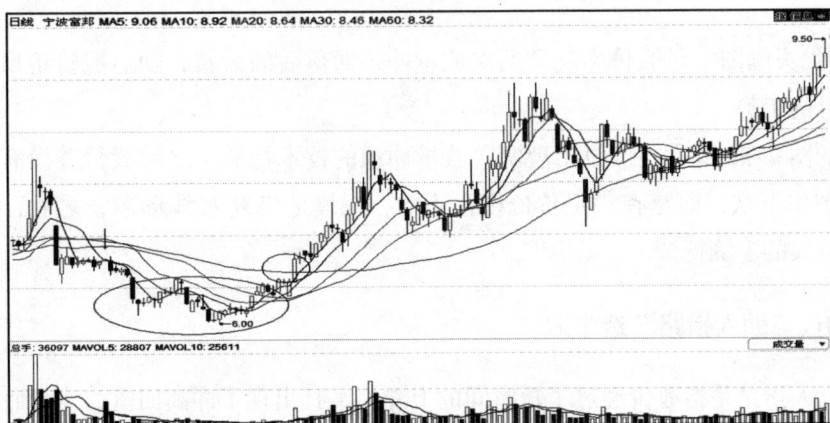

图7-36

三、"尖底洗盘"选牛股

"尖底洗盘"是主力在拉升股价之前的一种短时间的洗盘手法，在 K 线图上形成了一种尖形底的组合形态。

"尖底洗盘"十分适合选择中短线牛股。尖底洗盘即拉升之前的洗盘，投资者应重点关注砸出尖底之后，构筑出的连续小阳线上涨走势。典型的洗盘之后修复 K 线形态，温和放量，连续的小阳线上涨，此种走势突破前期高点时投资者可以考虑介入。如图 7-37 所示。

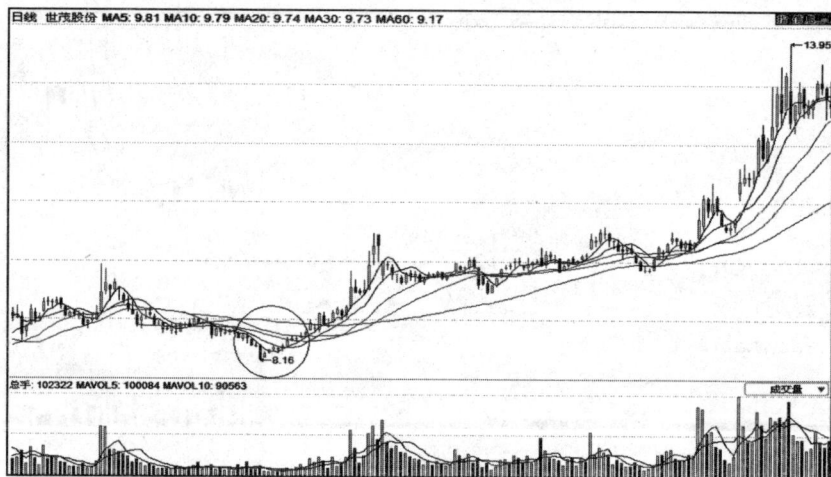

图7-37

四、"尖头画图"选牛股

"尖头画图"是股价出现了两次放量冲顶回落后的盘整，随后股价走出了不断盘升的走势。

如图 7-38 所示，该股出现两次放量冲顶的技术特征，之后股价并没有出现疯狂破位下跌，而是在一定价位横盘不动，慢慢地修复 K 线形态，之后，走出一轮巨大的上涨行情。

五、"仙人指路"选牛股

仙人指路是指股价经过了短时间的上涨，某日出现了冲高回落，当日收出了一根带长上影线的 K 线，随后股价经过一段时间的盘整，走出了一波突破前高的走势。

　　长长的上影线突破前期高点，带有"试盘"的实战含义。这种"仙人指路"的试盘形态出现，表明后市一定会有所突破，再创新高。其后的中阳线吞并前面的小阴线时，是一个介入的良机。如图7-39所示。

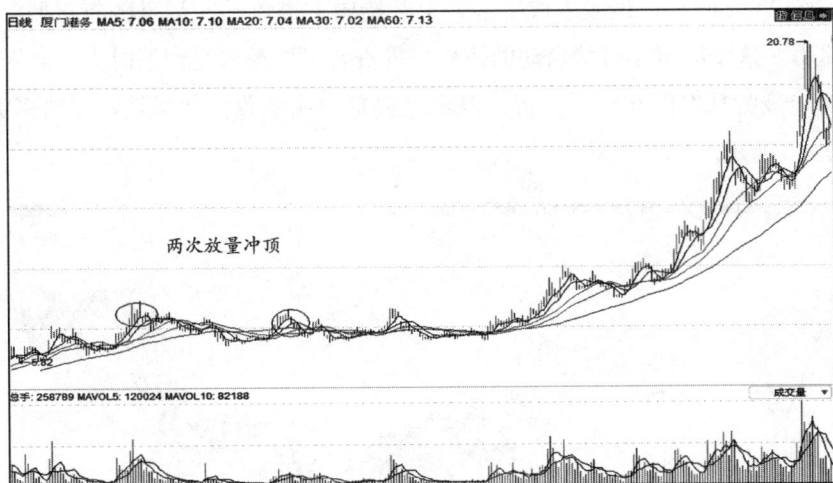

图7-38

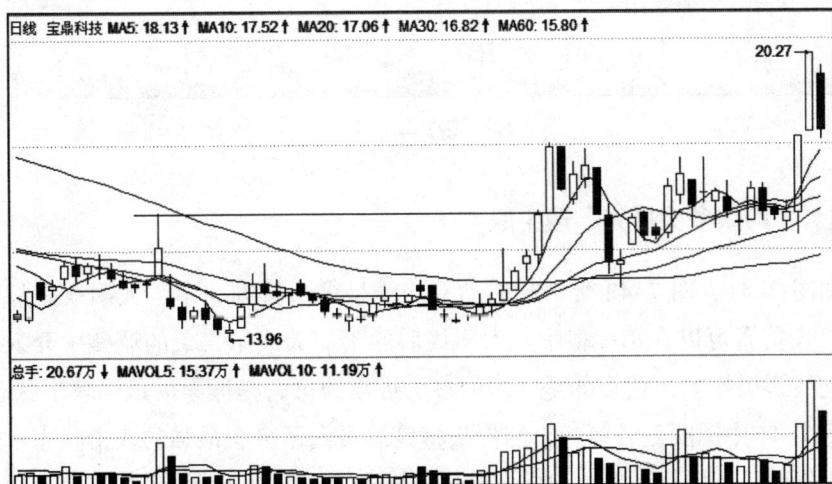

图7-39

　　图7-39中，一根长长的上影线突破前期所有高点，是典型上攻前的试盘行为，后市等待回调介入。出现"仙人指路"时，个股一般都是在低位，适合中线投资者操作。

六、"跳空缺口"选牛股

跳空缺口是指某日因出现了利好或者利空消息股价出现了向上或向下跳空的走势，表明后市看好或看空。

如图 7-40 所示，该股形成跳空缺口开始向上进攻，一举突破前期平台高点趋势压力。这个缺口是行情启动的信号。投资者可以趁次日回调时大胆介入，最好同时与该股基本面相结合分析，确定是否是中线牛股，如果是则成功率更高。如图 7-40 所示。

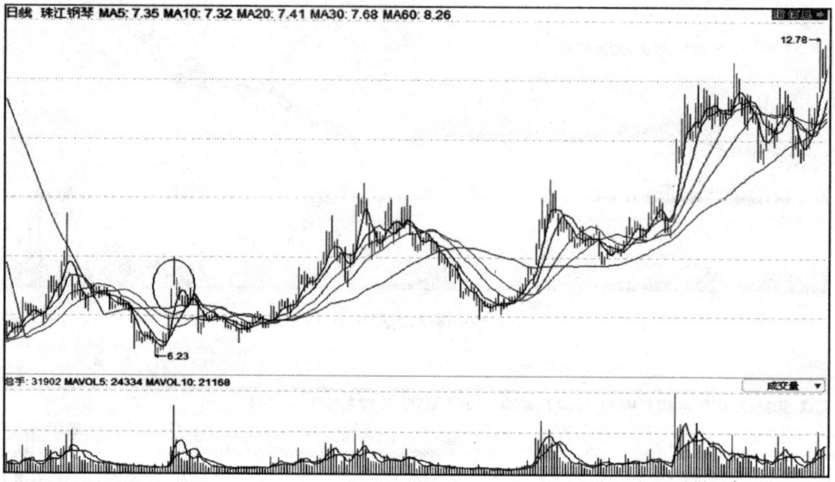

图7-40

七、"均线多头排列"选牛股

如图 7-41、图 7-42 所示，移动平均线呈多头排列，中、大阳线是加速的信号，投资者可以在第一根中、大阳线后的第一天或第二天的调整中介入。移动平均线多头排列，代表的是强烈的多头进攻力量，是股票的最强攻击状态。

图 7-41 中圆圈处，第一个涨停板将该股带向了多头最强的攻击状态——均线多头排列，利用移动平均线多头排列进行选股，可以让投资者快速骑上短线飙升黑马股。

八、"底部长期横盘"选牛股

对于长期底部横盘，再加上基本面不错的股票，结合其成交量阴阳多少，可

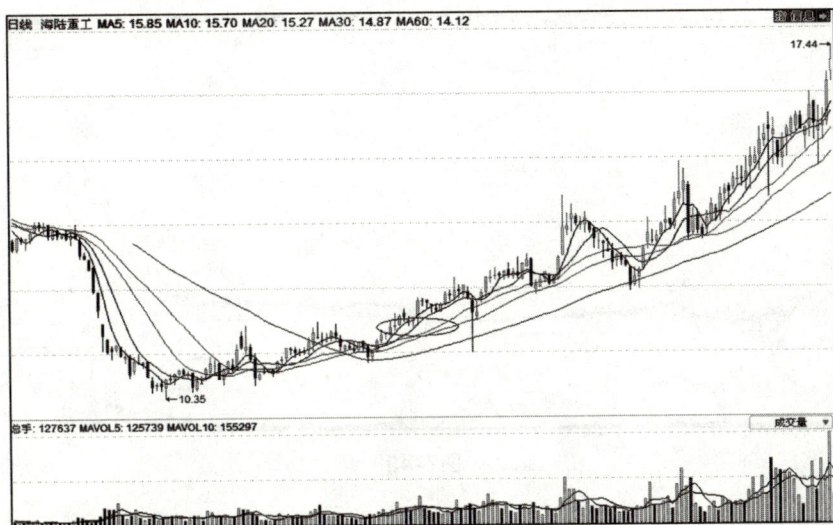

图7-41

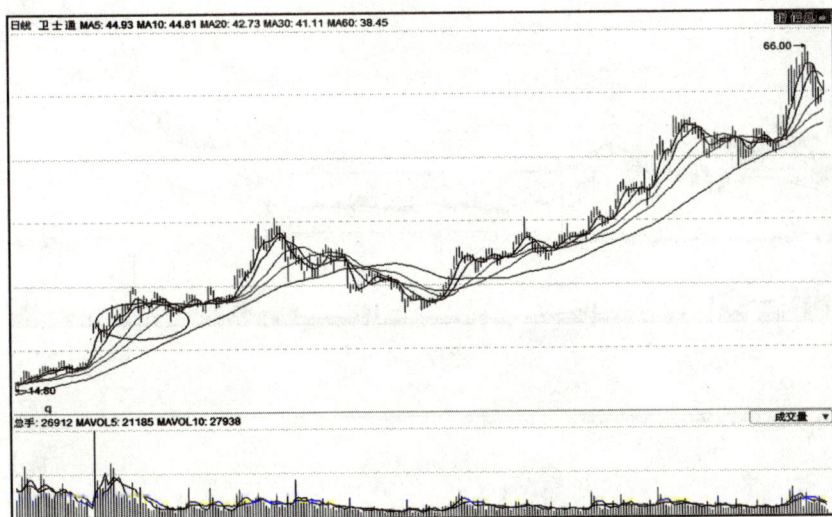

图7-42

以判断该股的长期横盘是否一直有主力在吸货，如有主力在吸货可以选择该股为中线股。如图 7-43、图 7-44 所示。

还有一种底部横盘的形式，走势就像一个"一"字，因而被称为"一字线"横盘。这种长期横盘每天的波动幅度非常小，很像老庄股，而一旦爆发起来，便涨幅惊人。与股市中的"横有多长，竖有多高"的说法相符合。如图 7-45、图 7-46 所示。

图7-43

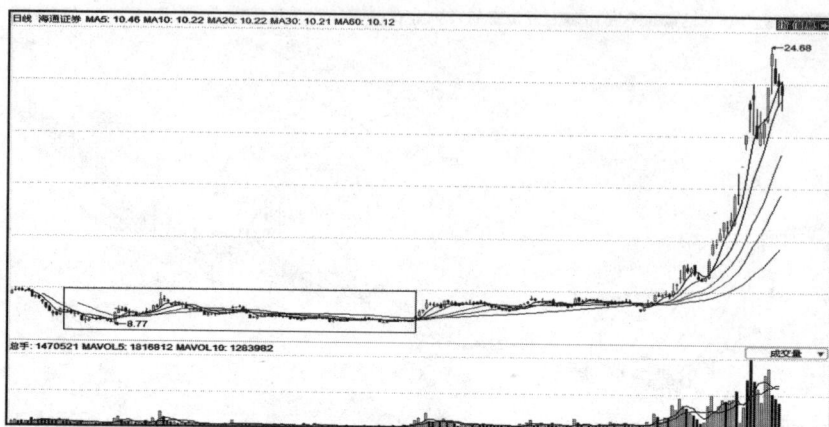

图7-44

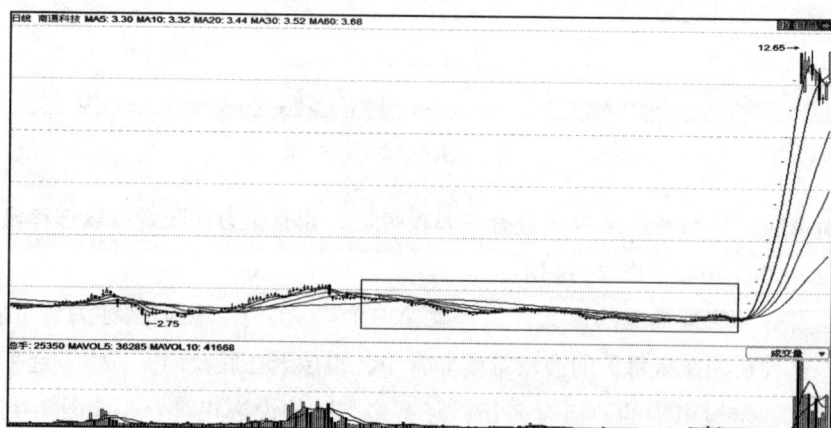

图7-45

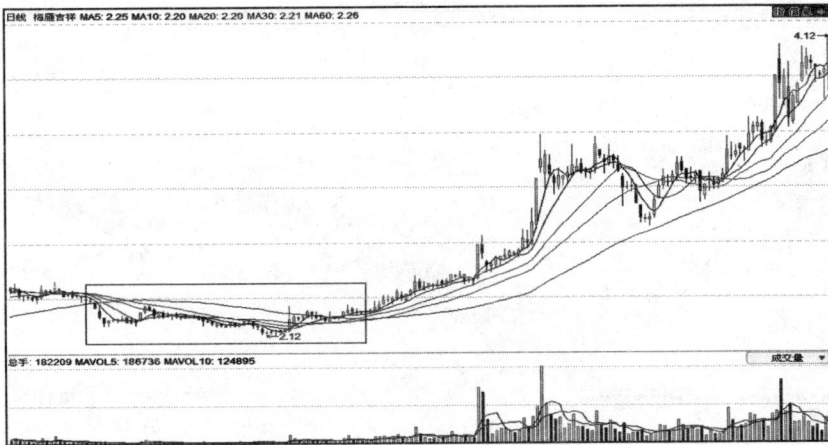

图7-46

九、"头肩底"选牛股

头肩底是一种底部反转形态，由左肩、右肩和头部三部分组成，形成左肩时股价下跌，成交量相对增加，随后股价再次下跌且跌破上次的最低点而形成头部，随着股价出现回升，走出了上升态势，表明后市看好。

"头肩底"技术形态结合个股基本面选中线牛股，这个选股方法具有较高的准确率。如图 7-47、图 7-48 所示。

头肩底技术形态启动之后，往往涨幅惊人。投资者应注意结合基本面进行选股，尤其是业绩增长良好的个股要重点关注。

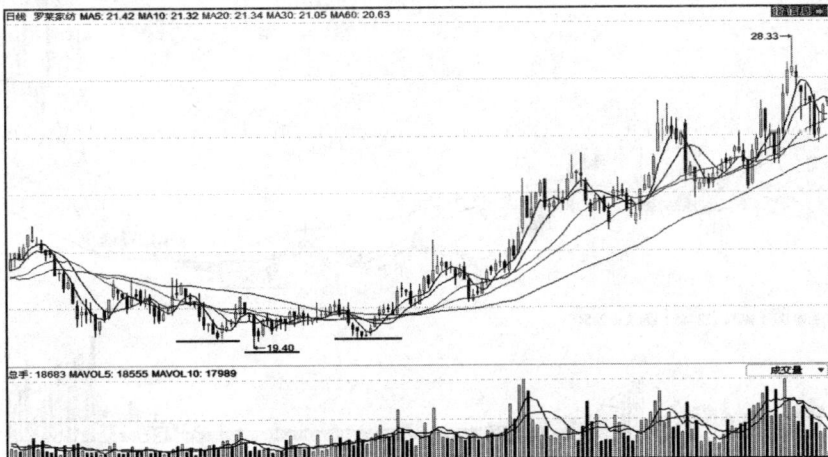

图7-47

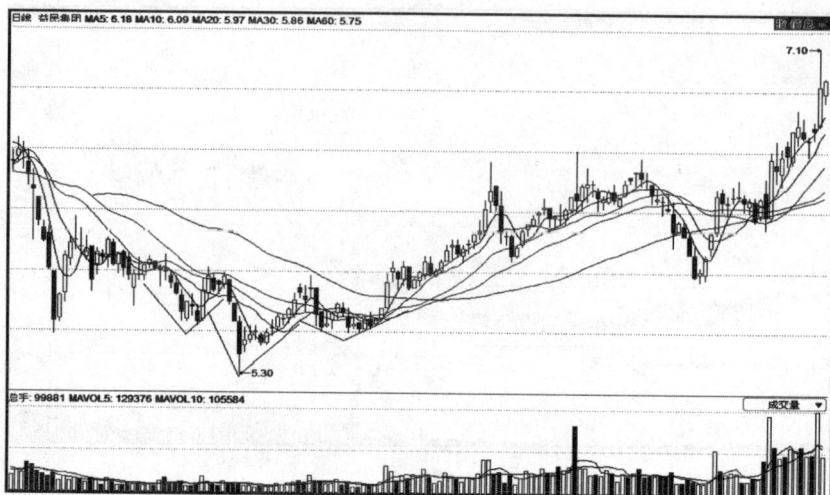

图7-48

十、利用牛熊分界线选牛股

季线（60日移动平均线）、半年线（120日移动平均线）被称为牛熊分界线，意思就是说，股价若跨越季线或者半年线，该股将走向牛市或者熊市。投资者可利用牛熊分界线，即个股从低位向上突破季线或者半年线这个转折点进行选股。股价K线有效站上季线或者半年线，个股就有可能走牛了。如图7-49、图7-50所示。

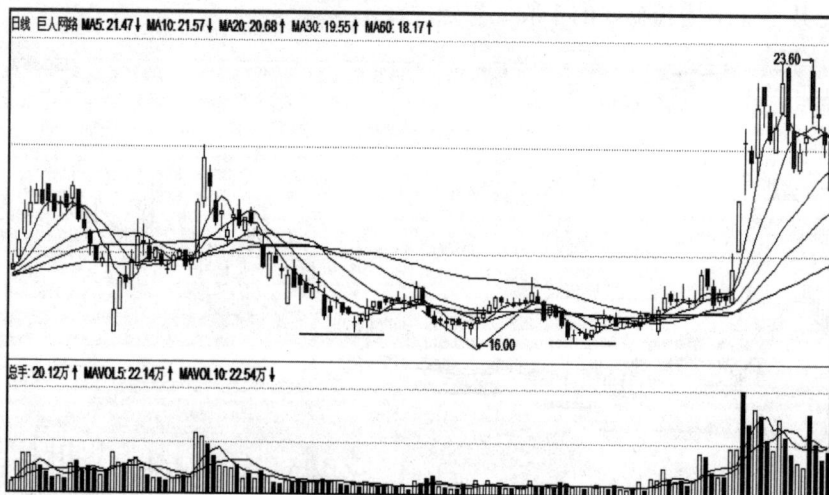

图7-49

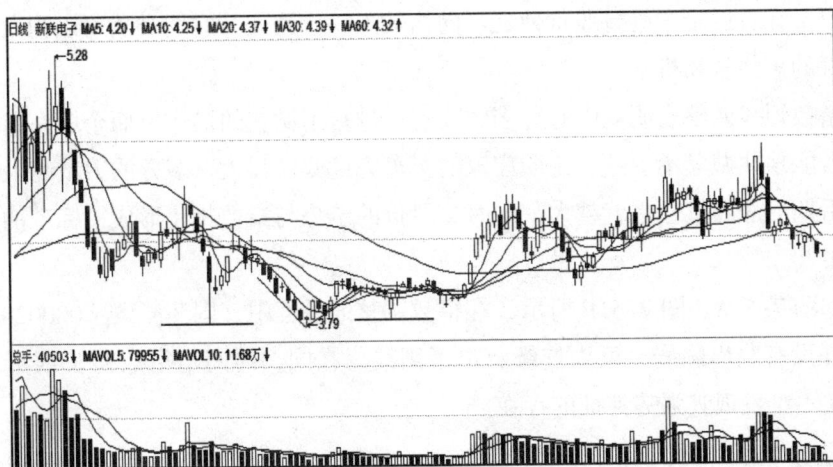

图7-50

第三节

实战操盘K线买卖点

一、对比 K 线买点

对比 K 线买点是短线操作的一种经典技法，它是在指数短线调整时进行个股短线操作所使用的方法之一，并且这种方法操作的成功率也很高，因此，喜欢进行短线操作的投资者一定要熟练掌握。

对比 K 线是将股价波动的走势与指数同期的波动进行对比，从而确定股价强势特征是否存在，如果股价的波动明显强于指数，那么后期的上涨行情必然还会继续，投资者此时可择机进行操作。

指数形成调整后，可以寻找同期调整的股票进行操作，同时，还可以寻找那些在指数调整时依然保持上涨走势的个股，这类个股是市场中短线的强势股，因为有资金在背后暗中维持股价使之不随指数下跌，因此，它们必然可以为大家带来极好的短线盈利机会。

指数短线调整表明盘中有许多短线资金进行了做空的操作，而个股在这种情况下若能顶住抛盘不下跌，说明庄家的买盘力度非常强大。多方的力量越大，股价在后期上涨的机会也就越大。此时，股价的走势与指数相比形成了标准的对比 K 线买点。

如图 7-51A、图 7-51B 所示，在指数调整的过程中，国药一致（000028）的股价并没有收出阴线，反而连续收出了阳线，在同一时间与指数的 K 线形态进行对比不难发现其强势特征的存在。

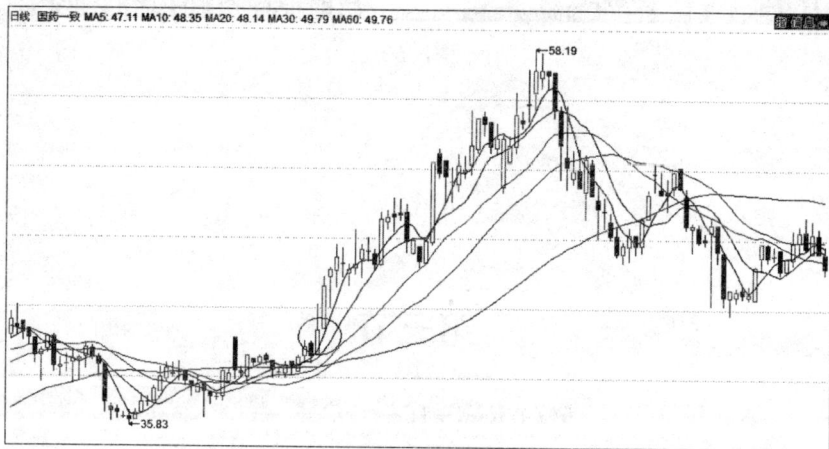

图7-51A

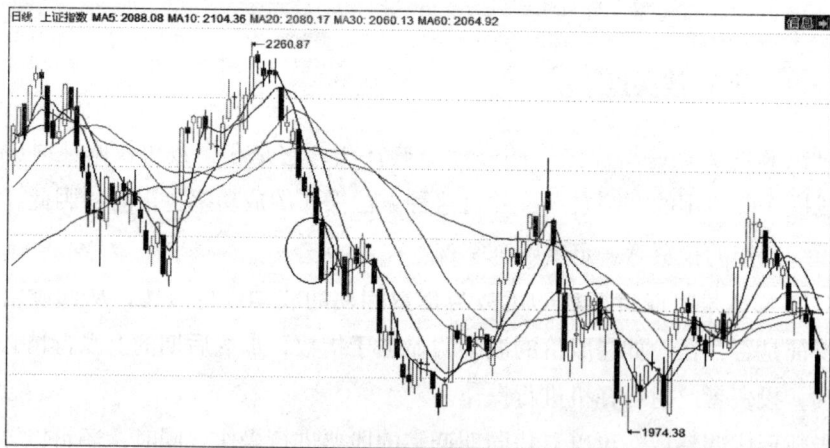

图7-51B

如图 7-52 所示，丽珠集团（000513）在指数前期下降的过程中始终保持着上升的趋势，股价的波动与指数进行对比显示其强势特征非常明显。随后大盘开始转强，而该股却连续下行，在这种情况下，应放弃对这类个股的操作，只有不断地操作走势强于指数的个股才能实现盈利。

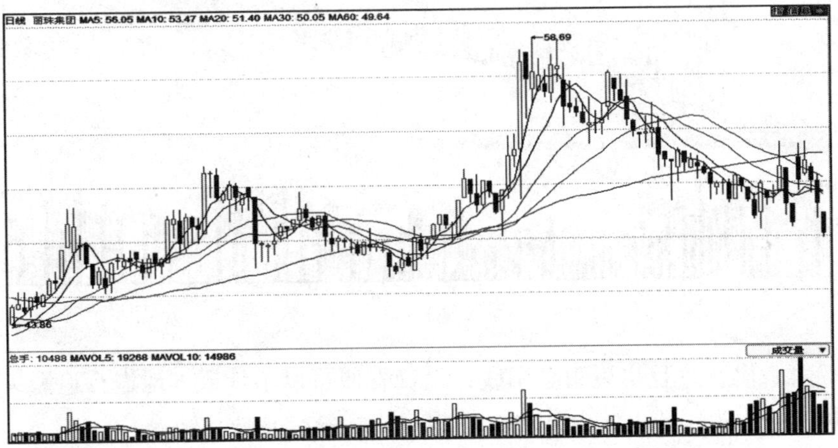

图7-52

二、黄金阳线买点

黄金阳线买点通常出现在底部区域或上升途中，股价在成交量没有出现明显放大的同时缩量上涨，这是庄家为了防止底部出现大量的跟风盘，用少量的资金快速启动的一波上涨行情。

在股价底部区间出现的黄金阳线意味着底部已经明确成立，一轮连续上涨的行情将就此展开。于上涨中途出现黄金阳线则表示股价已经进入主升浪阶段，投资者要想实现利润的最大化，此时可以进行积极地追涨操作。

如图 7-53 所示，海尔智家（600690）在2020年5月27日收出一根黄金阳线。

从图 7-53 中可以看出，该股出现了缩量上涨的涨停阳线。在涨停板出现的时候，成交量并没有明显放大，而是缩量上涨，这就是黄金阳线最明显的技术特征。

股价在没有资金的积极推动下还能大幅上涨，是由于庄家的资金具有绝对的控制能力，且庄家为了防止底部出现大量的跟风盘，而只用较少的资金快速启动上涨行情引起的。一旦股价快速涨停，投资者再想买入就只能在更高的价位进行操作，这时就和庄家的持仓成本拉开很大的距离，庄家占据了更有利的位置。

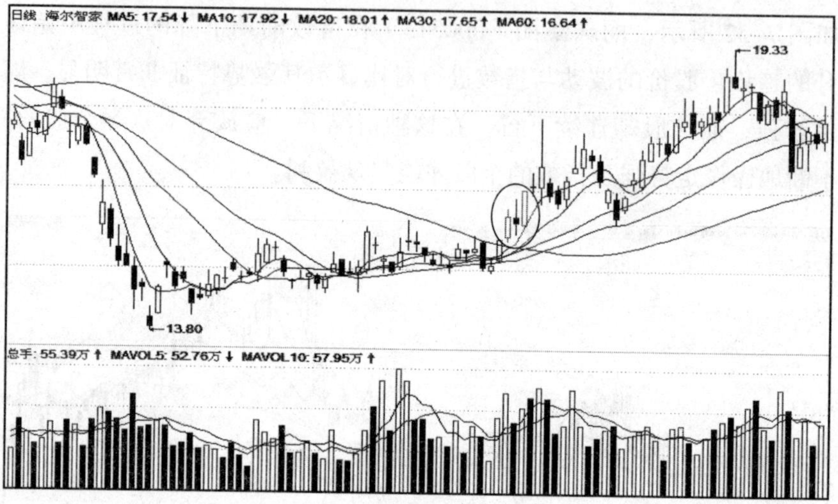

图7-53

一般来说，一旦出现黄金阳线，投资者便可以不计成本地进行追涨买入操作，因为黄金阳线的出现代表股价在后期继续上涨的概率极大。

三、"一二一"平台起飞买点

在"一二一"平台起飞买点中，第一个"一"是指个股在经过一段时间下跌后，K线产生多根小阴、小阳线，每根K线最大涨幅不超过4%，呈"一"字平台，其对应的成交量呈萎缩状态；"二"是指突然有一天，成交量放大到前期的两倍以上；第二个"一"是指当天K线收出一根大阳线，股价涨幅达到5%以上，甚至是涨停。

若某只个股满足以上三个条件，投资者可在盘中积极介入，个股后市的涨幅将会很大。

所以当投资者发现个股K线呈"一"字平台状态时，就应重点关注，如同猎豹守候猎物那样，在成交量放大两倍以上并拉出一根大阳线时果断出击，进行买进操作。如图7-54、图7-55所示。

四、"山谷停板"抄大底买点

山谷停板通常出现在底部区域，是指股价经过长期下跌，在历史低位出现了放量涨停板的走势形态，这是一种即将变盘的信号。

如图7-56所示，绿地控股（600606）开始出现单边下跌，在底部收出一根十字星，是即将变盘的先兆，果然次日拉出一个"山谷停板"，成交量也有效放大。因为该股跌幅巨大，主力在此借涨停板出货的可能性极小。懂得"山谷停板"含义的人可以当日或次日介入，在上升趋势线之上一直持股。

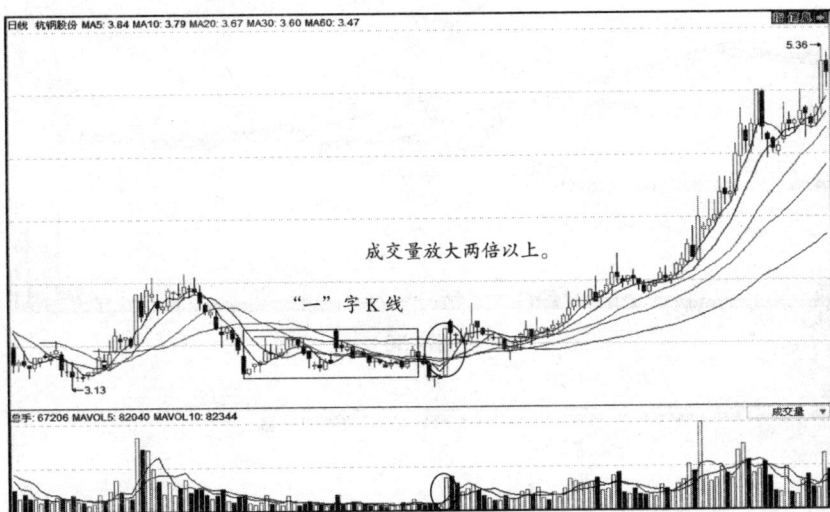

图7-54

图7-55

如图 7-57 所示，安道麦 A（000553）上演了"山谷停板"的好戏，从而引发了短线飙升行情，仅 1 个月的时间股价就大涨 64% 左右，创造了又一个短线暴涨的神话。

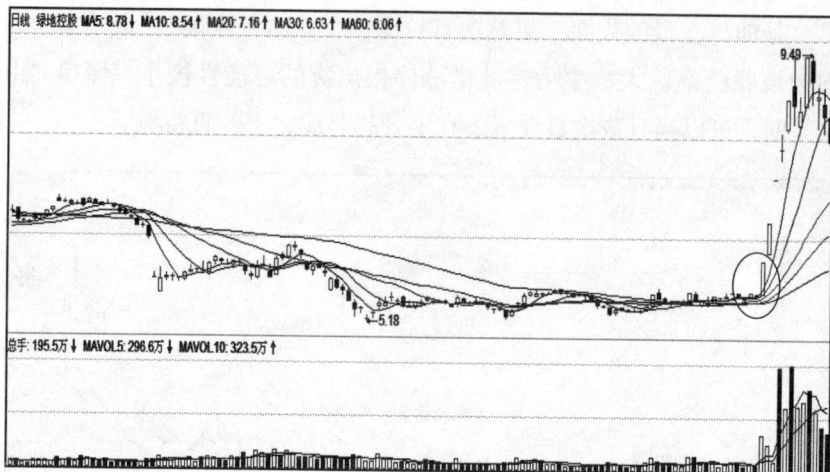

图7-56

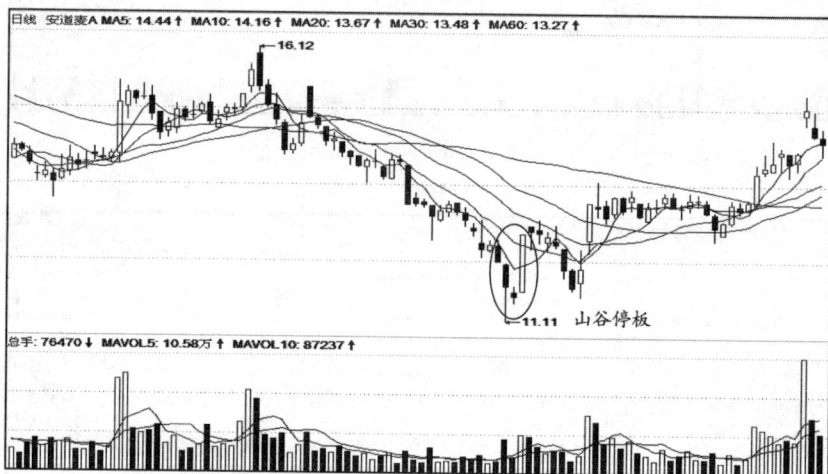

图7-57

五、"拨云见日"买点

拨云见日买点通常在下跌末期或上升途中出现，股价连续拉出了 3 根或 3 根以上的中阴线或大阴线，由于股价短期出现超跌，随后拉出了一根大阳线反包的走势形态，从而引发了一波上升行情。

个股在日 K 线上连续拉出 3 根或 3 根以上中阴线或大阴线，此时，场中如同被乌云笼罩，大多数投资者感觉心惊肉跳，到处都是割肉离场的现象。事实上，此时个股的跌幅巨大，技术上存在严重超跌，物极必反的反弹行情势不可挡。一般来说，个股在日K线上连续拉出3根或3根以上中阴线或大阴线形态，不管是出现在下跌末期还是在上涨途中的调整，都是短线介入的好时机，大阳线出现就是最佳入场时机。其技术特征如下：

（1）个股在日K线上连续拉出3根或3根以上中阴线或大阴线。

（2）此时个股跌幅严重，在技术上存在着超跌。

（3）最后一根阴线足够大，最好跌幅在5%以上。

（4）阳线也要足够大，涨幅最少在5%以上，最好完全覆盖住阴线。

如图7-58所示，沧州大化（600230）在连续拉出3根大阴线后出现一根插入性大阳线，形成"拨云见日"。结果引发了一波上升行情，股价经过一个多月的时间，涨幅达到20%。

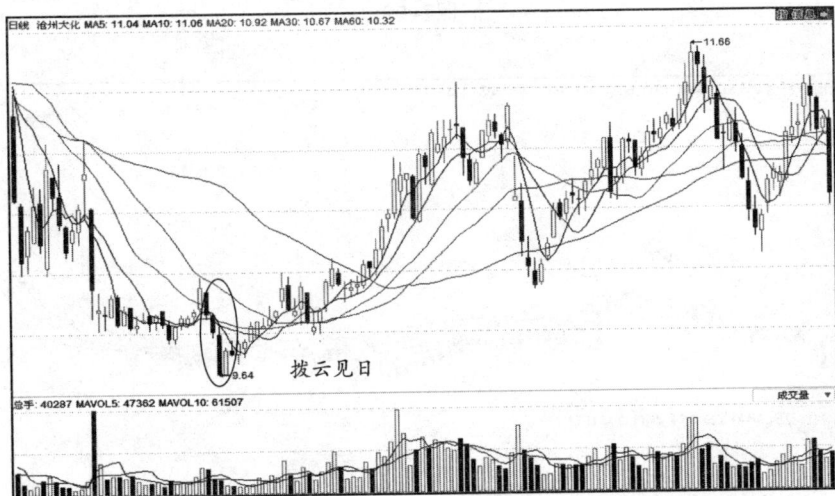

图7-58

如图7-59所示，云铝股份（000807）连续出现三次三连阴，引发了投资者的恐慌，纷纷割肉离场。实际上这是主力借大盘下跌最后一次疯狂洗盘。该股在启动时出现了"山谷停板"异动，强烈的多空反转一触即发。

六、"一三入场法"买点

"一三入场法"中，"一"是指个股一波上涨结束，"三"是指三浪回调完毕。若个股出现此走势说明后市极可能上涨，此时买入获利的机会相当大。

如图7-60所示，中金岭南（000060）在经历了一波较大的上涨与三浪回调后，后市极可能上涨，投资者此时可择机买入。

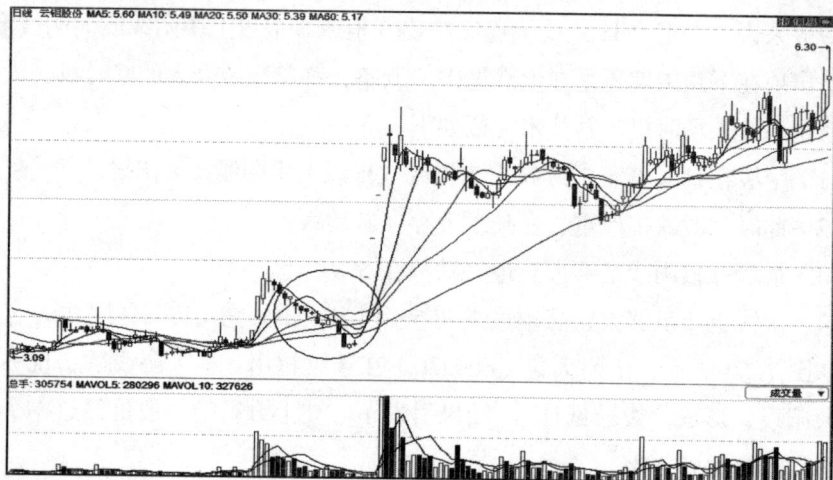

图7-59

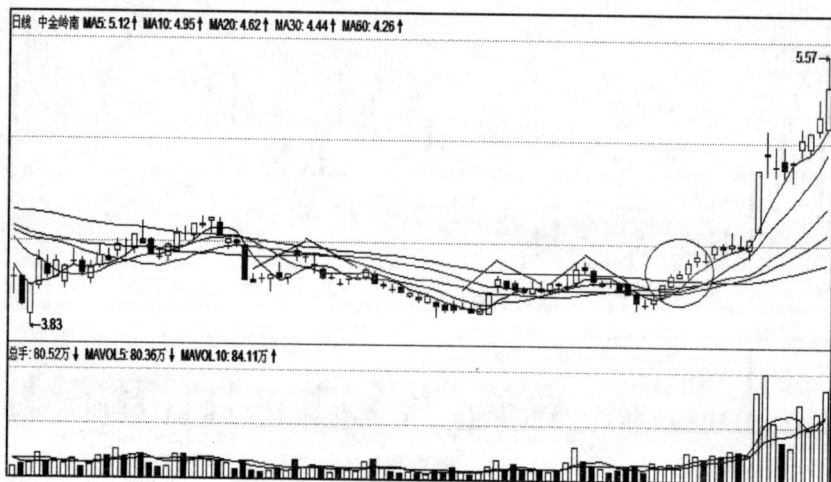

图7-60

　　投资者只要发现个股走势符合"一三入场法"的形态，就应该引起足够的重视，一旦成交量表现出趋势拐点，发出买入信号，这时介入就更加准确无误，介入后唯一区别只是涨幅大小问题。如图7-61所示。

七、底部追涨十法

1. 长阳重炮

　　长阳重炮是指股价在低位温和放量之后出现了一根带量大阳线或涨停板，同时均量线交叉，此时投资者应马上追涨。如图7-62所示。

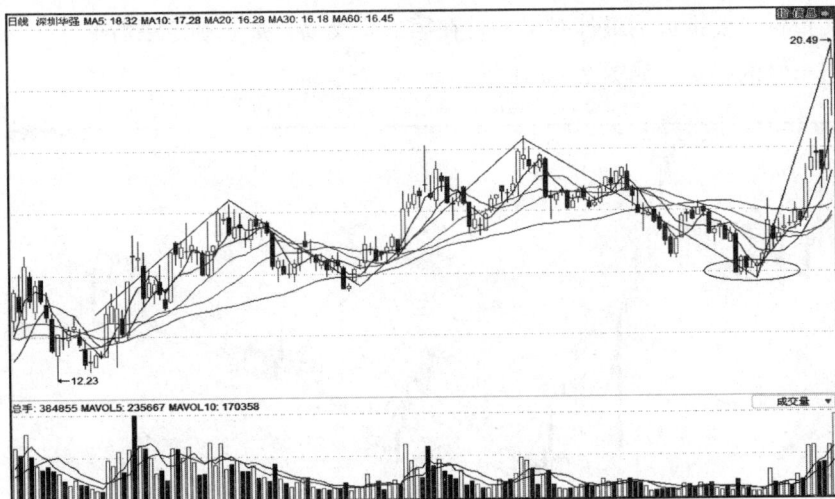

图7-61

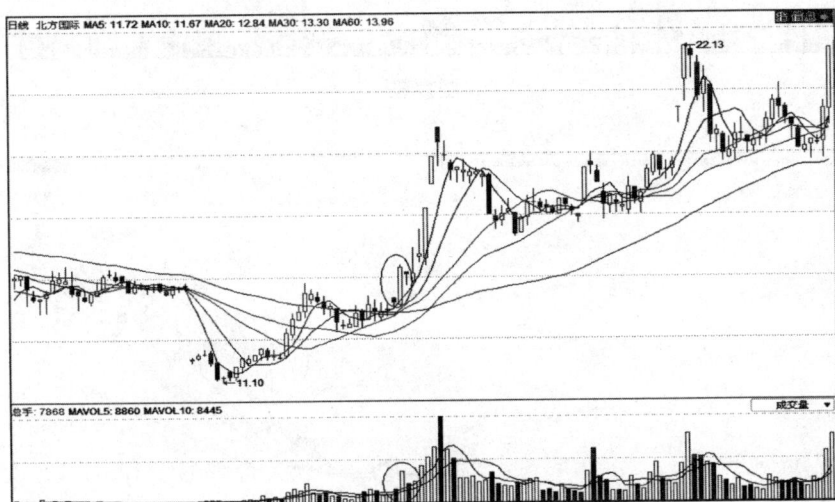

图7-62

2. 吞并翻转

第一个交易日收阴线或十字星，第二个交易日报收阳线，且包容第一个交易日的 K 线形态的大阳线。投资者可以在第二个交易日突破前日最高价的瞬间把握机会追涨买入。如图 7-63 所示。

3. 攻击追线

第一个交易日出现涨停板，第二个交易日先上后下收长上影线（7% 以上）或十字星，成交量呈放大趋势，第三个交易日用长阳吞掉了第二个交易日的长上影线。投资者要把握的最佳时机就是在第二个交易日形态确定以后追涨买入，此后定有丰厚的收获。如图 7-64 所示。

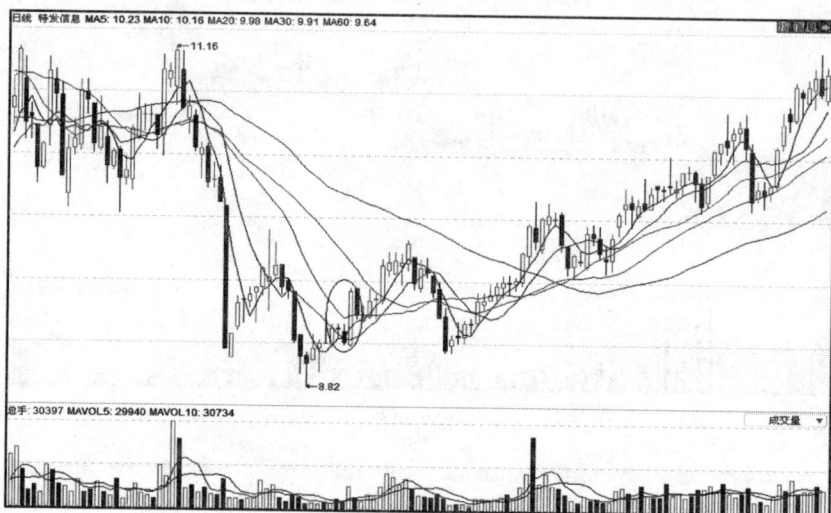

图7-63

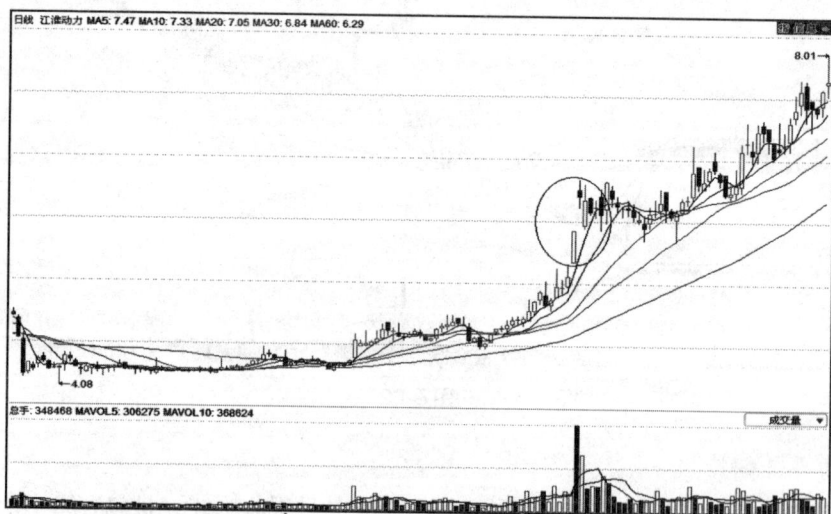

图7-64

4. 牛熊不败

个股依托底部形态（V 形底、W 形底、圆弧底）向上冲击大均线（即半年线或年线），一旦突破涨停，可以直接在涨停板追涨买入。牛熊不败，是必胜的 K 线形态，但不涨停信号不确定，如图 7-65 所示。

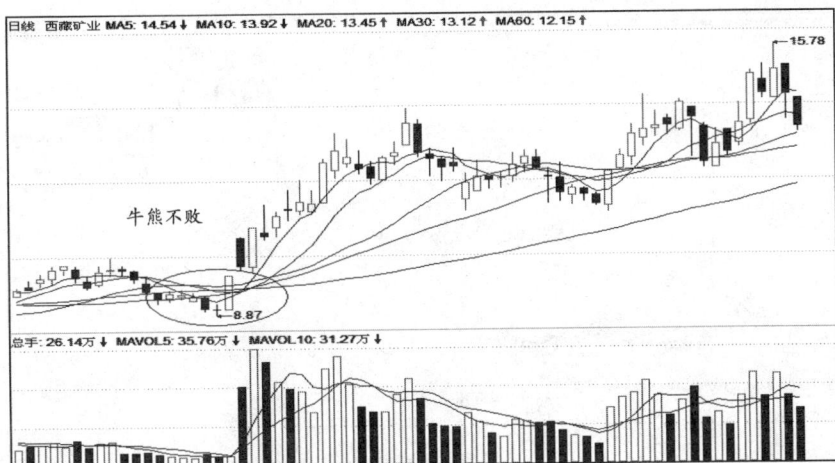

图7-65

5. "三"外有山

一轮中级以上行情中，一般会有连续三个涨停板的个股，成为龙头股，投资者应该在第三个涨停板附近伺机买入，后市还将有15%以上的升幅。如图7-66所示。

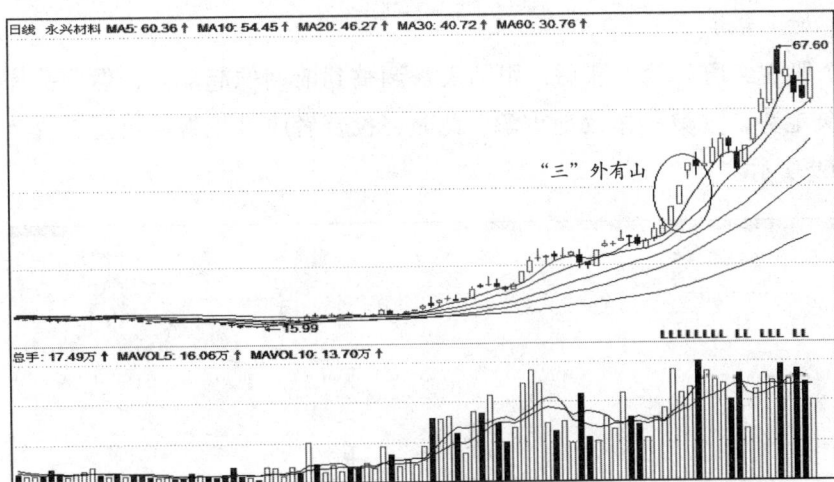

图7-66

6. 喜鹊闹梅

在涨停板前导下，连续三天收出小阴或小阳强势整理走势，如同三只喜鹊闹梅，意喻着市场冬天即将过去，春天马上到来。投资者可在形态确认后买进，后市会快速上涨。如图7-67所示。

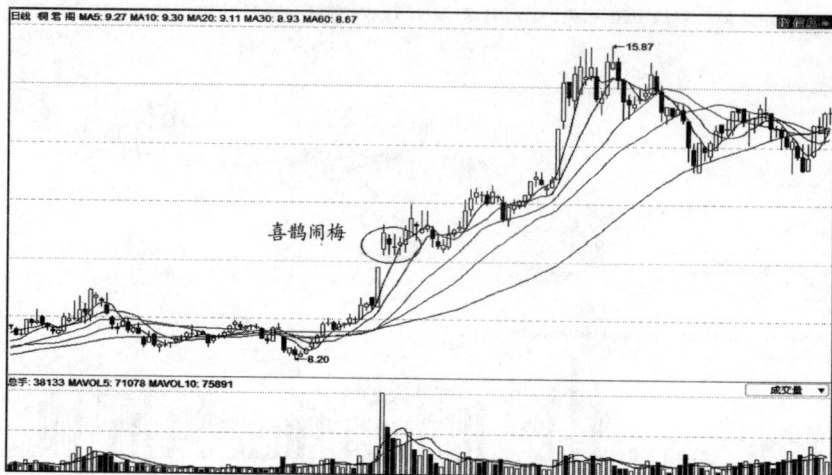

图7-67

7. 切割线

在平台整理的末端，股价突然向下沉去，并有冲破 10 日移动平均线的动作，之后以中阳线穿越平台。此时，投资者不要放过机会，应该直接追涨。如图 7-68 所示。

8. 故地重游

个股在经历一轮上涨后，跟随大盘调整到前期的起涨点，然后涨停呈向上突破走势，这被称作故地重游。此时，投资者应该把握机会逢低介入。如图 7-69 所示。

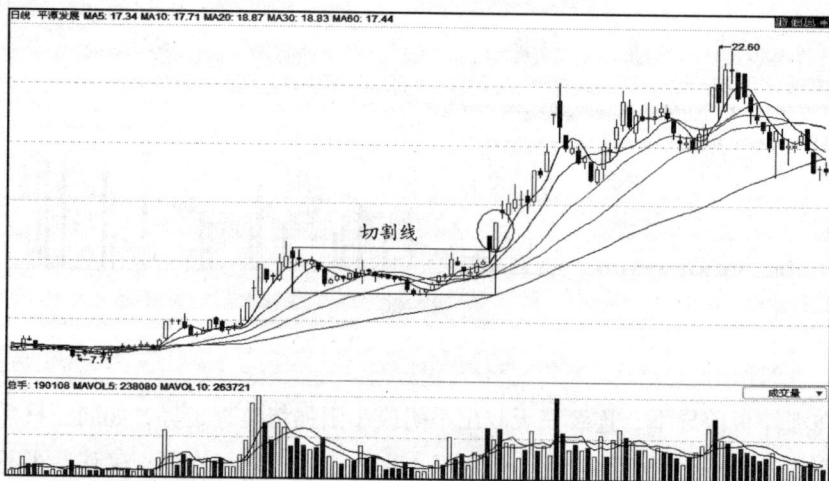

图7-68

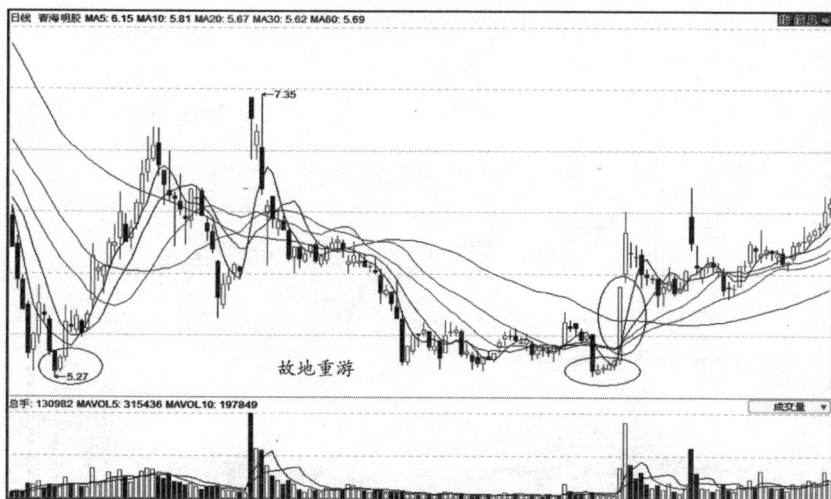

图7-69

9. 开闸放水

市场经过一轮下跌后，会出现新的热点和领涨个股。通常把龙头个股的第一个涨停板称作"开闸放水"，这是投资者追涨买入的最佳时机。如图 7-70 所示。

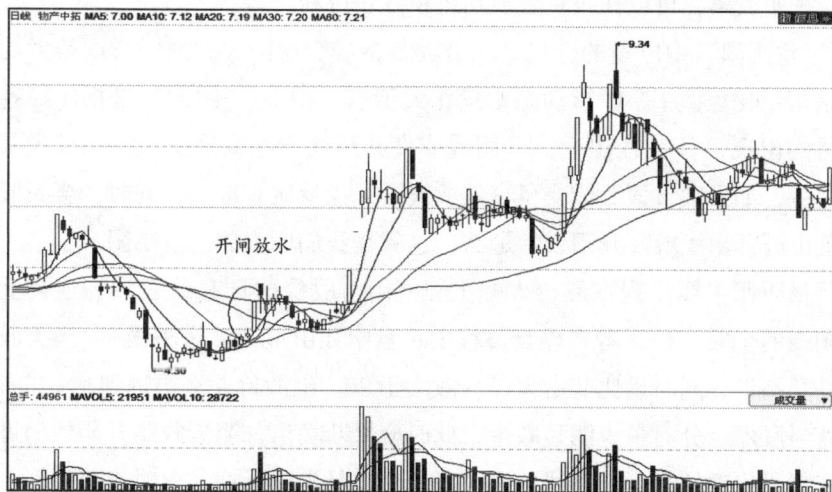

图7-70

10. 进二退一

一根涨停阳线在低位出现后，第二根阳线的涨幅超过 6%，投资者可在第三天股价回调时，于第二天均价附近追进，然后依据成交量大小决定持股时间。如图 7-71 所示。

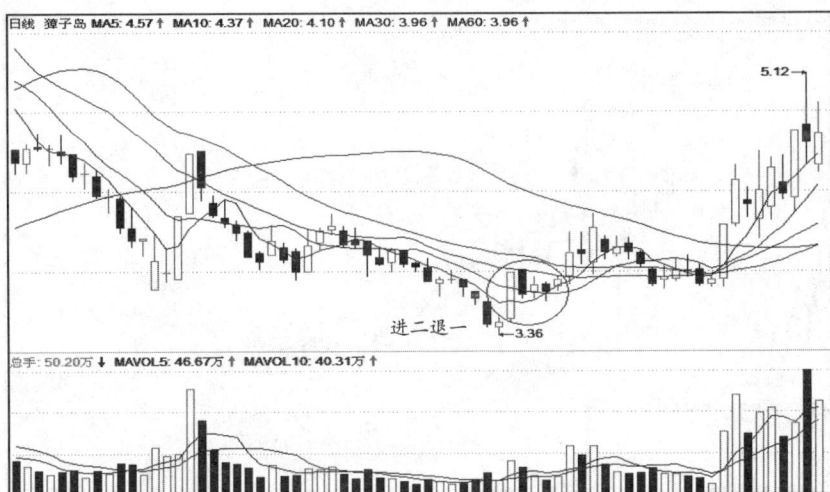

图7-71

八、"巨量阴阳"卖股法

不知如何卖股票是造成许多投资者被套或亏损的重要原因之一。根据"巨量阴阳"来卖股票，可以使投资者成功逃顶或获得利润。

"巨量阴阳"中巨量的含义，一方面是指成交量巨大；另一方面或者说更重要的是指量比巨大（一般指动态中量比大于 20 以上）；"阴阳"是指伴随着巨大成交量的出现，日 K 线出现高开阴线或高开阳线。也就是说，在一只股票的上涨过程中，如果次日该股成交量突然放大或开盘量比非常大，同时，当天股价走势呈现出高开阴线或高开阳线，那么，这就是我们所指的巨量阴阳。

巨量阴阳主要出现在股价大幅上涨之后，股价的日 K 线表现为连续上涨性的大阳线的个股。投资者在操盘过程中，盘中如出现"巨量阴线"，当天股价往往是高开高走，同时量比非常大，一般大于 20。但股价在涨幅达到 9% 左右时不能迅速封涨停，分时量也明显减少，此时应果断卖出，当天收高开阴线的可能性极大；如果出现的是巨量阳线，当天股价往往是先扬后抑，分时走势呈现一路下滑，尾市又被主力巨量拉起，日 K 线表现为下影线非常长的阳线（一般指下影线击穿前一日的收盘价），从表面上看，下档支撑很强，实际是主力无法出逃，被迫护盘拉起股价。遇到这种情况时，投资者应在尾市果断卖出。最后需要说明的是，这一卖点大多出现在开盘半小时内或收盘半小时内，巨量阴线往往属于前一种情况，巨量阳线往往属于后一种情况。但不管是哪一种情况，都要求投资者立即果断出货，切忌犹犹豫豫。

如图 7-72 所示的凤凰股份（600716）在当日出现了巨量阴阳，其后股价大幅下挫。

图7-72

九、假突破卖股法

成交量能与 K 线趋势发生明显背离，这是典型的假突破，是一个卖出信号。如图 7-73 所示。

图7-73

有效突破必须符合两个条件：一是收盘价涨幅突破 3% 以上；二是突破平台站稳 3 天以上。此外，成交量必须是温和放大，而不是急剧放大，也不是缩小或极度萎缩。假突破是一个卖出信号。图 7-74 中是标准的假突破。

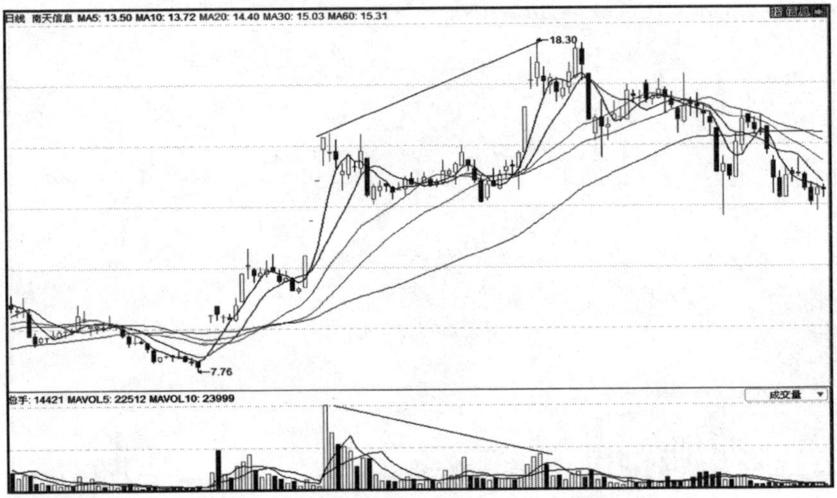

图7-74

十、阴包阳穿头破脚卖股法

一根阴线与它前一天的一根阳线形成"穿头破脚"K 线组合，如果出现在股价相对高位，是后市强烈看跌的信号，一般选择卖出为主。如图 7-75 所示。

图7-75

如果一幅K线图中同时出现其他看跌的信号，则阴包阳穿头破脚信号更加可靠。图7-76出现两个看跌信号：一个是相对高位的"穿头破脚"K线组合；另一个是"断头铡刀"K线组合，即一根大阴线向下切断多条移动平均线。后市该股中短期看跌。

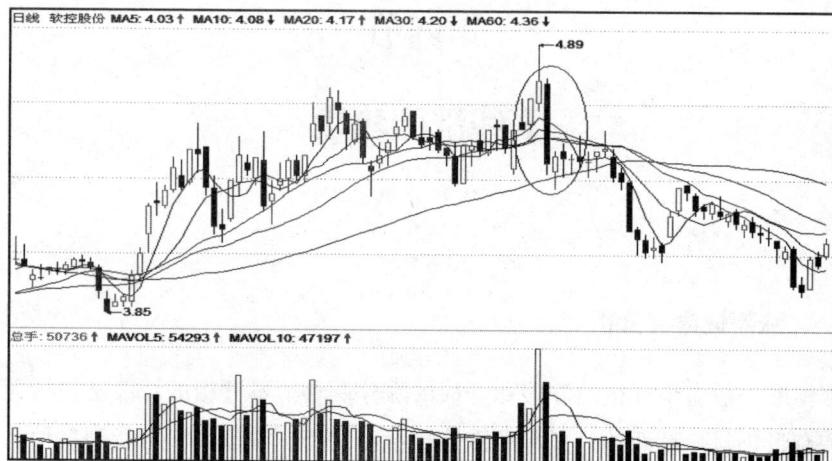

图7-76

十一、长上影线卖股法

K线形态中的长上影线代表上方抛压沉重，短线以卖出为宜。如果出现长上影线并伴随放出巨量，这时候股价容易见顶，短线应该考虑卖出。如图7-77所示。

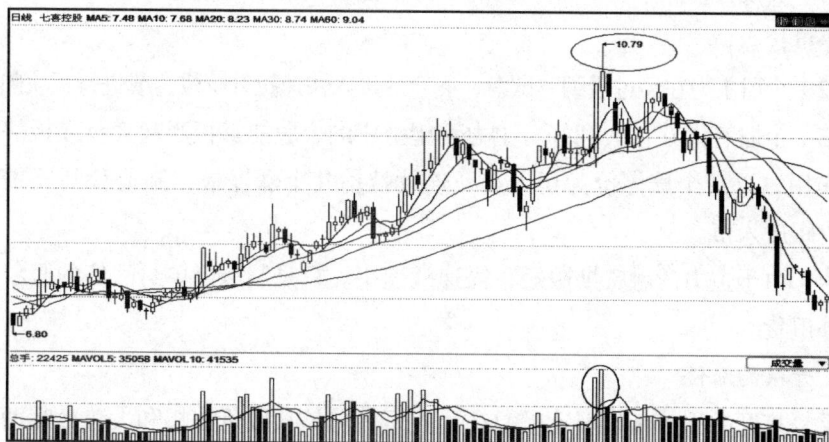

图7-77

第四节

K线涨停秘诀

一、涨停板含义分析

涨停股一般有不开板的涨停和开板的涨停两种。不开板的涨停又包括无量空涨型和有量仍封死型两种；开板的涨停包括吸货型、洗盘型和出货型三种。下面分别一一介绍。

1. 不开板的涨停

不开板的涨停，包括无量空涨型和有量仍封死型。从盘中来解释股价的运行，即为买卖双方力量的对比。有量仍封死型比无量空涨型在上涨幅度方面略逊一筹，它的含义为有一部分看空的抛出，但相对而言，看多的占优势，买盘力量始终呈强势，从而拒绝开板。造成这种情况的原因有以下四种：

（1）突发性政策利好。庄家于前一日收盘后得到准确信息，今日开盘后马上以涨停价抢盘。

（2）个股主力在经过吸纳、试盘、震仓后进入快速拉升阶段，或进行板块热炒。

（3）个股有潜在重大利好。主力希望坐庄的个股能够担当起大盘或板块领头羊的作用，以某个涨停价为切入点，连续拉抬几个涨停板，制造获利气氛，引诱散户跟庄入市。

（4）由于主力的融资期限短，需速战速决。只是制造巨单封涨停的假象，自己往外甩货。

2. 开板的涨停

反复打开的涨停板情况比较复杂，投资者应该从股价涨幅和大势冷暖两个大方面进行分析研判。

（1）吸货型。股价多数处于近期没有太大涨幅的相对低位，大势较好。低迷市、盘整市则没有必要在此时高位吸货，特点是刚封板时可能有主力把自己的大买单挂在买一处，然后大单向下砸盘，通过对倒操盘手法，对外造成恐慌，引诱散户投资者出货，主力却悄悄吸筹，之后小手笔挂在买盘，反复震荡，给散户一种封不住涨停的感觉。

（2）洗盘型。股价处于中位，前期已经有了一定的上涨幅度，有时为了提高市场成本，有时也为了高抛低吸，赚取差价，主力也会将自己的大买单砸漏或直接砸"非盘"（不是主力自己的货），反复震荡，达到洗盘的目的，此时对大势冷暖要求不高。

（3）出货型。股价已经处于相对高位，大势冷暖无所谓，因为越冷，越能吸引市场参与者的注意力。此时买盘中主力就不会挂太多自己的买单。因为是主力真出货，散户投资者如果在主力撤离前追涨买入，必将陷入被套之苦。

二、假涨停判断

在涨跌停板交易制度下，股价上涨以涨停板最为有力，但是，物极必反，在相对高位、大盘较弱或盘整震荡时，主力极有可能借涨停板诱多出货。

不要以为出现封涨停的个股都是主力在进行大资金运作，有时只是四两拨千斤诱多而已。比如，某只个股当日成交了200万股，并封涨停，主力也许仅动用了20万股，甚至10万股而已。有时，主力直接拉升股价但不触及涨停价位，特别是早盘开盘不久，在吸引跟风盘的注意力之后便掉头向下，这种情况通常只是主力诱多，散户投资者应该马上离场。即使股价当日封死在涨停板，第二天低开，仍然是主力出货，因为当日追高进场的资金，次日低开无法获利，不情愿出局，主力就会抢先出局。另外，今天没追进的散户，第二天低开以为捡了便宜，跟风盘较多。不光是涨停板，有些尾市急剧拉高的个股，也是为了便于第二天低开出货。

许多大幅拉升的股票在高位出货后的下跌途中，通常会出现反弹涨停走势，这样的反弹涨停也是有经验的投资者短线获利的机会，但是如果没有丰富的操作经验，还是不要轻易操作处于出货下跌反弹的股票，因为这种股票的获利机会只出现在拉升涨停的当天，此后基本仍将持续原来的下跌走势，所以一般投资者很难把握。如果投资者对拉升调整和大幅炒作出货下跌走势不能做出正确的判断，建议放弃为好。当然，这里指的只是经过大幅炒作的，有出货、有下跌走势的股票。如图7-78所示。

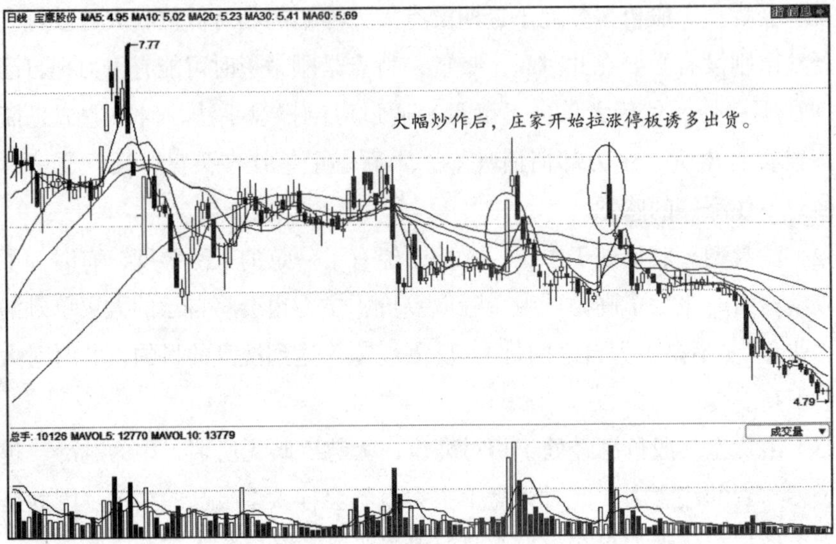

图7-78

首先，我们来分析一下这种类型股票的走势特点：一是经过大幅炒作，股价快速的拉升；二是出现暴量；三是开始呈现下跌走势；四是在反弹涨停当日继续暴量或者次日暴量，后持续下跌走势。

下面来分析为什么在大幅拉升过后出现下跌走势过程中会出现拉升涨停暴量的情况。

（1）大幅拉升的个股，确定了庄家持有大量的筹码，在股价拉到高位后暴量开始出货，股价不再上涨，从而出现下跌走势。

（2）庄家在最后的疯狂拉升过程中开始积极地出货，但由于庄家持有大量的筹码，不可能在短期内的波动中抛出手中的全部筹码，股价在下跌途中，庄家不太容易卖出手中的筹码，那么，此时反弹涨停再次出货便是庄家最好的选择。这样做的好处有以下三点：

①股价出现下跌，庄家可以利用投资者抢反弹操作，拉升股价积极出货。

②易给人一种拉升调整的假象和再次启动行情的幻想，从而吸引资金买入。这就是很多大幅炒作过的股票出现双头、多头的原因所在。

③涨停板的固有功能，即吸引资金出货的功能，这是涨停当日暴量或次日暴量的原因。

经过以上分析，可以说大幅炒作过的股票在下跌的过程中拉升涨停不是为了再次启动行情，而大多为了再次出货，这便是再次拉升涨停的真正目的。

三、追击涨停板

追击涨停板，必须在选股上下一番工夫，只有选择正确的股票，追击涨停的操作成功率才会更高。追击涨停板最好选择有题材的股票或新股；其次是选择股价长期在底部盘整，没有大幅上涨、没有被大肆炒作的个股；或是有炒作题材、利空出尽的个股，当然，最好是属于市场热点板块，极端情况下甚至是热点中的龙头股；还可以选择强势股上涨一段时间后强势整理结束而重新启动一轮行情涨停的股票。

1. 涨停后追涨操作要点

（1）大盘指数均线处于多头排列的情况下，个股趋势一定要平稳向上，阳线必须有量，阴线必须缩量。

（2）股价下方有大部分主力筹码或股价处在相对低位的成交密集区或主力成本区附近或放量突破密集套牢区（强庄）或无量通吃套牢区（显示筹码比较稳定，说明前期大部分筹码被庄家锁定）；主力开始发动之日换手率应超过3%，以超过4.5%为好，最好是6.2%以上。

（3）股价不高，面临突破前期高点，如果股价仍然处于较低价位或者股价虽然已经涨高但仍然有良好的上升趋势时也可以。

（4）涨停后调整的阴线和阳线实体要小，并且明显缩量。

（5）买入时小阴线最好在5日移动平均线附近，不能远远低于或高于5日移动平均线。

（6）均线系统呈多头排列或准多头排列，特别是30日移动平均线一定向上，K线形态漂亮。

2. 买涨停股的注意事项

（1）结合大势的强弱状况。在极强的市场中，尤其是每日都有50只以上股票涨停的情况下，要大胆追涨停板。极弱的市场切不可追涨停板，此时成功概率相对较小。

（2）整个板块启动时，要追先涨停的个股即板块龙头股，在大牛市或极强市场中更是如此。龙头股的涨停比跟风股要好；有同类股跟风涨停比没有同类股跟风涨停的好。

（3）未达到涨停时不要提前追涨，在涨停价位一旦发现主力有三位数以上的量向涨停板打进应立即追进，动作要快、狠、准。

（4）盘中及时搜索涨幅排行榜，对接近涨停的股票翻看其现价格、前期走势及流通盘大小，以确定是否可以作为追涨对象。当涨幅达 9% 以上时应做好买进的准备，以防主力大单封涨停而买不到。涨停后成交量萎缩很快，如果出现连续几分钟没成交则更佳。另外，还要看收盘前几分钟封单的大小，封单越大次日上涨的可能性越大。

（5）追进的股票当日所放出的成交量不可太大，一般为前一日的 1 ～ 2 倍为宜，可在当日开盘半小时之后简单推算当天的成交量。

3. 强市中追涨停的技巧

（1）一般来说，在一段低迷行情过后，一旦大势强烈反弹或反转，要追第一个涨停的个股，后市该股非常有可能就是领头羊，即使只是反弹也会比其他个股反弹力度大。当一波行情来时，投资者应立即到沪深涨幅排行榜查看涨幅靠前的个股，看看什么板块的个股多、涨幅大，谁先放量上涨，哪只个股成交量涨幅位于整个板块中前三名。

领头羊是上涨空间最大的个股，它应符合以下几个特点：

①最先出现在选股强势榜上。

②主力早已充分建仓，并且经过一段时间震仓洗盘后开始拉升。

③主力拉升时 5 日移动平均线呈 70° 角向上攻击，中间没有节点，这样的个股升幅都很大。

④有大盘、政策面、消息面的支持。

（2）涨停时间判断。涨停时间最好限制在 10：00 以前（个股涨停时间离开盘越早则次日走势越佳），一般都是高开 6% 以上，很快涨停，刚涨停时成交放巨量；上午开盘半小时后到午市收盘前这段时间涨停的个股，盈利机会小于前者，日成交量已经很大，封盘较少，后市打开涨停板的次数较多，有些个股打开封盘后就不再封住了，因此这段时间内涨停的个股风险较大，不是不可以追，但仓位要小；午后乃至尾市才涨停的个股，一般为跟风庄家，封盘不坚决，封盘量很小，这类涨停股风险较大，坚决不追。对个股而言，第一个涨停的比较好，连续第二个涨停就不要追了，风险比较大。

（3）通过涨幅研判个股强弱程度以及该股是否属于当前市场热点。投资者不仅要观察个股的涨幅情况，还需要观察涨幅榜中与该股属于同一个板块的个股涨幅有多少。

（4）通过量比研判量能积聚程度。量比是当日成交量与前五日成交均量的比值，量比越大，说明当天放量越明显。所以，热点板块的量能积聚过程非常重要，只有在增量资金充分介入的情况下，个股的爆发力才具有持久性。而量比的有效放大，则在一定程度上反映了量能积聚程度。

（5）换手率。第一次即将封涨停的个股，换手率小的比大的好。在大盘处于弱市和盘整时这一点尤其重要，理想情况是普通股换手率低于2%，在大盘处于强势时这个条件可以适当放宽，对龙头股也可以适当放宽。

（6）可能上涨的K线走势：

①刚开始上涨或经回调后开始上涨即以涨停上攻，极可能大涨。

②大跌后或经回调后刚开始上涨即大幅上涨，极可能大涨。

③刚开始上涨即放量突破K线组合形态的颈线，极可能大涨。

④刚开始上涨即突破盘整区或创近期新高，极可能大涨。

⑤底部强劲连三阳是大涨的先兆。

⑥60日、120日移动平均线之上出现连三阳是加速上涨的先兆。

⑦在前期高点附近涨停，后市极可能继续上涨。

⑧一波上涨结束后，二浪回调整理完毕，极可能继续上涨。

（7）成交量有以下变化的可能涨：

①较长时间的充分回调或下跌后，形成连续地量，刚开始上涨即放大量，极可能上涨或大涨。

②在相对低位换手率接近或超过10%是上涨的先兆。

③第一天巨量下跌回调，第二天或一段时间后却止跌上涨，突破放量阴线的最高价，后市极可能继续上涨。

④相对低位换手极大，但涨幅较小，表明做多能量积聚，后市极可能大涨。

⑤后期的成交量超过前段时期的成交量，底部的成交量超过顶部的成交量，极可能大涨。

⑥行情连续放量极可能迅速上涨，否则，只是一般的节奏性上涨。

⑦相对低位放量阴线出现后，继续放量，股价却止跌企稳，极可能上涨。

⑧成交量开始温和放大，是开始上涨或加速上涨的先兆。

⑨刚开始上涨或经回调后开始上涨，即排在换手率排行榜的前列，极可能大涨。

（8）根据移动平均线判断行情走势：

①股价在所有移动平均线之上容易上涨，股价在所有移动平均线之下容易下跌。

②股价刚刚回落至所有移动平均线之下，又迅速返回至所有移动平均线之上，极可能上涨。

③股价经过充分的下跌回调后，刚刚站在所有移动平均线之上，却被迅速打到所有移动平均线之下，当股价被再次迅速拉升到移动平均线之上后，极可能大涨。

④移动平均线是时空坐标，多条移动平均线纠缠并向上突破是强势上涨的先兆。

⑤长期、中期、短期移动平均线同时出现金叉容易产生大行情。

（9）根据基本面判断行情走势：

①指数是最大的基本面，个股涨跌停板是大盘涨跌的先兆。

②资产重组是最大的利好，特别是对于利空出尽的股票。

③净资产收益率高对个股来说是永远的利好。

④科技含量高，或处行业垄断地位是天然的利好。

⑤炒股炒题材，有题材就炒，没题材不炒，这是我国市场的特色。

⑥当股价下跌至每股净资产两倍左右或接近两倍，甚至低于每股净资产时，安全性大于风险性。

（10）以下经典涨停板必追：

①越不容易追上的涨停，就一定要努力追上，前提是判断正确。

②高开缺口不补，10：00 前封住涨停板。

③震荡盘上，上午 10：30 前封板，二次开板时不创新低，不向下移动平均线，回调缩量。

④上午停盘 1 小时后复盘，快速出现涨停的个股。

⑤标准有效突破图形，14：00 以后封板可追。

⑥涨停板上穿前期平台，第一个涨停板安全性极高。

⑦前期已拉升一波行情，然后平台整理，用巨量上穿整理平台封住涨停，且移动平均线呈多头排列。

⑧ST 股突破新高涨停。

⑨前方有缺口，有底部形成岛形反转之势的涨停或光头阳线。

⑩板块启动时，同一板块中的龙头股率先涨停。

股价封涨停前成交量巨大，封停后成交量极度萎缩。

股价封涨停后第二次开板高于第一次，且不向下移动平均线，回调无量，且大盘强势向上。

一般情况下，第一个无量涨停后仍有涨停，直到出现大量才可能回调。

连续无量涨停，通常是主力拉高建仓的阶段。

连续无量涨停，出现第一个T字线且不补前日收盘价，涨停那一刻可追进。

四、阻击涨停板

阻击涨停板股票，是K线短线技术的精要。阻击涨停板既是冒险家的游戏、股市顶级高手的乐园。若非顶级高手，请千万不要轻易参与这个游戏；参与者，请一定要控制好参与资金的比重，投入总资金的20%即可。

1. 准备工作

（1）每天都给予涨停股票必要的关注，把涨停股票收藏入自选股。

（2）把连续涨停的股票视为关注重点，做好详细的标记。

（3）收市后仔细分析研究涨停股票细节。

（4）目标要特别放在10元以下小盘股和ST板块、15元以下二线蓝筹股，20元以下中小板以及30元以下创业板上面。

（5）遭到政策性连续打击行业里面的小盘绩优股。

2. 涨停细节分析

（1）开盘后30～60分钟内涨停的股票，常常小幅高开，渐次增量，在出现2～4个台阶后涨停。这个时间涨停的股票，给了获利者充分出货的机会，台阶就是庄家吸筹的位置。

（2）全天出现数次打开涨停，然后又快速再次封住涨停的股票，通常是庄家故意不封大单造成的，目的是为了吸筹。

（3）下午涨停的股票，大多数会于第二天先低开，有时会跟随大盘做出深幅回调。这一般是长庄型庄家喜欢用的手法，回调可以使庄家获取更多的廉价筹码。

（4）尾市涨停的股票，投资者更要多加小心，庄家有出货前最后拉升做图形的嫌疑。

（5）一字线涨停的股票，一般是出现停牌消息后直接涨停，是股价连续拉停的开始。

3. 出击涨停股票的环境

（1）大盘趋势看好，连续出现大盘小碎步盘上的时候，人心稳定，抛压较轻，这时跟涨停的风险最小。

如图 7-79 所示，五矿稀土（000831）于近期大盘看好，小幅上涨时突然跳空拉出涨停，当日突破上市以来的最高点，上行无压力。投资者一旦发现这样的股票，果断跟进为上策。

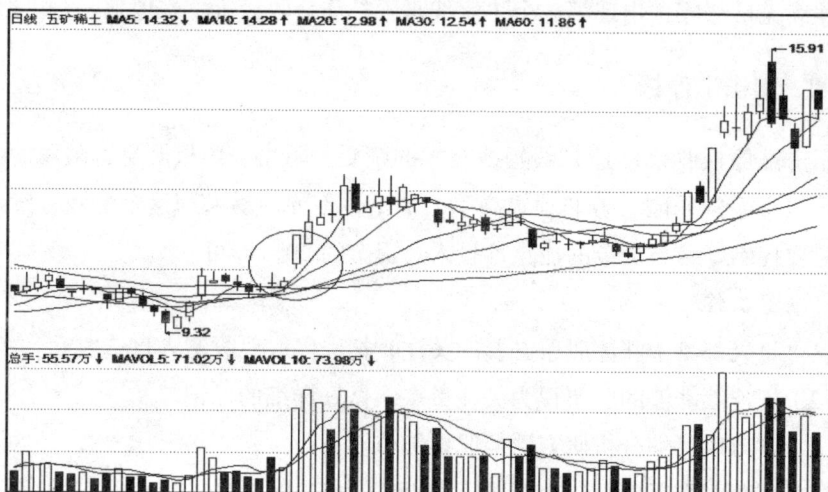

图7-79

（2）个股在经过较大跌幅，见底回升的时候，投资者可择机介入，即使跟错了，也不会造成太大的亏损。

如图 7-80 所示，中视传媒（600088）在大幅深跌后出现突然放量涨停，给了反弹获利机会。

图7-80

（3）长期横盘箱体突破的股票。横盘的最佳时间是8个月以上，该股票以涨停方式突破。由于股票换手充分，不再上台阶，不然，庄家自己的日子会更不好过。

如图7-81所示，中国铁建（601186）经过长期横盘后，出现连续涨停。

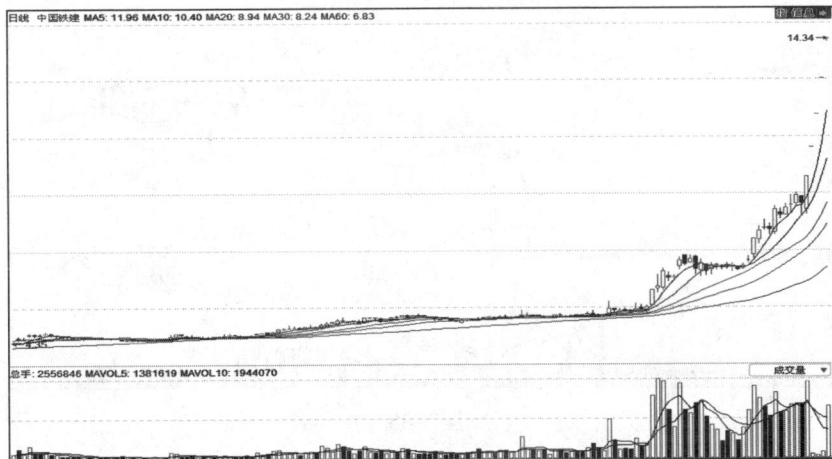

图7-81

（4）经过足够的震荡洗盘，产生洗盘结束点，由小碎步突然变涨停的股票。这类股票的庄家是有备而来的，散户应及时跟上。

如图7-82、图7-83所示的海航控股（600221）和漳州发展（000753）的走势。

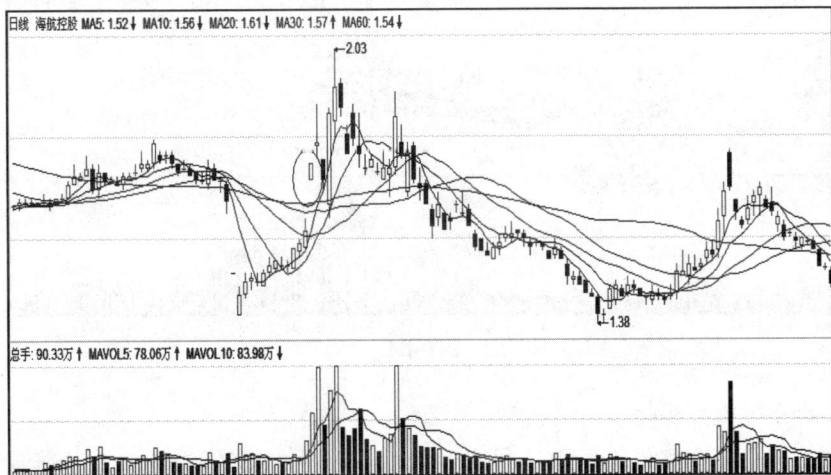

图7-82

（5）在上升通道中，经过 3 个月以上反复震荡后，快速突破通道束缚，进入拉升阶段的股票。

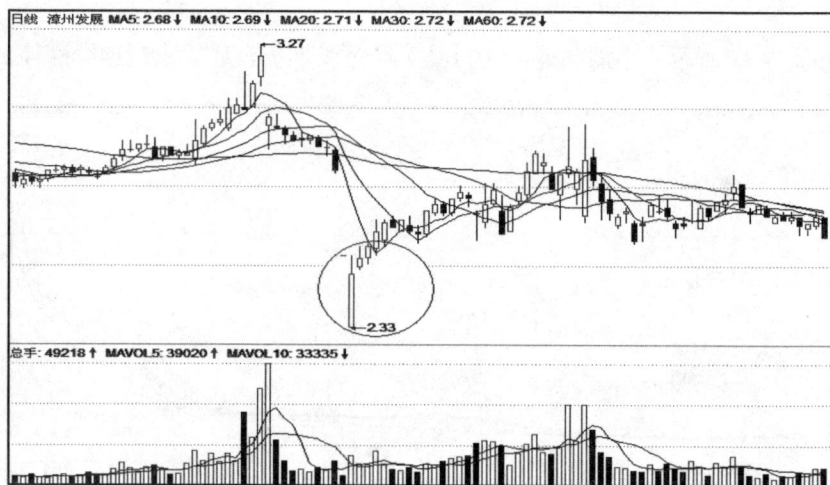

图7-83

如图 7-84 所示的江西铜业（600362），该股利用通道反复震荡洗盘，然后快速突破，连续拉升。

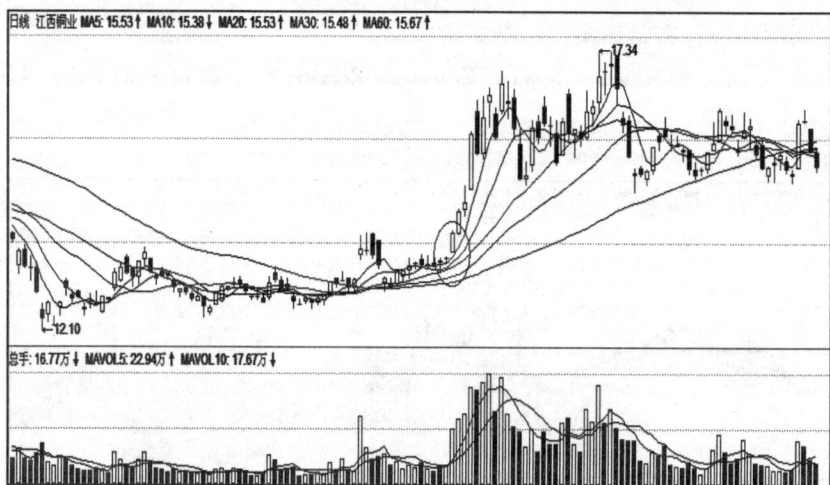

图7-84

4. 出击时机的掌握

（1）当日打开涨停的股票。早盘开盘后 40 分钟内涨停的股票，若符合追涨条件，打开涨停即可进行买入操作，甚至预先挂单买入。

（2）第一天涨停没有及时跟上，第二天放量高开高走应该适时跟进；如果低开庄家可能会边洗盘边拉升，则适宜逢低跟进。如果直接开涨停，则可以挂涨停等待。

（3）第一天无量涨停的股票，第二天开盘时要直接跟进，没有犹豫的必要。这类走势的股票，常常意味着后市将有持续的无量涨停。

（4）连续两天放量涨停的股票，通常会出现下蹲动作，高手们往往最喜欢这个动作，此时，可以在相对低位处买入，具体要等股价跌至第二个涨停的一半左右买入，等待第三个涨停。

（5）连续三天封死涨停的股票。对于这类股票，投资者应在第四天果断买进，后市常常还有 30% 左右的震荡盘升在等待着。

5. 操作技巧与风险防范

（1）阻击涨停板股票绝对不是最佳投资机会，投资者应当谨慎。

（2）"快"是阻击涨停股票的最大特点。快进快出，全部操作在 2 ～ 8 个交易日就可以全部完成，超出这个时间段，不管盈亏多少都要离场。

（3）盈利 30% 左右，要见好就收，不要贪心恋战。

（4）如果没有走出你心目中事先画好的图形，即使亏损也要斩仓走人。记住：留着资金在，不怕不涨停。要将防止庄家陷阱放在第一位。

五、涨停板卖出原则

当投资者持有一只强势股时，应牢牢盯住股价日 K 线图，如果股价一直处于 10 日移动平均线之上，则可以一路持有，一旦股价以大阴线有效跌破 10 日移动平均线，则应该马上出场。一定要记住，要在股票涨时就适时抛售，千万不要等到跌了再去抛。一般来说，一只股票连拉三根中阳线后，就应该考虑短线抛出了。

在手里持有的股票出现涨停当然是好事，但如果不能在合适的位置适时卖出，则账面的盈利很有可能转变为现实的亏损。所以，投资者在卖出涨停的股票时，应该考虑以下几点：

（1）如果股票在开盘就涨停，可以先行观望，但要盯牢盘面上的买盘数量。一旦买盘迅速减少，则表明涨停有打开的可能，此时应该马上抛出，获利了结。如果股票持续涨停至收盘，就不需要抛出，可以等到第三天的时候分析考虑。

（2）如果股票高开低走（涨幅在 3% 以上），就应该马上抛出，为了快些成交，还要以低于当前的价格报单，这是基于优先原则 (价高的让位于价低的) 考虑，而成交价一般都会高于自己的报价。如果在第一天涨停途中，出现了一笔大单，导致股价快速上涨 3% 以上，此时，就更要以低于当前价位 1% 以上的价格报单，这样的目的，一是为保证成交，二是为了获得最大利润。

（3）高开高走，盯牢股价，一旦涨势产生疲软 (指股价回调下跌 1 个点)，就马上报单。

（4）平开高走，盯牢股价，一旦涨势产生疲软，就马上报单。

（5）低开高走，盯牢股价，一旦涨势产生疲软，就马上报单。

（6）平开后迅速下跌，趁反弹时择高点果断出场。

（7）低开低走，择高点马上出场 (此情况极少出现)。

（8）当看到 5 日移动平均线走平或转弯时就应该马上把股票抛出，或者在 MACD 指标红柱缩短或走平时就马上抛售。

（9）追进后的股票如果三日不涨，就要抛出，免得延误战机或者被深度套牢。如果追涨停被套住，就要用预留的另一半资金来做解套操作。

（10）如果昨天追了涨停但涨停没封住，或封得十分勉强，涨停数次被打开，此时还是早出为上。5% 是一般投资可以忍受的最大损失幅度。投资要根据昨天的情况来估算今天开盘的大致位置，如果远远低于你的估计，就应马上杀出。

（11）除上述情况外，投资者面对以下情形也应及时抛出：

①标准突破形态，只要不涨停，先抛出，即逃顶卖货。

②标准突破形态，突破后回跌，先抛出，即回头确认。

③连续涨停后不涨停，先抛出，即见好就收。

④连续涨停后，盘中的股价一旦跌破昨日的涨停板价，就应该果断抛出，即乌云盖顶。

⑤盘中曾涨停、收盘不能封住涨停板，先抛出，即拉高出货。

⑥ST 股不涨停就抛出。

第五节

K线分时战法

一、5分钟K线战法

在K线分时战法中，5分钟K线战法是一种难度极大的操作方法。如果能够正确使用好5分钟K线战法，必将获得较高的收益。

股票的涨跌是由该股票所拥有资金推动的，资金的数量与其对股价的影响成正比。而拥有大资金的主力成为决定市场股价走势的主要力量，投资者分析出主力资金的动向，就能正确判断股价的走向。

利用5分钟K线来判断主力资金的进出，能够行之有效地回避庄家骗线。

如何才能通过5分钟K线正确判断出主力资金进出？投资者可以通过观察5分钟K线成交量的异动情况来判断主力资金的进出。5分钟K线若出现成交量明显放大的阳量，则可视为主力资金流入的信号；反之，出现成交量明显放大的阴量，则可看作是主力资金流出的信号。从当日总成交量中阳量与阴量之比，可以判断出主力资金的净流入。

5分钟K线放量标准主要有两点：一是5分钟K线的平均成交量是前一日5分钟K线平均成交量的3倍以上；二是5分钟K线单根阳量的换手率达到0.5%。

当然，运用5分钟K线战法的时候必须要与60分钟K线、日K线相结合来分析判断主力资金的动向和主力的操盘走势。同时，还要与指数环境、流通股本大小、换手率、量比等指标相结合做出判断。

接下来重点介绍开盘5分钟下单战法，综合运用技术分析在开盘5分钟内捕捉到当天的强势黑马股。

开盘价，往往最能体现庄家当日操盘的真正目的。强势股票一开盘就会当仁不让，一路领先，投资者应该在开盘较短时间内买入这种股票，这样可获得较大的收益。具体操作步骤如下：

（1）早盘 9 点 25 分，选择合适的跳空高开的个股。

（2）把选择的股票加入到自选股票中。

（3）切换到 30 分钟 K 线界面，把 30 分钟 K 线的移动平均线指标参数调整为 5、10、30。

（4）仔细分析昨日收盘前 4 根 K 线的量能情况，量不能太大，且阳线放量，阴线缩量。

（5）观察 5 日、10 日两根移动平均线，二者应处于基本走平状态或者粘合在一起基本走平。当前开盘价应完全处于 10 日移动平均线之上；当前开盘价应处于 30 日均线之上；10 日均线应走出 W 形底、V 形底和头肩底等底部组合形态；当前开盘价应处于底部组合形态的向上突破的起涨点位置。

（6）过滤各个自选股，选定同时满足（5）中条件的个股，当日这些股票强势上涨的可能性十分大。

（7）开盘 5 分钟之内一定要下单：早盘 9 点 25 分，观察盘面挂的买卖单，若买单大于卖单，则应该以买五价格开盘抢单；如果卖单远远大于买单，观察开盘 10 分钟价格回调情况，回调不破开盘价或均价线时，便可逢低入场。

二、15 分钟 K 线战法

15 分钟 K 线战法，也是一种短线战法，是指利用个股上的 15 分钟形成一根 K 线的 K 线图进行操作的方法。

1.15 分钟 K 线战法目的

15 分钟 K 线战法，并不是一个让投资者通过交易能够赚大钱的方法，它只是通过小波段的操作，紧紧抓住该股，赚取小差价，从而降低投资者在该股上长期持有时所发生的成本。

2.15 分钟操盘系统

（1）均线系统：攻击线 5 日移动平均线、操盘线 10 日移动平均线、生命线 30 日移动平均线、决策线 60 日移动平均线、趋势线 120 日移动平均线。

（2）指标系统：KDJ、均量线 5 日移动平均线、60 日移动平均线。

3. 买进策略

（1）点击看盘软件，进入综合排行榜进行实时监控，找到 5 分钟涨速前

30名，当前涨幅在3%以上、量比在3以上、换手率在1%以上的强势股票。

（2）15分钟图谱上，可见攻击5日移动平均线和操盘10日移动平均线上穿生命30日移动平均线和决策60日移动平均线，趋势120日移动平均线继续向上运行，同时均线系统呈多头排列。

（3）KDJ等各项指标系统全部呈金叉向上走势，均量5日移动平均线上穿均量60日移动平均线，柱状成交量达到最近30个小时内最大量。

（4）15分钟K线带巨量上涨并且突破重要技术位，突破型K线换手率达0.5%以上。

（5）在突破重要技术位时，以曾于前五个K线组合中放量蓄势为最佳。

（6）在分时走势图中，当日各时间段均出现典型买进信号。

4. 卖出策略

（1）15分钟出现放量滞涨或价升量跌时，是股价即将见顶发出的信号。

（2）若KDJ指标出现高位死叉或背离现象，股价见顶更为明显。

（3）如果均量5日移动平均线下穿均量60日移动平均线，表明股价短线攻击力已经呈弱势，将会进行调整或下跌。

（4）如果K线系统中出现带长上影线的十字墓碑或中小阴阳K线，表明股价已经彻底见顶。

（5）如果股价穿破操盘10线，重新上攻但不创新高，攻击5日移动平均线出现向下拐头现象，意味着股价见顶。

出现上述五大特征中的任意一项，临盘都要考虑快速抛出。

5. 临盘买进技术修正和持仓策略

（1）分析是否具备同类板块热点。如果有，则不必犹豫，应果断出击领涨的龙头品种。

（2）分析是否具备操作题材。如果有，则不必犹豫，应果断出击放量上涨的最佳买点。

（3）分析是否处在大盘平稳或没有暴跌的市场环境中。如果是，则不必犹豫，应果断出击盘中最佳的买点。

（4）分析目标品种是否位于日K线图的阶段性底部。如果是，则不必犹豫，应果断出击。

（5）临盘实战中，讲究买进的时机、点位、技术形态和速度，要严格利用15分钟操盘技术系统以锁定短线。

6.特别说明

由于15分钟技术系统信号的灵敏度非常高，所以也就很容易受到主力的操纵以达到骗钱的目的。因此，若投资者没有高水平的操盘能力最好不要涉险。

三、30分钟K线战法

运用30分钟K线图来分析个股行情，对个股进行观察并抓住适当时机做反弹和短线差价时，投资者应该按照以下30分钟K线战法来操作。

1.30分钟操盘系统

（1）均线系统：攻击线5日移动平均线、操盘线10日移动平均线、生命线30日移动平均线、决策线60日移动平均线、趋势线120日移动平均线。

（2）指标系统：KDJ、均量线5日移动平均线、60日移动平均线。

2.突破买进

（1）投资者每15分钟或30分钟于综合排行榜上实施监控，筛选一次盘面，找到涨幅榜前30名，其涨幅在5%以上，量比在5以上，换手率在5%以上的强势股票。

（2）在30分钟图谱上，可以看见攻击线5日移动平均线和操盘线10日移动平均线上穿生命线30日移动平均线和决策线60日移动平均线，趋势线120日移动平均线持续向上走势，同时均线系统呈多头排列。

（3）KDJ等各项指标系统均呈金叉向上走势，均量5日移动平均线上穿均量60日移动平均线，柱状成交量达到最近30分钟内最大量。

（4）30分钟K线带巨量显著上涨并突破重要技术位，突破型K线换手率达1%以上，此时，换手率越大越好。

（5）在突破重要技术位时，最好曾于前五个K线组合中放量蓄势。

（6）反映在分时走势图中，当日各时间段均产生典型的买进信号。

（7）操作策略：

①激进型：临盘在第一个30分钟即趋势将成形时果断下单，即在20～25分钟买进，此时股价攻击趋势已基本成形。若股价涨停，就在涨停价买进。

②稳妥型：临盘可以在第一个30分钟K线成形、第二个30分钟K线开盘时现价下单买入。

3.回档买进

（1）用交易软件实施3日和5日区间强弱度、换手率、涨幅排行的盘面筛选，找到3日强度在20以上，5日强度在40以上；3日换手率在35%以上，5日换手率在60%以上；3日涨幅在20%以上，5日涨幅在40%以上的强势股。

（2）30分钟图谱上，可见生命线30日移动平均线、决策线60日移动平均线和趋势线120日移动平均线呈多头排列，而攻击线5日移动平均线、操盘线10日移动平均线则横盘或略微向下调整；最近几日K线出现滞涨现象。

（3）30分钟K线图上KDJ指示死叉向下，其中J值进入0值或负值区域，股价呈现出跌势乏力的状态。

（4）量能呈现规则性萎缩，均量线5日移动平均线拐头向下，并在均量线60日移动平均线上获得支撑；如果前期换手率大于50%的个股可放宽到均量线5日移动平均线击穿均量线60日移动平均线的技术要求。

（5）当K线系统缩量第一次回调至生命线30日移动平均线受到有效支撑时，临盘即进入回档性买进价值区域，可以即时买进。

（6）当K线系统缩量第二次回调至决策线60日移动平均线受到有效支撑时，临盘即进入回档性买进价值区域，可以即时买进。

（7）当K线系统缩量第三次回调至趋势线120日移动平均线受到有效支撑时，临盘即进入回档性买进价值区域，可以即时买进。

4. 卖出策略

（1）30分钟K线出现放量滞涨或价升量减时，表明股价可能见顶。

（2）若KDJ指标出现高位死叉或顶背离现象，表明股价可能见顶。

（3）若5日移动平均线下穿60日移动平均线，表明短线已缺乏攻击力，股价将展开调整或下跌。

（4）若K线系统出现带长上影线的十字墓碑或中小阴阳线，表明股价可能见顶。

（5）若股价击穿10日移动平均线，再次上攻时不创新高，5日移动平均线出现向下拐头迹象，表明股价可能见顶。

投资者在操盘过程中，一旦发现上述五大特征中的任意一项，临盘均可考虑迅速卖出。

5. 临盘买进技术修整和持仓策略

（1）股价日K线图如果处在上升初期或中期，可以满仓操作。

（2）股价日K线图如果处在上升末期的头部整理阶段，则轻仓操作。

（3）股价日K线图KDJ指标如果在低位区域开始金叉向上，可以重仓操作。

（4）股价周K线图KDJ指标如果在低位区域开始金叉向上，可以满仓操作。

（5）股价月K线图KDJ指标如果在低位区域开始金叉向上，可以满仓操作。

（6）股价日K线图如果于昨日放量收阳，可以半仓或满仓操作。

（7）股价日K线图如果于昨日第一次放量涨停，可以满仓操作。

（8）股价日K线图如果处在下跌初期，则应该轻仓操作。

（9）股价日K线图如果处在下跌中期，则应以观望为主。

（10）股价日K线图如果处在下跌末期的底部整理阶段，则应该轻仓或半仓操作。

6. 操盘技术注释

（1）在股价上升阶段中期、下跌末期和长期横盘末期，敢于突然大幅拉升的股票，如果昨日收阳线并放量，则说明主力已经在昨日开始进场做多，今天的上涨是有计划性的操盘行为。

（2）在股价上升阶段中期、下跌末期和长期横盘末期，如果昨日收阴线并缩量，则说明股价下跌动能出现衰竭，今天的上涨是主力主动出击的操盘行为。

（3）在股价上升阶段中期、下跌末期和长期横盘末期，如果昨日收阴线并放量，则说明昨日的下跌是典型的诱空动作，今天的上涨是主力有计划性的操盘行为。

（4）临盘讲究买进的时机、点位、技术形态和速度，严格利用30分钟操盘技术系统锁定短线获利机会。

四、60分钟K线战法

60分钟K线战法只适用于短线涨升或宽幅震荡的股票，并不适用于窄幅震荡的股票和总体处于下跌趋势的股票。

1. 60分钟操盘系统

（1）均线系统：攻击线5日移动平均线、操盘线10日移动平均线、生命线30日移动平均线、决策线60日移动平均线、趋势线120日移动平均线。

（2）指标系统：KDJ、均量线5日移动平均线、60日移动平均线。

2. 突破买进

（1）每30分钟或45分钟对综合排行榜进行监控，筛选涨幅榜前30名当时涨幅在5%以上，量比在5以上，换手率在5%以上的强势股票。

（2）60分钟图谱上，可以看见攻击线5日移动平均线和操盘线10日移动平均线上穿生命线 30 日移动平均线和决策线 60 日移动平均线，趋势线 120 日移动平均线呈继续向上运行态势，同时均线系统呈多头排列。

（3）KDJ 等各项指标系统全部金叉向上，均量线 5 日移动平均线上穿均量线 60 日移动平均线，柱状成交量为最近 30 个小时内最大量。

（4）60 分钟 K 线明显带巨量上涨并突破重要技术位，突破型 K 线换手率达 3% 以上，换手率越大越有效。

（5）在突破重要技术位时，最好曾于前五个 K 线组合中放量蓄势。

（6）在分时走势图中，当日各时间段均出现典型买进信号。

（7）操作策略：

①激进型投资者：临盘在第一个 60 分钟即将成形时迅速下单，即 45～50 分钟买进，此时股价攻击趋势已经基本成形。如果股价涨停，则在涨停价买进。

②稳健型投资者：临盘可以待第一个 60 分钟 K 线成形，第二个 60 分钟 K 线开盘时现价下单买进。

3. 回档买进

（1）用交易软件进行 3 日和 5 日区间强弱度、换手率、涨幅排行盘面筛选，找到 3 日强度在 20 以上，5 日强度在 40 以上；3 日换手率在 35% 以上，5 日换手率在 60% 以上；3 日涨幅在 20% 以上，5 日涨幅在 40% 以上的强势股。

（2）60 分钟图谱上，可以看见生命线 30 日移动平均线、决策线 60 日移动平均线和趋势线 120 日移动平均线呈多头排列，而攻击线 5 日移动平均线、操盘线 10 日移动平均线则横盘或略微向下调整；最近几日 K 线出现滞涨现象。

（3）60 分钟 KDJ 死叉向下，其中 J 值进入 0 值或负值区域，股价出现跌势乏力的现象。

（4）量能呈现规则性萎缩，均量线 5 日移动平均线拐头向下，并在均量线 60 日移动平均线上获得支撑；如果前期换手率大于 50% 的品种，可放宽到均量线 5 日移动平均线击穿均量线 60 日移动平均线的技术要求。

（5）当 K 线系统缩量第一次回调至生命线 30 日移动平均线受到有效支撑时，临盘即进入回档性买进价值区域，可以即时买进。

（6）当 K 线系统缩量第二次回调至决策线 60 日移动平均线受到有效支撑时，临盘即进入回档性买进价值区域，可以即时买进。

（7）当 K 线系统缩量第三次回调至趋势线 120 日移动平均线受到有效支撑时，临盘即进入回档性买进价值区域，可以即时买进。

4. 卖出策略

（1）60 分钟 K 线出现放量滞涨或价升量减时，表明股价可能见顶。

（2）若 KDJ 指标出现高位死叉或背离现象，表明股价可能见顶。

（3）若均量线 5 日移动平均线下穿均量线 60 日移动平均线，表明股价短线已缺乏攻击力将展开调整或下跌。

（4）若 K 线系统出现带长上影线的十字墓碑或中小阴阳线，表明股价可能见顶。

（5）若股价击穿操盘线 10 日移动平均线，再次上攻时不创新高，攻击线 5 日移动平均线出现向下拐头现象，表明股价可能见顶。

投资者在操盘过程中，一旦发现上述五大特征中的任意一项，临盘均可考虑迅速卖出。

5. 临盘买进技术修整和持仓策略

（1）股价日 K 线图如果处在上升初期或中期，可以满仓操作。

（2）股价日 K 线图如果处在上升末期的头部整理阶段，则轻仓操作。

（3）股价日 K 线图 KDJ 指标如果在低位区域开始金叉向上，可以重仓操作。

（4）股价周 K 线图 KDJ 指标如果在低位区域开始金叉向上，可以满仓操作。

（5）股价月 K 线图 KDJ 指标如果在低位区域开始金叉向上，可以满仓操作。

（6）股价日 K 线图如果于昨日放量收阳，可以半仓或满仓操作。

（7）股价日 K 线图如果于昨日第一次放量涨停，可以满仓操作。

（8）股价日 K 线图如果处在下跌初期，则应该轻仓操作。

（9）股价日 K 线图如果处在下跌中期，则应以观望为主。

（10）股价日 K 线图如果处在下跌末期的底部整理阶段，则应该轻仓或半仓操作。

6. 操盘技术注释

（1）在股价上升阶段中期、下跌末期和长期横盘末期，敢于突然大幅拉升的股票，如果昨日收阳线并放量，则说明主力已经在前一日开始进场做多，今日的上涨是有计划性的操盘行为。

（2）在股价上升阶段中期、下跌末期和长期横盘末期，如果前一日收阴线并缩量，则说明股价下跌动能出现衰竭，今日的上涨是主力主动出击的操盘行为。

（3）在股价上升阶段中期、下跌末期和长期横盘末期，如果前一日收阴线并放量，则说明前一日的下跌是典型的诱空动作，今日的上涨是主力有计划性的操盘行为。

（4）临盘讲究买进的时机、点位、技术形态和速度，严格利用60分钟操盘技术系统锁定短线获利机会。

五、周 K 线战法

周 K 线是指由周一的开盘价、周五的收盘价及全周最高价和最低价决定的 K 线形态。周 K 线与日 K 线有本质的区别，不能简单地按照日 K 线的分析规则来分析周 K 线。为了正确把握股价的运行规律，投资者必须学会用周 K 线的思维来研究周 K 线图。

运用单根周 K 线进行技术分析，是周 K 线综合运用的基础。运用单根周 K 线时，要注意结合周 K 线的相对位置和其他的周技术指标以及组合几根周 K 线来综合运用，那样才会比较准确。

1. 单根周阳线的市场含义和运用

（1）光头光脚周阳线：它说明了在一周的交易时间内，买方占据显著优势，卖方处于明显的弱势状态。若是大的光头光脚周阳线，则孕育着一定的危险，下周走势有可能由向上转变为下跌；若只是一根较小的周阳线，经过换手，大市还存有上升空间。

（2）短下影光头周阳线：它说明本周卖方曾一度出击，但买方反击力度十分强大。这种 K 线多产生于短线反弹中，后面多为长上影十字星或带上影阴线。如果股价呈连续下跌，且 K 线较短，则下周将会继续上涨；若股价处于上升途中，且本周跳空高开，则下周出现回调的可能性较大。

（3）上下影周阳线：指全周存在着多空双方的较量，走势出现反复。买方力量处于优势，但卖方也有一定力量。股价经过持续或大幅下跌后，出现这种实体不太大的周阳线，表明股价会持续上升；股价经持续或大幅上升，出现这种实体较大的周阳线，表明股价将会下跌；上升过程中，如果有与上周阳线相近的这种 K 线形态，表明股价将会继续上升，但若上下影线明显大于上周，则表明主力拉高出货的可能性很大。

（4）短上影光脚周阳线：本周一开盘，买方就积极拉高股价，但在相对高位产生卖压，从而导致买方不能以最高价收盘，这也许是买方主动做出的短线调整，表明买方主力已经控制了局面，行情不会马上结束。

（5）长下影光头周阳线：表明在上半周卖方曾一度呈现强势，买方随后发起反攻，并收复失地，以最高价收盘，从表面上来看，似乎是买方获胜，但事实上卖方已经动摇了持筹者的信心，拉高所产生的获利盘有获利回吐的可能，它表现为一种短线的行情，下周将面临较重的抛压。

（6）长上影光脚周阳线：一周冲高受阻回落，买方率先发起进攻，卖方随之进行反击，买方在全周内仍处于优势位置，但买卖双方的力量已悄然产生变化，买盘趋弱，卖盘渐强，走势极有可能发生逆转。

（7）长下影周阳线：本周卖方先发动攻势，而买方成功地将把价格拉回，但上档卖压显著，导致买方无法以最高价报收，它体现了双方的争持，买方在较低的价位有较强的实力，而卖方在较高价位也有一定的力量，这是一种整理行情，而且通常体现为反弹行情的结束，将重返跌势。

（8）长上影周阳线：卖方试探性进攻被买方顶住，股价大幅推高，但卖方在上档也十分强大，将大部分丢失地盘又收了回来，买方在较低价位实力渐强，终于以高于开市价的价位报收。这种双方分庭抗礼的局面，是进入整理行情的标志。

2. 单根周阴线的含义及运用

（1）光头光脚周阴线：本周卖方呈绝对强势，买方力量十分薄弱，丝毫没有还击之力，卖压在很大程度上得到释放，下半周前半段还存在一定的卖压，但力度已经削弱，技术上有反弹要求。这种周阴线一般出现在下跌过程中。

（2）短上影光脚周阴线：买方势力一度企图把股价拉升，后经卖方的强力反攻，迫使股价步步压低，以最低价报收。形成短上影线有两种可能：一是上档卖压重；二是买方拉高出货。下周应顺势卖出。

（3）短下影光头周阴线：本周开盘股价因卖方强势而呈压低状态，但因为在低位有较好的承接力，使股价无法以最低价报收。在本周市场上，做空成为主导，若股价在下跌之初，则下影线是下跌抵抗，若股价在持续下跌之后，说明低位有建仓盘。

（4）上下影周阴线：本周买方一度呈现强势，努力推高股价，但很快被卖方打了下来，在低位买方进行了顽强抵抗。这种周阴线一般出现在由上升转向下跌的转折点，或跌势将尽的前一周，有预警的作用。

（5）长上影光脚周阴线：本周开市后，买方即展开积极的攻势，但卖方在较高的位置进行反攻，将股价压低到最低点收盘。这说明买方正试探卖方的实力，不动声色地组织一轮上升攻势。

（6）长下影光头周阴线：本周开盘，卖方发起进攻，当股价压低到相应程度时，买盘就适时显露出来，且乐意以较高的价格买进，买方在低位建仓显露无遗。

（7）长上影周阴线：本周买方曾发动一轮攻势，但由于上档卖压过重，股价很快被打压了下来，买方于是在较低价位奋力抵抗，使卖方无法在最低价位收盘。若此周阴线出现在冲高受阻的上升行情中，则行情出现逆转的可能性很大；若出现在下跌后的低位，则行情整理寻求突破。

（8）长下影周阴线：本周买方一度努力拉高股价，但很快被卖方压了下来，但当卖方将股价压得较低时，又遭买方反击，显示买方在相对低位仍处于优势。这种周阴线通常出现在由强转弱的关键位置，其长长的下影线或是下跌抵抗形态，或是买方的拉高出货。

3. 周十字星的含义和运用

周十字星体现了买卖双方处于一种实力均衡的相持阶段。阴阳对周十字星而言，并没有太大的意义，重要的是它所处的位置和与其他K线的组合，在大多数情况下，周十字星预示股价走势经短期整理，仍将继续保持原有发展趋势。

4. 周线组合信号

周线组合信号有许多类，下面主要介绍周线组合中最重要的两类，即见底回升信号和见顶回落信号。

（1）见底回升信号。

①三阴见底：指在两根大的周阴线之后，紧接着出现一根长下影光头周阴线，这种组合表明股价已经达到中长期的底部，大势将逆转向上。

②双阴变势：指股价走势在接连拉出数根阴线后，产生了两根阴线孕育阴线的周K线，第二根周阴线的最高价与最低价均没超出第一根周阴线的范围，这种周线组合若处于下跌一段时间之后，则意味着上升行情的来临。

③上影召阳：指在两根或两根以上的周阴线后面，紧跟着拉出一根上影线很长的十字星或长上影周阴线的走势，它召唤着大阳的到来。如果该周线组合出现在大跌之后，表明股价正在构筑底部；若仅仅出现在小跌之后，则意味着将有反弹行情出现。

（2）见顶回落信号。

①黑柱擎天：指股价经过持续上涨或大幅急升之后，在一根很大的周阳线后面，紧跟着拉出一根长上影周阴线的周线组合，并且成交量呈放大趋势，这种组合一般出现在股价中长期上升的尽头，它的杀伤力十分惊人，投资者选择规避风

险为上策。

②上影孕阳：指股价走势拉出一根长上影周阳线之后，又拉出一根最高价没有穿越这根长上影周阳线的小阳线的周线组合，通常第二根小阳线的成交量比前面那根阳线的成交量小，它说明股价上升无力，买方力量已枯竭。这种组合通常出现在中期的顶部或大幅反弹之后，明智的操作是逢高卖出。

③阴阳齐天：股价走势出现先阳后阴，长度大致相等的周线组合，周阴线的成交量比周阳线的成交量小，一般出现在股价经过急跌之后中级反弹的顶部，它是中期见顶的信号，应逢高卖出。

─────────── 本章操作提示 ───────────

（1）在运用K线进行实战时，必须熟悉隐藏在K线背后的多空搏杀理论、K线的相对位置理论、K线的标志性信号理论、K线缺口理论和趋势线与突破理论。

（2）根据K线进行选股时，一定要注意结合指数环境和个股基本面两个重要因素。

（3）为了实现稳定盈利，在实战操盘过程中一定要确定精准的买卖点，正确把握买卖时机。

（4）正确判断涨停板的目的，做出追击涨停板和阻击涨停板的正确决策，并严格遵循涨停板卖出的原则，落袋为安。

（5）操作一只股票，要进行不同周期K线分析，运用不同周期进行分析操作，相互印证，提高操作成功率。

第八章

K线盈利交易系统

在股票市场上，交易系统的称谓比较复杂。每一位投资者对交易系统的理解也不一样。

什么是交易系统？从简单的概念上讲，交易系统可以认为是系统交易思维的物化。系统交易思维是一种理念，在行情判断分析中体现在对价格运动总体上的观察和在时间上连续性的观察，其在决策特征中表现在对交易对象、交易资本和交易投资者三要素的全面体现。可以说，如果没有交易系统，那么盈利只是偶然，亏钱则是必然。所以，构建属于自己的盈利交易系统，是每一位投资者的必修课。

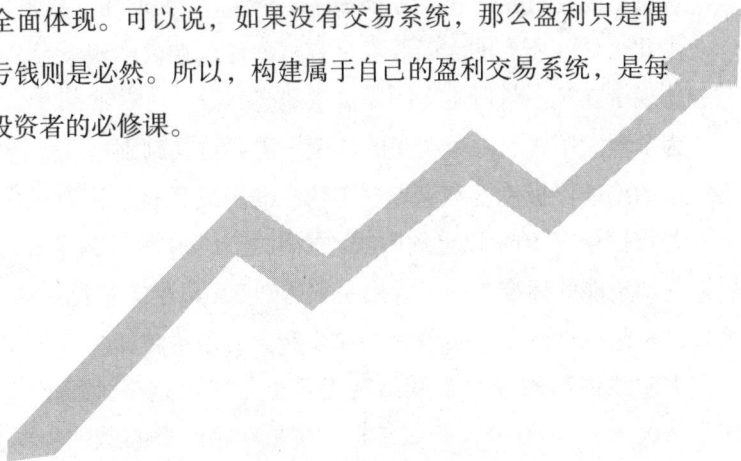

第一节

大阳线交易系统

一、大阳线概述

1. 大阳线的定义及其标准

大阳线是经典的主力操盘特征。大阳线是指在交易当天，从一开盘买方就积极进攻，中间也可能出现与卖方的斗争，但买方发挥最大力量，始终占据优势，使股票价格一路上扬，股价呈现持续放量的攻击式上涨特征直至收盘而形成的 K 线形态。这表示股价强烈的涨势，买方疯狂涌入。持股者因看到买气的强盛而不想把手里的股票轻易抛出，导致市场上出现供不应求的状况。全天换手率大于 5%，量价配合十分健康。而反映在日 K 线图中，大阳线和高量柱呈正比放大的关系。

阳线实体巨大，为近期 K 线实体的 2 ～ 3 倍，影线往往很短，甚至没有，如果配合明显放大的成交量，则形态的有效性会大大增强，如图 8-1、图 8-2 所示。

由此可见，所有的大阳线都是有主力资金在盘中积极做多而形成的结果，它充分体现了在某一阶段主力的操盘意图。

为了对大阳线有一个明确的认识，需要对其判别标准进行量化分析。根据我国股市的涨跌停板制度和笔者多年的看盘实战经验，认为只有当天涨幅在 7% 以上，并且振幅在 10% 以上的阳线才能称之为大阳线。为了提高对大阳线的认识，可以附加量能的标准，即当天换手率达到 5% 以上，量比达到 3 倍以上。

2. 大阳线内部分时 K 线结构组合和量能结构特征

大阳线内部的分时 K 线结构组合也是决定这根大阳 K 线强弱的判断依据。通常情况下，以 60 分钟 K 线结构来解析和判断日 K 线的强弱特征，具体有井喷型、盘升型、虚涨型三种组合特征。

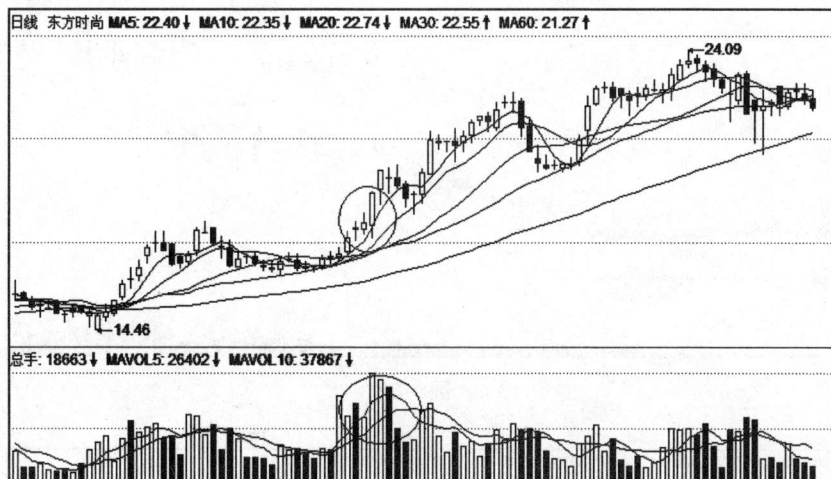

图8-1

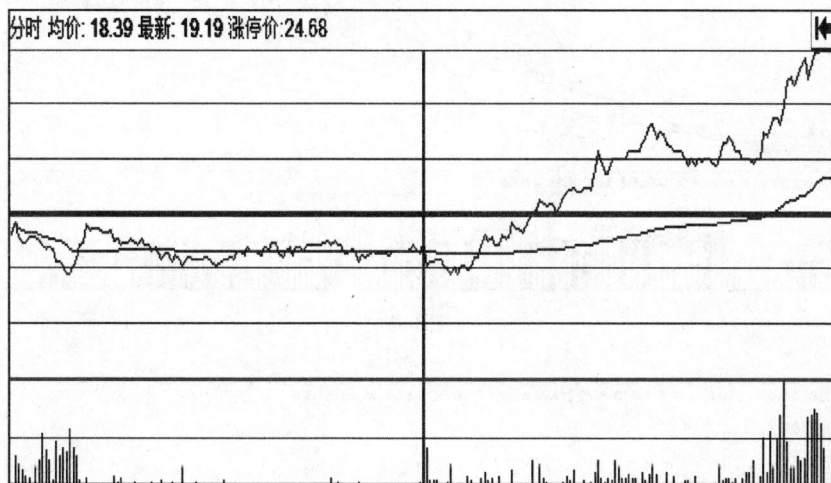

图8-2

　　井喷型表现为一种十分强势的分时技术特征，股价在分时K线中常常体现为连续性大阳线和中阳线间隔小阳线的K线组合结构。如图8-3所示。

　　盘升型表现为一种震荡盘升的较强分时技术特征，股价在分时K线中常常体现为阳多阴少式的中阳线间隔小阴线的K线组合结构。如图8-4所示。

　　虚涨型表现为一种涨势虚弱无力的行情分时技术特征，股价在分时K线中常常体现为小阳线、中阳线间隔小阴线与中阴线的K线组合结构。如图8-5所示。

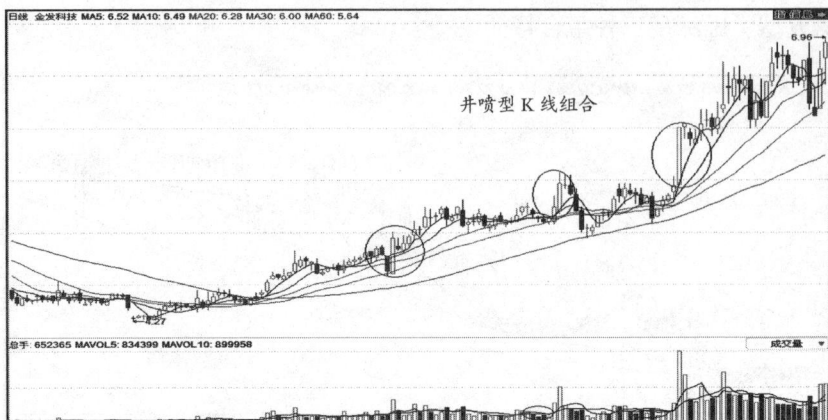

图8-3

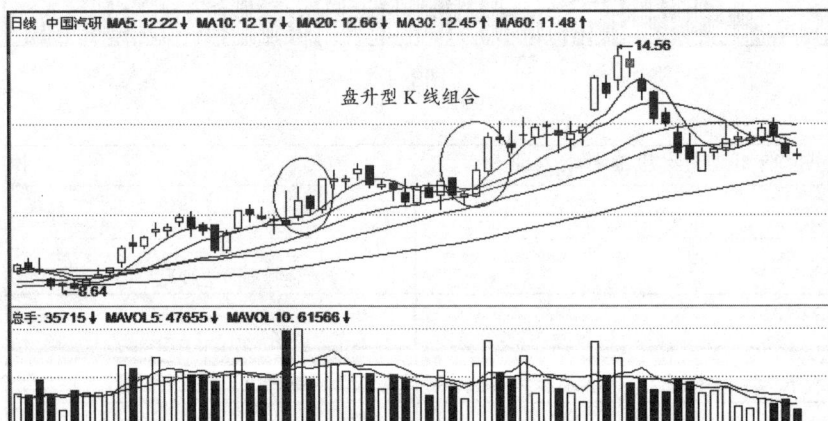

图8-4

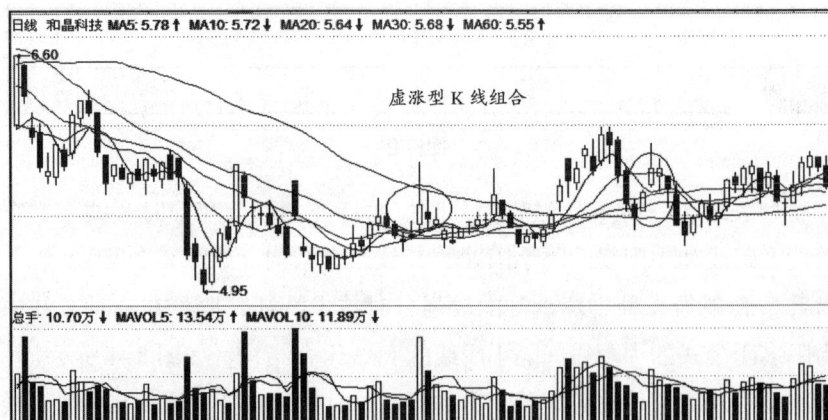

图8-5

大阳线的内部量能结构从分时走势图上看，即时交易出现连续密集性大单或特大单成交，在每一波攻击性拉升时，量峰在纵向和横向方面均呈现放大特征；从K线图上来看主要是阳线放量上涨，阴线缩量回调的量能特征；在日K线图上，成交量指标出现大量柱特征、均量线开始向上发生金叉、换手率达到5%以上、量比达到1.5倍甚至3倍以上。

3. 大阳线出现的位置与主力操盘行为分析及其对股价趋势方向的影响

通过对个股及即时的盘面观察和分析，可以发现，大阳线主要出现在以下几个位置：股价从底部向上突破性上涨时、股价在波段性上涨趋势中、股价进入阶段性头部整理中、股价在下降过程中出现超跌反弹时、股价进入底部筑底整理过程中。每个不同位置的大阳线都具有不同的操作价值，投资者一定要结合整个盘面和指数环境进行具体的分析。

大阳线是主力操盘意图的展现，所有大阳线都是有主力在盘中积极做多而形成的结果。我们可以根据不同位置的大阳线，来判断主力的操盘行为及其意图。

（1）当主力已经完成了前期的建仓动作，当日如果收报大阳线，股价从底部向上突破性上涨，说明主力的目的是快速拉升脱离自己建仓的成本区域。如图8-6所示。

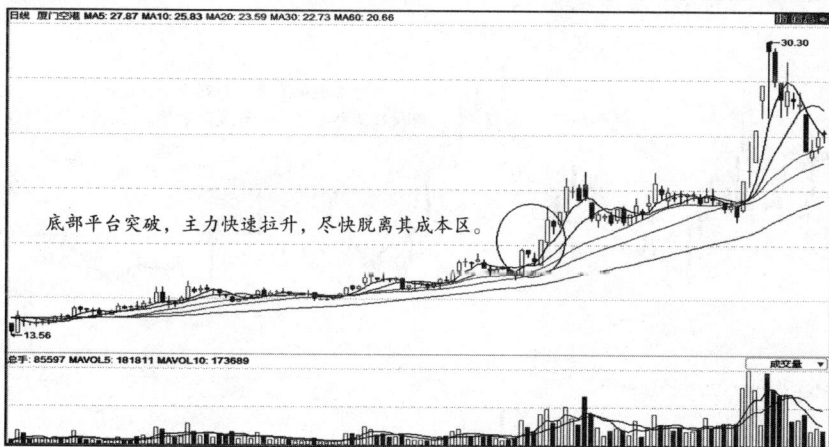

图8-6

（2）主力已经拉高股价，脱离了其建仓成本区域，持仓已经有一定的盈利，股价处在波段性上升趋势中，主力当日以大阳线展开向上攻击，这是主力加速拉升股价的主要标志。如图8-7所示。

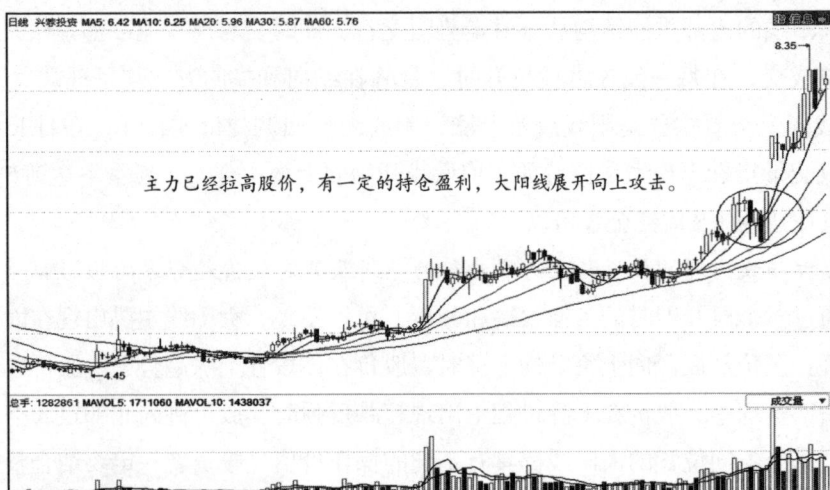

图8-7

（3）当主力实现了波段性盈利目标，股价进入阶段性头部整理阶段，这时庄家进行滚动操盘。当日如果出现大阳线，这是主力通过反复滚动操盘进行拉高出货并进一步扩大盈利的表现。当大阳线出现在股价阶段性头部整理过程中，股价后续将继续反复以头部整理趋势出现，开始进行震荡出货。如图 8-8 所示。

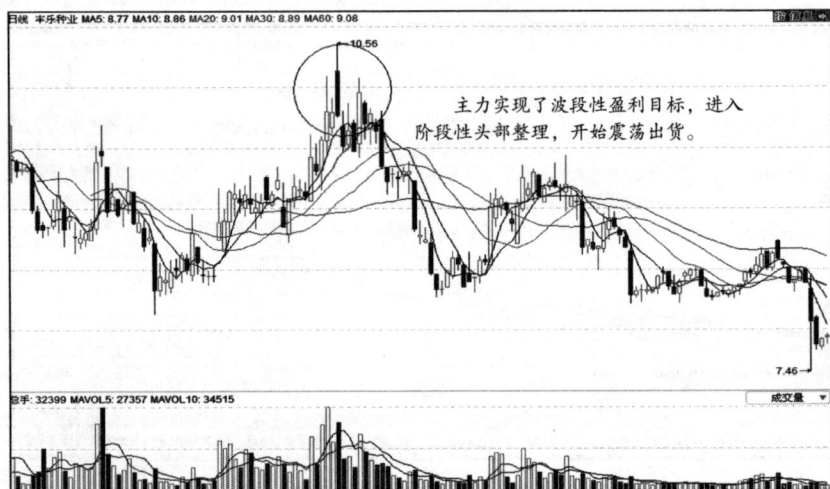

图8-8

（4）当主力在头部整理和下降初期完成部分出货后，股价超跌，股价在下降过程中出现超跌反弹走势，当日报收大阳线，这是主力利用小量资金进场推动股价反弹，再次进行出货操作的一种手法。当大阳线出现在股价下降过程中的超跌反弹时，股价后续将短线冲高后继续维持下降趋势。如图8-9所示。

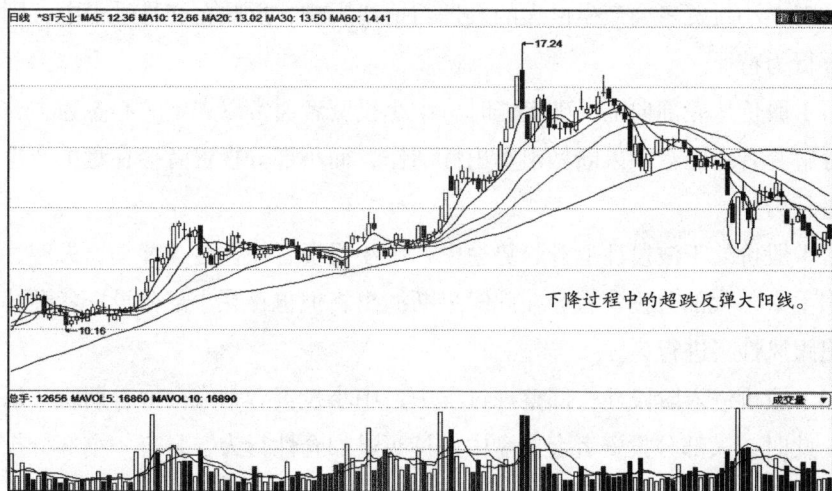

下降过程中的超跌反弹大阳线。

图8-9

（5）当股价跌至底部，成交量极其低迷，开始进入底部筑底整理阶段，当主力进行试探性建仓，当日报收大阳线，这是主力利用底部整理进行短线套利操作，也有拉高吸筹建仓的可能，这要由后期的走势进行确认。如图8-10所示。

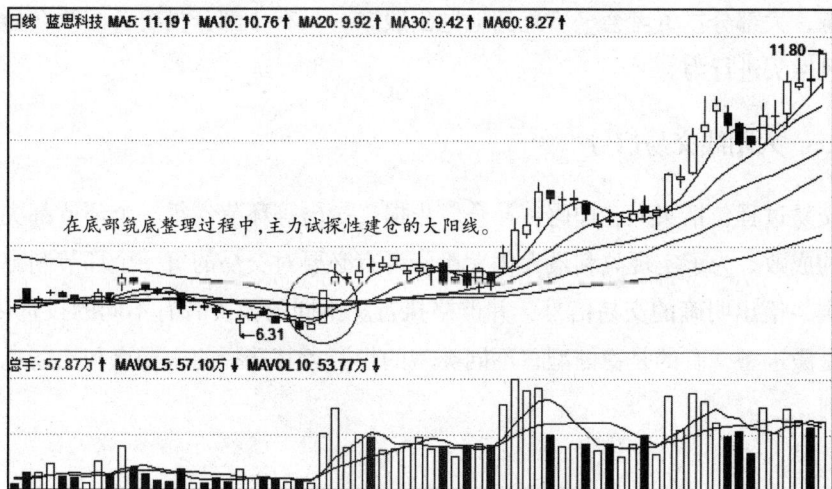

在底部筑底整理过程中，主力试探性建仓的大阳线。

图8-10

当大阳线出现在股价底部筑底整理过程中时，股价后续将继续展开反复震荡整理或小波段短线上涨行情。

4. 大阳线对中小投资者产生的心理影响

大阳线是一种非常强势的股价上涨特征，对股价的未来走势具有很大的指示作用，对中小投资者会产生巨大的心理与情绪影响，反映在交易过程中，则会出现以下行为特征：

（1）股价从底部向上突破上涨时，中小投资者通常以观望的心态为主，相当一部分解套者会在盘中果断做出卖出性动作，而小部分投资者会在盘中产生跟风性买进行为。

（2）股价处于波段性上升趋势途中，中小投资者往往会被冲动、失望、嫉妒的心态主宰，大部分投资者会在此时果断抛出，但也存在小部分投资者继续在盘中做出跟风性买进行为。

（3）股价进入阶段性头部整理过程中，中小投资者常常会抱着期盼、乐观的心态，此时，大部分投资者会在盘中保持买进加仓性行为，只有一小部分投资者会持观望心态，考虑伺机卖出。

（4）股价在下降过程中出现超跌反弹时，中小投资者常常抱着期盼、幻想、沮丧的心态，大部分投资者会选择继续套牢性持仓，小部分投资者则会在盘中产生跟风性买进行为。

（5）股价进入底部筑底整理过程中，中小投资者常常持以绝望、沮丧、恐惧的心态，大部分投资者会毫不犹豫地抛出股票，只有小部分投资者继续在盘中做出跟风性买进行为。

二、大阳线交易信号

交易过程包括买入、加码、补仓、止损、卖出等环节，每一个环节都决定着交易的成败。为了实现盈利最大化，投资者有必要对交易的每一个环节制定相应的规则，给出明确的交易信号，并严格执行。不同的投资者有不同的投资风格，有的是激进型，有的是稳健型，不同类型的投资者其选择的入场点和出场点也有所区别。

1. 买入

（1）买入股票的前提。日K线必须处于上升通道中，并且在初次超跌反弹时，坚决不能进场，必须等到上升趋势确立方可入场做多。

（2）买入股票的条件。当日股价在早盘10：00点之前涨幅达到5%以上，并且在上涨过程中持续密集放量，盘中大笔持续密集型成交，在股价回调时，缩量且下探不破均价线或开盘价。

（3）买入股票的时机。在早盘 10：00 左右，当股价出现第二波和第三波回调时，在均价线附近买入。如图 8-11 所示。

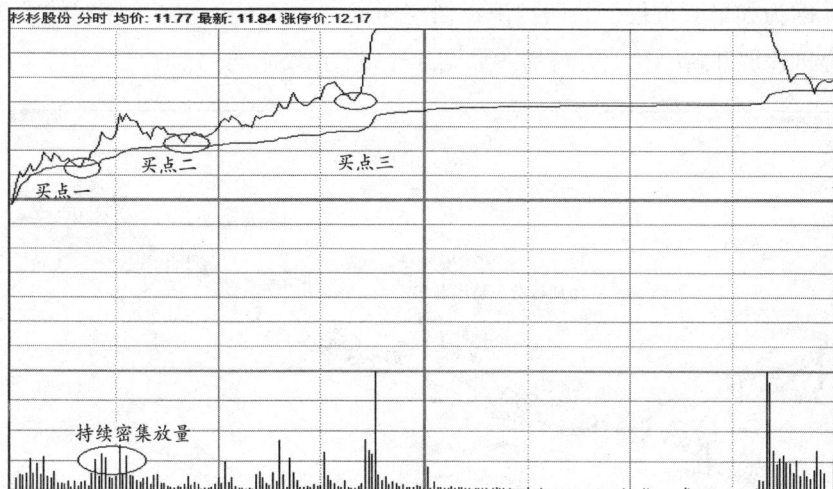

图8-11

另外，也可以在当天收盘前约半小时内，寻找当日涨幅在 7% 以上的股票，结合量价形态，估计当天收盘时会以标准大阳线收盘，进行买进，因为当天剩余交易时间有限，持仓风险相对较小。稳健型投资者可以在大阳线上方回调第三天买进。

2. 加码

（1）见阴线加码。股价在上升通道中运行，如某日出现回调收出阴线，并且当天交易量大幅萎缩，则说明本日回调不是庄家出货，而仅仅是回调洗盘，可在收盘前相对低位实施加码。

（2）5 日移动平均线加码。股价在向上持续攻击的过程中，当股价远离 5 日移动平均线的时候，盘中会有回调的要求，当回档时股价跌至 5 日移动平均线受到有效支撑的时候，可以实施加码。

（3）10 日移动平均线加码。股价在向上持续攻击的过程中，当股价远离 10 日移动平均线的时候，盘中会有回调的要求，当回档时股价跌至 10 日移动平均线受到有效支撑的时候，可以实施加码。如图 8-12 所示。

3. 补仓

补仓是指前期筹码套牢后，在稳健的前提下，进行的一种补救措施。大阳线当日买进后，如果第二天股价因为种种原因开始下跌，导致前一日筹码套牢。在量价健康的前提下，可等待股价下跌至大阳线的开盘价附近时，密切关注此区域的支撑力度，如股价在此区域展开反弹上涨，说明此处支撑有效，可以进行补仓操作。因为如果股价仅仅是回档洗盘诱空而已，一般不会击穿大阳线的开盘价，而后会迅速展开新一轮上升行情。如图 8-13 所示。

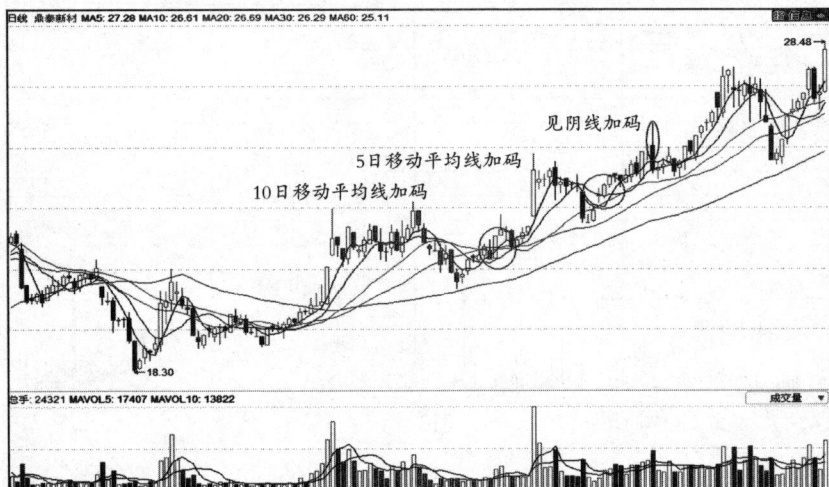

图8-12

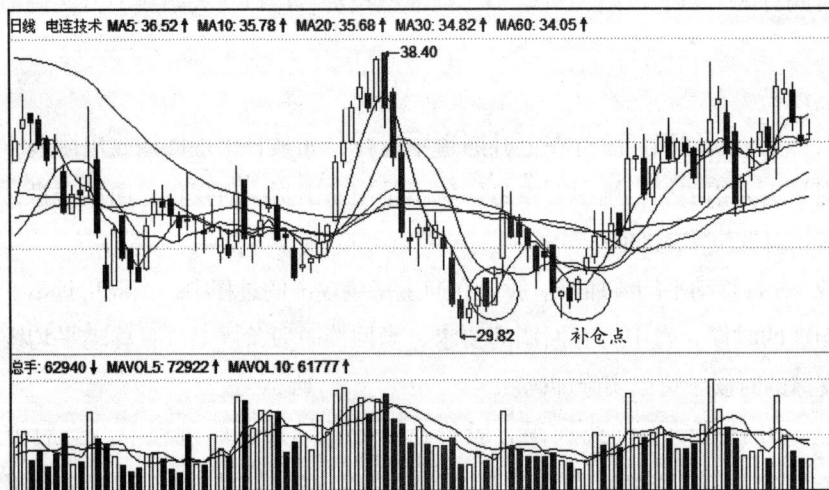

图8-13

4. 止损

止损是一种行之有效的控制风险的措施。只有学会止损，才能避免股票被深度套牢，将风险控制在可承受的范围之内。大阳线当日买进后，如果第二天股价因为种种原因开始下跌，导致前一日筹码套牢，可等股价下跌至大阳线的最低价附近时，密切关注此区域的支撑力度，如盘中放量击穿此区域并且收盘价位于前一日大阳线最低价之下，说明此处支撑无效，表明股价后市还会下跌，要果断进行止损操作。如图 8-14 所示。

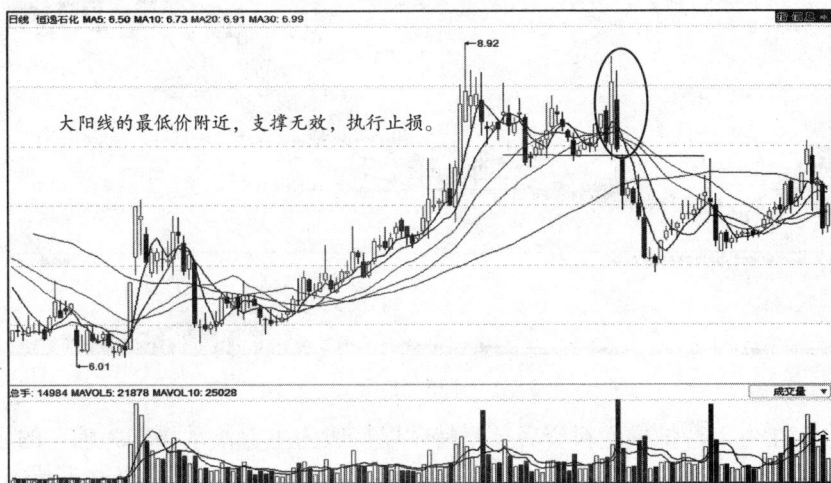

图8-14

5. 卖出

卖出是完成一项交易的最后一环。只有将手中的股票卖出，转换成现金，才能实现真正的盈利。卖出时除了出现 K 线卖出形态外，还要有一定的策略。比如，可以实施跟踪止损，将每一笔盈利单子的止损随着盈利的扩大向上跟踪，直到有一天股价回调触及止损价位，实施卖出操作。记住，不要让每一笔盈利变成亏损再出局。如图 8-15 所示。

在进行卖出操作时，最简单的办法，就是固定百分比卖出操作，如每做一只股票盈利 10% 左右就坚决出局，后市涨跌与否不再关注。

三、大阳线滚动操盘法则

由于市场环境的变化，主力不会再沿用以前那种建仓→洗盘→拉高→派发的坐庄老模式了，而将更普遍地采用中线波段和短线滚动相结合的操作方法，通过在相对合理的空间和时间上的充分获利，来取代以前简单控盘拉升的方法。一位成熟的投资者，不会去希望让市场或庄家适应自己，只会努力地去适应千变万化的市场与主力坐庄的思路，改变自身的操作方式。滚动式操作是一种在当前市场中十分适用的操作方法。滚动式操作的应用技巧主要有以下几点：

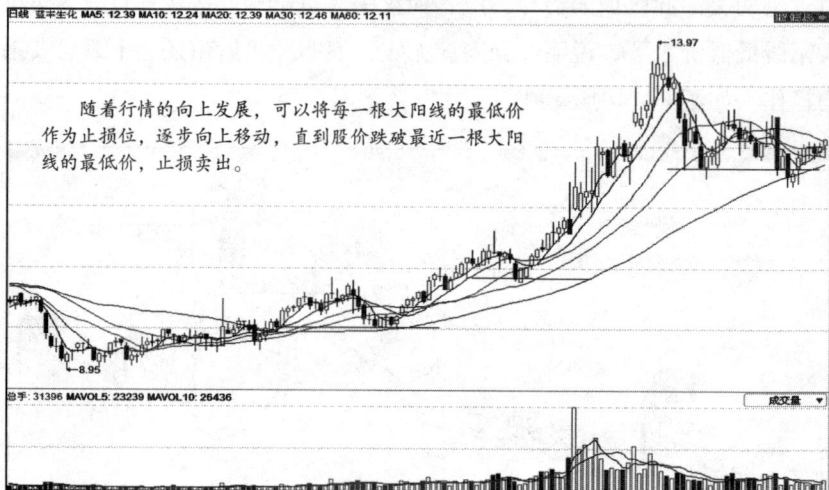

图8-15

（1）在牛市行情中，投资者要坚持"以持股为主，滚动操作为辅"的原则，在不丢失手中筹码的基础上，通过灵活的高抛低吸滚动操作来摊薄持仓成本，争取短期利益最大化。此时，投资者一定要分清轻重缓急，不然，在滚动式操作中，常常会在牛市行情的初期就早早地丢失已有的筹码，踏空后市行情。

（2）在熊市末期，投资者进行滚动操作时，一定要控制投入资金的比例，因为此时，大盘正处于反复震荡筑底的过程中，市场风险常常难以判断。由于熊市末期的风险很大，因而在熊市末期的滚动操作中，在选股方面只应选择原有被套股票进行高抛低吸，不另外加仓。

（3）对于超短线的投资者，常常以几天作为一个操作周期，则其在进行滚动式操作时，应重点参考 KDJ 等短线指标、移动筹码分布，与趋势通道和布林线指标相结合，制定相应的滚动操作策略。参考指标时一定要意识到：滚动式操作并不是指必须要在某一阶段性底部买进，而是指要在个股具有上涨趋势和上攻动能时适时买进。

（4）对于超短线的投资者，盘中"T+0"的滚动式操作，主要使用即时图，可以将逆市操作指标（CDP 指标）中的 NL 和 NH 值作为短线买卖的参照价位，如果股价处于剧烈波动中，则要将 AL 和 AH 作为短线买卖的参照信号。

滚动操作法可以最大限度地发挥资金的使用效率，降低资金使用成本，而要想运用好滚动操作法，平时就要用心练习看盘技巧，特别是通过盘口的不断变化，掌握分析后市的"盘口功夫"。利用大阳线进行滚动操盘的要点如下：

（1）开盘先看指标股。指标股的高开、低开、平开，都对大盘全天的走势具有非常重要的意义，对自己手中的个股影响很大，比如中国银行、中国石油，如果它们走坏，大盘便不可能走好。

（2）有利润要及时卖。强势股回档要及时买，个股一旦获利，不论多少，坚决卖出。

（3）上午卖股，下午买股。多头行情中，大盘一般都呈现高开或平开，上午冲高的机会明显多于下午，由于上午大盘刚开始运作，投资者通常看不清楚全天走势如何，上午买股的风险就明显大于下午，从而在上午及时卖掉获利股票，在收盘前15分钟再决定是否买股，这样，投资者在操作上将掌握主动。

（4）选平台股，避开拉高股。个股蓄势平台整理，或强势股冲高回落平台整理是重点伏击对象。

（5）大盘股要低买，小盘股要追买。希望大盘股一下涨5%～8%，是不太容易的，因为大盘股盘子大，各路资金持有的成本不一样，走起来自然跌宕起伏，所以最好等它在分时走势中的低点出现时再买，而且尽量分批买；而小盘股，庄家控盘程度高，一旦拉升，涨幅往往很大，如果不追涨，将会错过许多行情。

（6）注意基本面选股。个股再强也强不过地雷，选股必须要先看基本面，最好选公用事业、电力能源等相对稳定的行业，这些行业的业绩通常不会有太大的波动，当然，如果发现选错，必须及时抽身。

（7）滚动操作法的核心是获利，坚持不获利不滚动的原则。否则，若演变成频繁买进卖出，便犯下炒股之大忌。

利用大阳线进行滚动操盘的核心宗旨就是高抛低吸。只要投资者能够清晰地辨别股价小周期、小波段的高点和低点，就能够做到抛在高点、买在低点的操作方式。在临盘实战中，投资者要把握小波段、小周期的高点和低点，可以通过K线分时系统的技术特征进行跟踪操作。

买入：当股价小波段下跌达到15%左右时，临盘要密切关注股价是否调整到位。当60分钟K线出现带有长下影线的K线时，并且带有长下影线的K线成交量萎缩至近期地量，同时，在即时图中出现了量价底背离，即在最后一轮加速下跌的时候成交量放大，第二轮下跌出现了成交量极度萎缩，无量下跌，KDJ指标的J值已经进入0轴以下区域，并且有向上拐头趋势。此时，表示股价调整基本到位，当第二根 60 分钟 K 线开盘时，可以在相对低位进场。

卖出：当股价小波段上涨达到 20% 左右时，临盘要密切关注股价可能会出现小周期的回调。当 30 分钟 K 线出现带长上影线的 K 线，并且带有长上影线的 K 线成交量明显放大，同时，在即时图中出现了量价顶背离，即在第一轮上涨的时候，成交量放大，第二轮上涨出现了成交量萎缩，无量拉升，KDJ 指标的 J 值已经进入 100 以上区域，并且有向下拐头趋势。此时，表明股价调整即将开始，当第二根 30 分钟 K 线开盘时，可以在相对高位出场。

四、大阳线交易系统的风险规避

1. 真假大阳线的区别

平时在看盘过程中，投资者经常会遇到形态类似的大阳线，但其对后市股价走势却有着不一样的作用。这就存在一个区分真假大阳线的问题。如不能真正区分真假大阳线，便很容易落入庄家设下的陷阱。

判断真假大阳线的主要方法，就是要从大阳线形成的内部结构特征来进行区分。一般情况下，真大阳线常常于早盘 10：00 左右形成，以一波或者两波攻击方式快速升至 7% 以上，全天维持在高位整理，收盘以大阳线报收。

同时还要密切关注早盘上升过程中，是否有密集型、持续性大单和特大单成交，当天换手率是否达到 5% 以上，振幅是否达到 10% 以上，当日涨幅是否超过 7%，并且分时系统中 60 分钟 K 线图有没有出现井喷式或者盘升式的特征。若符合以上条件，便是真正的大阳线。

而假大阳线一般于尾盘收市前 10 分钟以内形成，以一波或者两波攻击方式快速将股价拉升 7% 以上，并以大阳线报收。股价即时成交大单数量极少，在分时系统中 60 分钟 K 线仅有一根大阳线。

假大阳线在实战时，只能作为股价移动特征进行跟踪观察，不能作为大阳线交易系统的操作信号进行操作。

2. 一根 K 线止损法

任何交易系统都不是百分之百的准确有效，一旦出现不准确的信号，投资者要严格按照操盘纪律去执行止损，不能抱有任何侥幸心理。一根 K 线止损法可以让投资者在最早的时间内，以最快的速度执行止损。主要有以下三种方式：

（1）回调大阳线开盘价止损。当股价在回调过程中击穿大阳线的开盘价时，表示大阳线的重要支撑位失守，为了有效规避风险，建议出局观望。如图

8-16 所示。

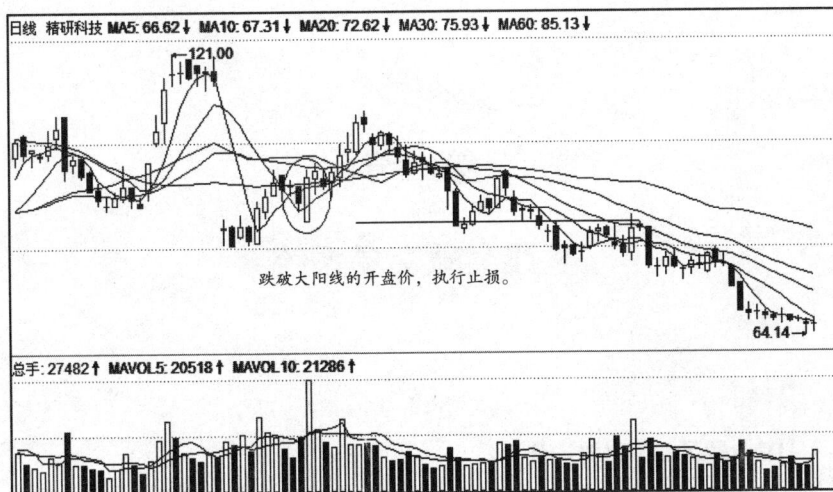

图8-16

（2）回调大阳线最低价止损。当股价在回调过程中击破大阳线的最低价时，表示大阳线的最后支撑位失守，为了有效规避风险，投资者应出局观望。如图8-17 所示。

（3）结合量能结构和均线形态止损。当股价回调至大阳线最低价后，可以观察后两天的收盘变化，如果不能在两天内拉升则止损出局。这种策略主要是应对庄家凶狠的洗盘。

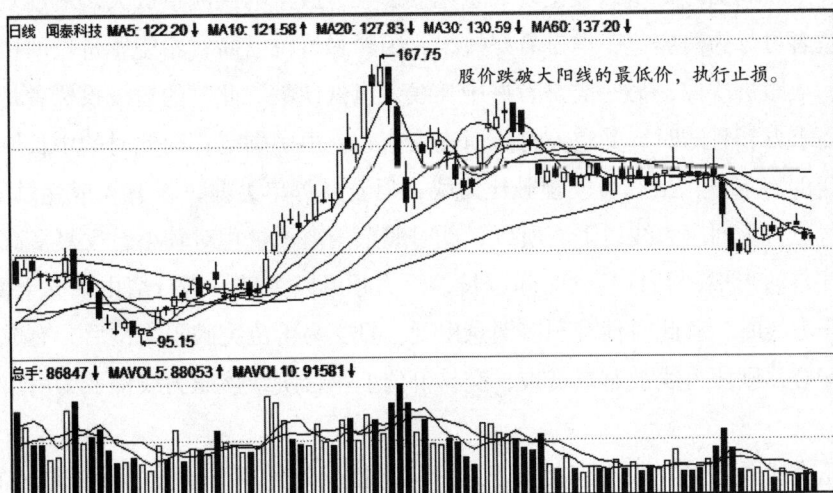

图8-17

第二节

K线突破交易系统

一、压力线的原理与应用

在K线图上，如果最高价位在同一区间出现数次，则两个相同最高价位会连接并延长即形成一条压力线，这一现象描述了股票在某一价位区间供大于需的不平衡状态。当交易价位上升到这一区间时，因为卖方呈强势状态，而买方又不想追高，所以价位表现为遇阻回档向下。其内在实质是：与支撑线形成于成交密集区一样，压力线同样在成交密集区出现。因为在这一区间有较大的累积成交量，当交易价位已处于该密集区间以下时，表明已有大量的浮动亏损面，即套牢者。因此当行情由下向上回升，逼近压力线时，对前景悲观的投资者就会急于解套平仓或获利回吐，所以会出现大量抛盘现象，股票的供应量放大。对前景乐观的投资者可分为两类：一类是看好短线，因顾忌价位已高，希望于价位回档时再建仓，故跟进犹豫；另一类是看好中长线，逢低便吸。此时的短线投资者是不坚定的需求方，且随时会受空方打压而丧失信心，由多翻空；而此时的中长线投资是坚定的需求方，虽有可能顶破压力线，但若其势单力薄，没有大成交量配合，交易价位将重回压力线以下。所以，此时股票的需求量相对较小，反复多次，压力线便自然形成，并且延续时间越长，阻力越难以突破。当行情由下向上回升，迫近压力线时，若此时伴有利多消息出现，且交易价位突破阻力位后，有成交量放大配合，则压力线被有效突破，交易价位上一台阶，该压力线即变为后市的支撑线。

压力线并不只在成交密集区出现。当行情上升到原下跌波的0.5或0.618时会产生停滞现象，并相应做出回档调整，此停留之处也是广大投资者的又一个心理压力线。再者，阶段性的最高价位也常常是投资者难以逾越的心理阻力区。这是因为支撑线和压力线都形成于成交密集区，所以同一成交密集区不仅是行情由下向上攀升的阻力区，还是行情由上向下滑落的支撑区。一旦成交密集区被突破，则在行情上升过程中，常常会伴随高换手率出现，压力线变换为支撑线；如果再有特大利多消息的刺激，导致成交密集区被轻易突破，即骤然跳空，那么获利回吐压力增大，继续上行将面临考验，多头态势常常会前功尽弃。在行情下降过程中，换手率一般不明显增大，一旦有效突破，则支撑线就会变换成压力线。

在利用压力线进行股市分析时，投资必须关注以下方面：

（1）下跌趋势出现反弹，若K线之阳线比先前阴线较弱，特别是在接近阻力位时，成交量无法放大，而后阴线快速吞掉阳线，股价再度下跌，这是强烈的阻力。

（2）下跌趋势出现强力反弹，阳线频频出现，多头实力强势，就算在压力线附近出现回档操作也无妨，因换手积极，股价一定可以突破压力线，结束下跌走势。

（3）在压力线附近经过一段时间的盘档后，如果大阴线形成，则压力线依然有效。

（4）在压力线附近经过一段时间的盘档后，如果形成一根大阳线向上突破，成交量增加，低档有人接手，买方受到激励，股价将会再上升一段。

（5）股价从下至上突破压力线，如果成交量配合放大，表明有效突破了压力线，行情将由下降趋势变为上升趋势。通常情况下，在下降大趋势中出现中级上升趋势之后，如果行情突破中级上升趋势的压力线，则表明下降的大趋势已经结束；在中级下降趋势中出现次级上升趋势，如果行情突破次级上升趋势的压力线，则表明中级下降趋势已经结束，将跟随原来的上升大趋势继续上行。

（6）股价从下至上向压力线冲击，如果没有突破而调头回落，则将会产生一段新的下跌行情，投资者此时不管盈亏，都应该马上退场。

（7）当股价从下至上冲击压力线，如果成交量急增，则可以相应做多；如果成交量未放大，投资者则应该持观望态度，不要马上做多，因为此时极有可能是上冲乏力、受阻回落的假突破，不能轻易跟进。

（8）当股价从下至上突破压力线，如果成交量没有出现放大现象，则应等待其回落，如果回落也不见放量，则可以考虑做多；如果不出现回落现象，但能确认突破阻力有效，仍可以进行做多操作，这是因为压力线被有效击破，一般会出现一段上升行情。

二、有效突破与假突破

移动平均线是由不同周期的 K 线组合演变而来，在判断股价是有效突破还是无效突破时，可以参照均线系统的压力线进行分析决策。在实际操作中判断股价有效突破均线系统阻力位主要有以下几种方法：

（1）在股价经过较长时间的单边下跌后，均线系统常常会自上而下空头排列，股价一旦跌至前期低点附近（或创新低）时，均线系统将自上而下慢慢趋于平缓，短期移动平均线从下至上准备攻击均线系统阻力位。一旦股价攻击成功，且出现成交量放大现象，投资者可以考虑介入；如果没有成交量放大，则可能是假突破，投资者应持观望态度，不要轻易介入。

（2）当股价在经过较长时间的单边上升后，如果股价创新高（或接近前期高点附近），此时的均线系统呈多头排列向上运行。股价要想突破前期高点，成交量必须大于前期高点相对应的成交量，如果不能突破前期成交量，则可能是假象，投资者不应追涨。

（3）股价对均线系统阻力位（或支撑位）的突破应该以收盘价为标准。如果股价向上突破均线系统阻力位时，股价应收在阻力位之上，此时成交量对应放大，则说明股价向上突破成功，投资者可以及时介入。如果股价向下突破均线系统支撑位时，相对应的成交量较初期有所放大，但股价收在均线系统支撑位下方，这说明股价向下突破成功，投资者要马上出局。如图 8-18 所示。

真正的突破是庄家的资金进场积极做多，而那些突破后回落的股票是因为庄家在盘中借助突破走势进行出货操作。一旦股价突破了前期某一高点，许多投资者就会入场做多，在买盘不断增加的情况下，庄家则趁机大规模出货，股价下跌在所难免。为了规避这种假突破带给投资者的风险，就必须掌握假突破的 K 线特征。如果股价在完成盘中突破的时候，成交量创下了盘中的最大量，量能在高位放大并不是庄家建仓的信号，而是庄家借助突破进行的出货操作。如图 8-19 所示。

为了避免入市的错误，下面总结了几条判断真假突破的原则：

（1）发现突破后，投资者不要急于操作，可以多观察一天。如果突破产生后，股价能持续两天继续向突破后的方向进展，则表明此时的突破是真正的、有效的突破，投资者应该抓住这个稳妥的入市时机。

图8-18

图8-19

（2）注意突破产生后两天内的最高价。若某天的收市价突破压力线向上发展，且交易价能在第二天跨越它的最高价，则表明突破压力线后有大量的买盘跟进，从而确认此次突破有效。

（3）参考成交量。成交量通常是用来衡量市场总体气氛的。比如，在股价大幅度上升的同时，成交量也相应随之增加，这表明市场对股价的发展方向有信心。相反，若股价上升，而交易量不增反减，这表明跟进的人不多，市场对上升趋势持怀疑态度。

（4）侧向运动。需要说明的是，一种趋势的打破，未必是一个相反方向的新趋势的开始，有时候由于上升或下降得太急，市场需要稍作调整，即侧向运动。如果调整的幅度很窄，就形成所谓牛皮状态。侧向运动会持续一段时间，有时几天，甚至几周才结束，此阶段为消化阶段或巩固阶段。

三、过顶突破战法

过顶突破通常是庄家在拉升股价之前，先做出一个假顶部，然后再回落股价，进行洗盘，直至收集到足够的筹码，然后再展开新一轮的上涨行情，突破前期制造的假顶部。

大多数投资者对挖坑洗盘、高位串阴洗盘等手法并不陌生，但真正了解庄家做顶洗盘的却寥寥无几。

庄家有没有出局是判断假顶的一个重要方法，如果能够有效判断出庄家的行踪，投资者就会心中有数，操作起来也会得心应手。

一般来说，庄家应该有两倍以上的拉升空间才能确保获利筹码顺利变现，而图8-20显然没有达到出货目标，因为股票上涨空间离前期底部筹码收集位置空间不足。另外，图中没有出现庄家快速拉高和放量换手现象，这表明庄家并未出局。

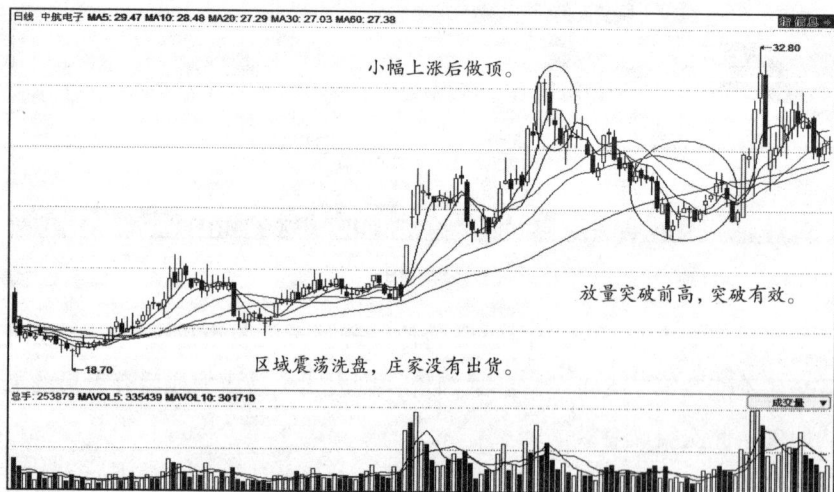

图8-20

如图 8-21 所示，股价被拉高到一定阶段，温和放量，并跟随大盘的调整做同步下跌，当跌到原峰密集重合价位，主力再次拉高股价，让前期压力线变为支撑线，此现象表明庄家护盘心切，不接受市场成本接近自身成本，这个微妙的动作恰恰是主力仍滞留盘中的迹象。

当股价经过大幅回调再次回升运行到左峰顶位置时，股价突然启动，突破持续调整形成的下降趋势，以大阳线，甚至是连续涨停的方式坚决走高，这再次说明，主力假顶已做完，所有的抛盘被收光，更猛烈的爆发性上涨已经开始。聪明的投资者会在突破左侧峰顶的那一瞬间跟进做多，止损设置在近期低点附近。

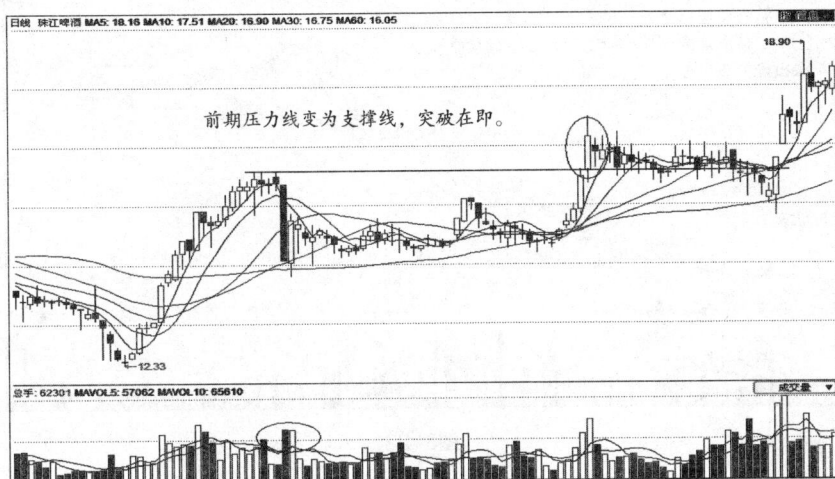

图8-21

四、平台突破战法

所谓洗盘，就是主力在拉抬股价之前或拉抬股价中途的一种震仓行为。洗盘最重要的目的是通过种种欺骗手法以达到让部分流通筹码在目前位置充分换手的目的，从而提升整个市场非主力之外的持股成本。在主力坐庄过程中，非主力持有的筹码平均成本越高，就越会减少主力拉升时的压力，并对主力拉高后的出货操作有利。

平台震荡洗盘法是指股价在启动后拉出一定的升幅，经过一定幅度的上升之后开始出现调整，调整方式为股价横向上下做幅度很小的震荡。日K线在形态上呈现一个横盘状态的小平台。通过这个小平台投资者可以看到K线在震荡中常带有比较长的上下影线。平台整理的时间通常在 3 ～ 10 天。在个股的波段上升过程中有时也会产生多个平台震荡洗盘形态。这表明此类个股往往是长期上升的大牛股。如图 8-22 所示。

在实际操作过程中如何确认平台洗盘结束是非常关键的。只有在确认庄家洗盘结束后，投资者才能安全跟进，避免进场就被套。平台洗盘结束的最基本标志为：一根放量的大阳线突破平台整理时的最高点，并且大阳线收盘价在平台整理时的最高之上收盘。如图 8-23 所示。

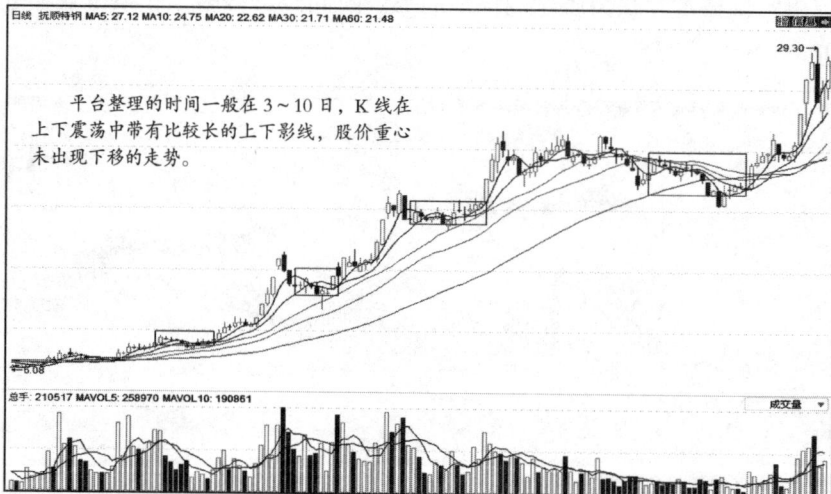

图8-22

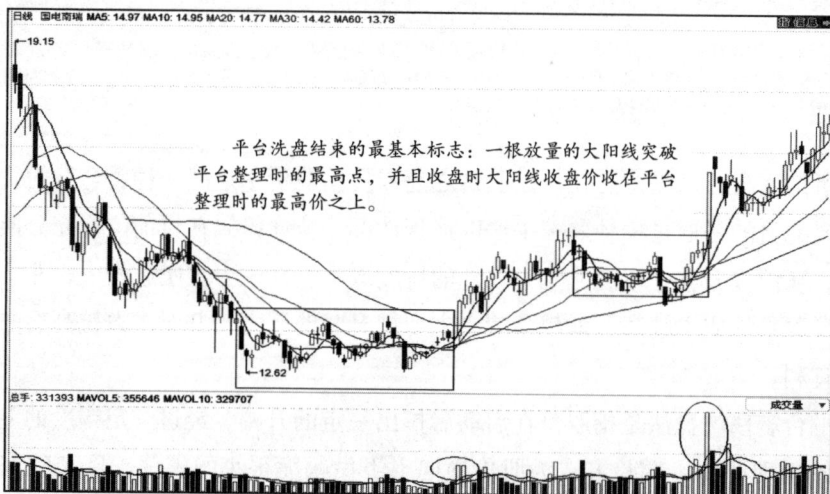

图8-23

突破性大阳线是主力结束洗盘后将再次做多的标志。很多投资者也明白放量突破平台是个不错的机会，但通常又会由于突破平台当天大阳线升幅过大或者是经验不足，从而无法做出正确的判断而错失良机。

在实践中，这种战法入场方法通常有两个时机：一是在个股出现突破平台大阳线当天尾盘临近收盘10分钟左右适时介入；二是在个股出现突破平台大阳线的第二天考虑介入。

需要注意的问题是，在个股出现突破平台大阳线当天不宜过早介入。因为在突破平台的当天，股价盘中的冲高并不代表股价收盘一定收在高位。很有可能股价在盘中冲高后，于收盘时却产生回落。如果突破平台大阳线收出长上影线，这很可能是由于上升受到了压力或者是主力并不愿意做多的迹象。操作上，如果在个股出现突破平台大阳线当天就考虑介入的话也一定要等到尾盘基本确认，大阳线在收盘时不出现弱势的情况下才能操作。

即使是在个股中出现突破平台大阳线第二天考虑介入，投资者也应该考虑一些问题，比如，早盘高开后买不买？盘中冲高买不买？盘中下跌买不买？为了安全起见，建议投资者把愿意买入的资金分为几部分，开盘买一部分，如果上升，那代表主力积极做多，可继续加仓。如果股价盘中调整，也可以分批逢低买入。如图8-24所示。

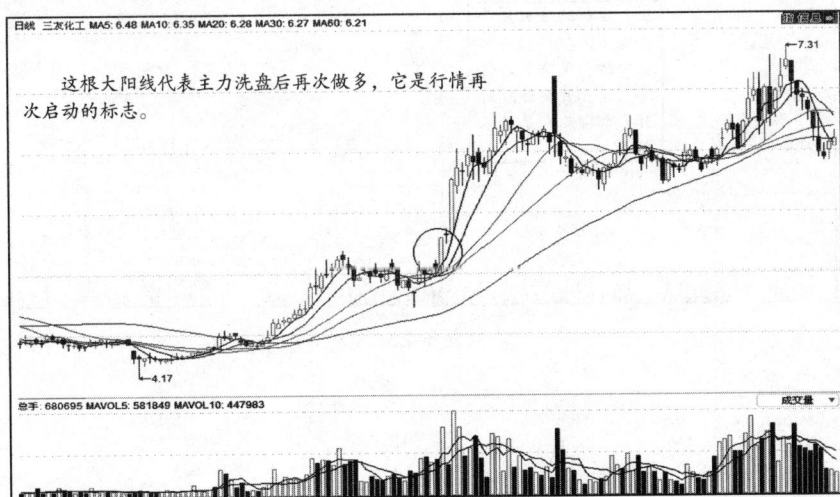

图8-24

看突破性大阳线当天的上升幅度大小也可以判断出庄家是否形成真正的突破大阳线。实践经验是：大阳线当天的升幅越大越好。如果当天目标股票稳稳封住涨停收盘，则是最强的突破信号。如图 8–25、图 8–26 所示。

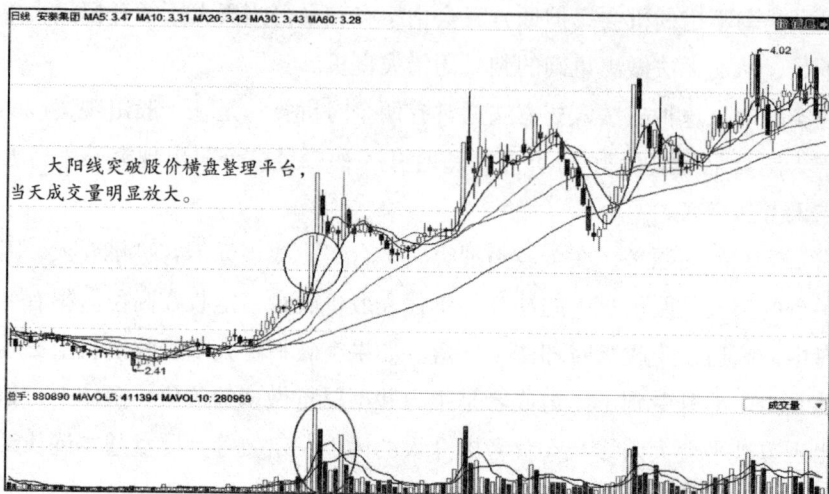

大阳线突破股价横盘整理平台，当天成交量明显放大。

图8–25

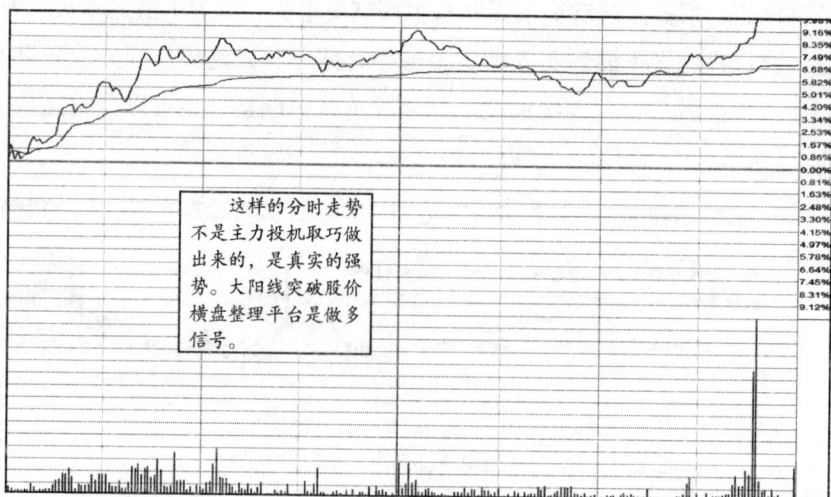

这样的分时走势不是主力投机取巧做出来的，是真实的强势。大阳线突破股价横盘整理平台是做多信号。

图8–26

第三节

K线支撑交易系统

一、支撑线

投资者在进行实战操作的时候，看到股价回调，心里难免有些担心，此时最想知道股价回调到什么位置能够停止下跌，即股价在什么价位能够得到支撑。如果支撑有效，必将促使股价展开新一波上涨的行情。

在K线图上，只要多根K线的最低价位在同一区间多次出现，则连接两个相同最低价位并延长可形成一条支撑线，它意味着股票在某一价位区间内，需求大于供给的不平衡状态。一旦股价跌入这一区间，卖方惜售，买方介入，使得股价停止下跌并展开向上行情。

在K线图表中有多种多样的支撑形态，最常见的有成交密集区支撑和大阳线支撑。

从技术分析上看，成交密集区是指有较大累积成交量的价位区间，即在此密集区股价停留时间较长，多空双方交投活跃。在这个区间，一方面，空方已将手中筹码抛出，市场上做空筹码供应萎缩，虽然也会出现一小部分持仓者对后市失去信心抛出手中筹码，但已经缺乏持续性和打击性；另一方面，在这一密集区间的进货者，对后市仍充满信心，不获利他们是不会在这一价位抛出手中的筹码，也正因为大部分持仓者在成交密集区惜售，行情才难以跌破这一价位。有时候支撑线会被空方暂时击破，只要既无成交量的配合，也无各种利空消息出现，股价将重回支撑线以上。如图8-27所示。

投资者面对成交密集区的支撑形态，要有两手准备。一旦行情在成交密集区拖延时间很久，大多数持有筹码者对后市失去信心或出现利空消息打压股价，行情将由多翻空，支撑线便会被有效击破，股价将转而下行。如图 8-28 所示。

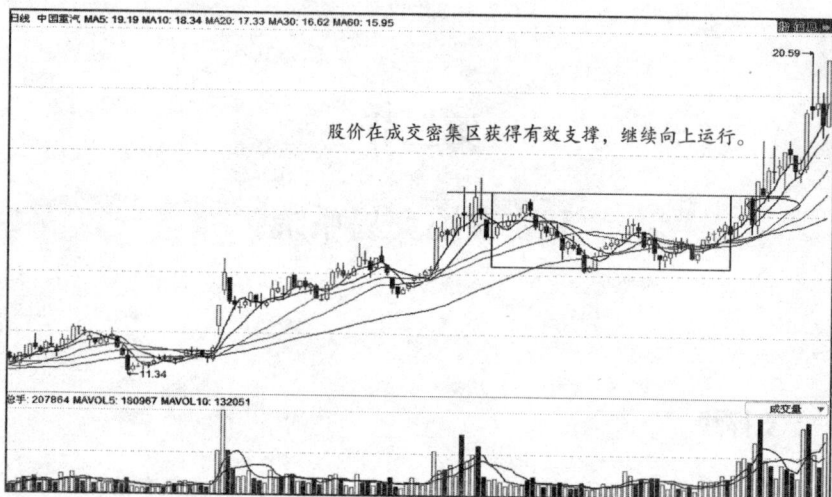

图8-27

另外一种常见的支撑形态是大阳线支撑。它是指在股价运行的关键位置，由于基本面转好或利好消息的刺激，大量资金进场做多，当天报收一根大阳线。由于这根大阳线是由资金积极建仓所形成的，它必将对后期股价的波动产生支撑作用。如果支撑作用明显，投资者可以在股价回调到低位时积极建仓。如图 8-29 所示。

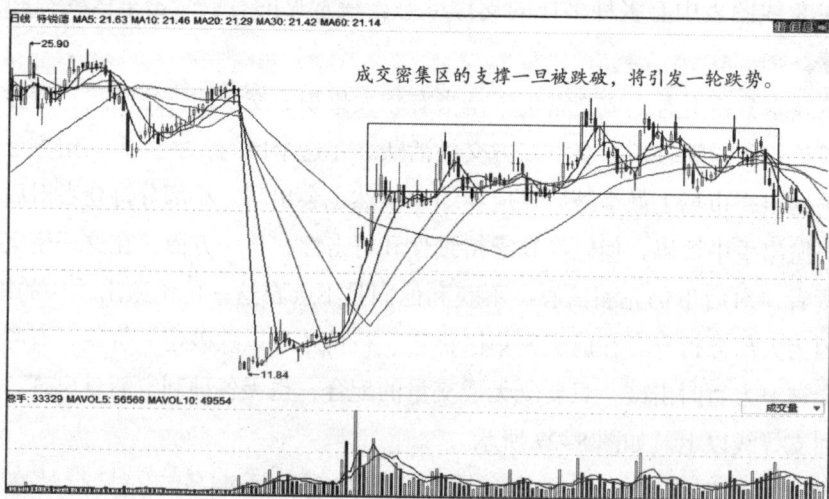

图8-28

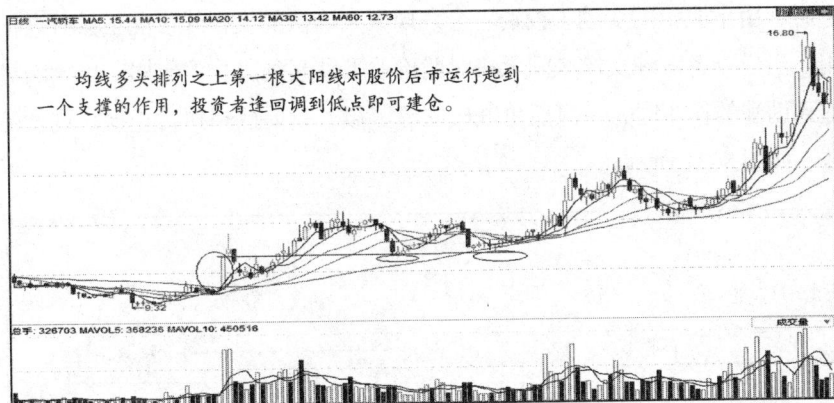

图8-29

　　支撑线并不仅仅产生于成交密集区和大阳线的位置，当行情下跌至原上升波的 0.5、0.618 位置时，在这附近往往也会产生支撑线，这实际上是广大投资者参照斐波那契线的心理因素所致的共振价位。在长期的操盘过程中，很多投资者把阶段性的最低价位也作为重要的支撑线。

二、支撑线的确认、失败和修正

　　一般来说，一条支撑线对当前股价影响的有效性取决于三个方面的因素：一是股价在这个区域停留时间的长短；二是在这个区域伴随股价的成交量大小；三是这个支撑区域发生的时间距离当前交易日的远近。毋庸置疑，股价停留的时间越长，伴随的成交量越大，离当前交易日越近，则这条支撑线对当前的影响就越大；反之就越小。如图 8-30 所示。

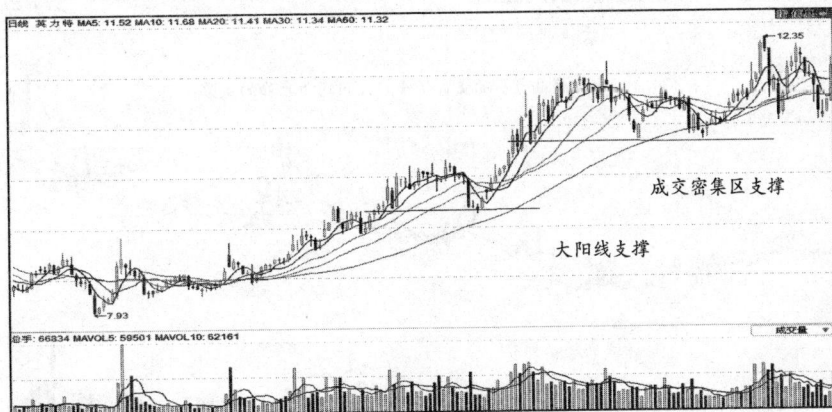

图8-30

有时，由于股价的变动，投资者会发现原来确认的支撑线可能不具有真正的支撑作用，当投资者发现支撑区间无法对股价的下跌起到阻止的作用，也无法对后市股价起到助涨的作用时，一旦股价跌破支撑区域，就要严格执行止损，这就是支撑的失败。如图 8-31 所示。

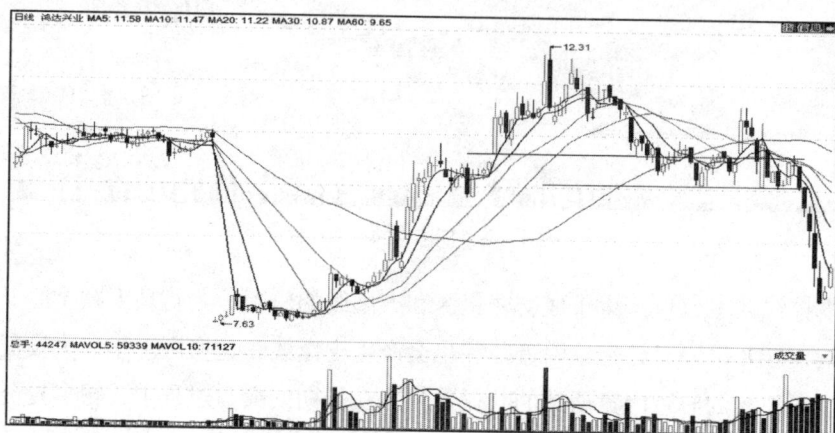

图8-31

无论是大阳线还是成交密集区的支撑，代表的不仅仅是一个具体的价位，而是一个区间的支撑。随着股价的波动，支撑线位不断变化，这就有一个对支撑线进行调整的问题，即支撑线的修正。例如，在大阳线构成的支撑中，大阳线的收盘价可以构成支撑，大阳线的实体也可以构成支撑，大阳线的开盘价同样可以构成支撑。如果股价跌破了大阳线的收盘价，投资者就应该把支撑位调整到大阳线实体的支撑和大阳线开盘价的支撑处。如图 8-32 所示。

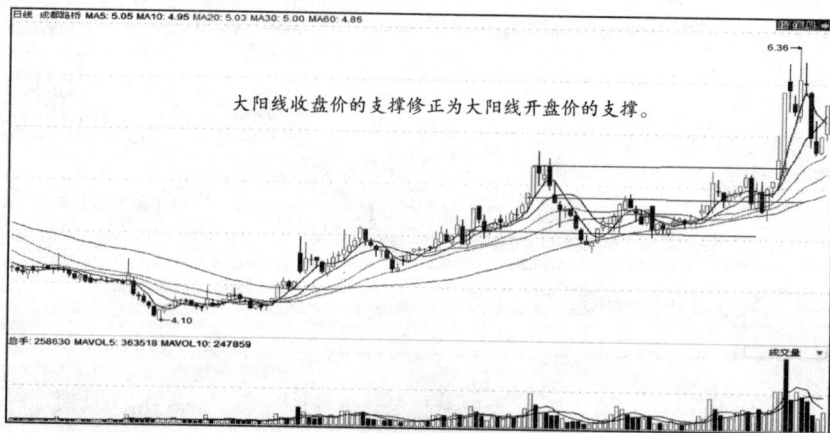

图8-32

三、运用支撑线进行技术分析时的要点

运用支撑线进行技术分析有以下一些要点：

（1）股价在上升趋势里，进行回档调整，在支撑线附近，阴线实体较先前的阳线实体小，并且成交量萎缩，随后阳线迅速吞没阴线，股价再次上升，证明支撑有效。

（2）股价在上升趋势里，进行回档调整，在支撑线附近，阴线频频出现且实体大于前面阳线的实体，空头势力增加，即使在支撑线附近稍有反弹，但由于上升动能缺乏，股价终将跌破支撑线，则支撑无效。

（3）在支撑线附近形成盘档，阴阳K线交替，实体大小相当，经过一段时间整理，出现大阳线，则支撑有效。

（4）在支撑线附近形成盘档，阴阳K线交替，实体大小相当，经过一段时间整理，出现大阴线，投资者为减少损失，争相出逃，股价跌破支撑线，则支撑无效。

（5）股价由上向下运行，一旦跌破关键支撑线，说明行情将由上升趋势转换为下降趋势。一般来说，在上升大趋势中，出现中级下降趋势，如果行情跌破中级下降趋势的支撑线，则说明上升大趋势已结束；在中级上升趋势中，出现次级下降趋势，如果行情跌破次级下降趋势的支撑线，则说明中级上升趋势已结束，股价将依原下降大趋势继续下行。

（6）股价由上向下运行，一旦触碰支撑线，但未能跌破便随之调头回升，如果成交量配合放大，则当再次出现回档调整时，投资者即可进货，以获取反弹收益。

（7）股价由上向下运行，一旦跌破支撑线，如果成交量随之放大，则说明新一轮跌势将形成，反弹即是出货良机，避免更大损失。

（8）股价由上向下运行，一旦触碰支撑线，如果未曾跌破，但也没有成交量配合放大，则预示反弹无力，尽早出货离场才是上策。

──────────　本章操作提示　──────────

（1）大阳线是主力操盘意图的展现，所有大阳线都是有主力在盘中积极做多而形成的结果。可以根据不同位置的大阳线，来判断主力的操盘行为及其意图。

（2）判断假顶的一个重要标准就是庄家是否出局，如果能够识别出庄

家的行踪，投资者就会做到心中有数，操作起来也会得心应手。

（3）平台洗盘结束的最基本标志为：一根放量的大阳线突破平台整理时的最高点，并且大阳线的收盘价收在平台整理时的最高价之上。

（4）投资者面对成交密集区的支撑形态，要有两手准备。

参考文献

［1］尹航. 一看就懂的股市图谱全图解［M］. 北京：北京理工大学出版社，
  2014.

［2］李志尚，李智诚. T+0分时图交易技巧大全［M］. 广州：广东经济出
  版社，2019.

［3］康凯彬. 短线看盘快速入门必读［M］. 2版. 北京：中国纺织出版社，
  2015.

［4］杨剑. 炒股赚钱就这七招［M］. 北京：中国纺织出版社，2015.

［5］王坚宁. K线形态查询使用手册［M］. 北京：中国纺织出版社，2014.

［6］王江华. 成交量：典型股票分析全程图解［M］. 北京：清华大学出版
  社，2016.